Cesare G. Zucconi

**Jerzy Popiełuszko
1947–1984**

Das Martyrium eines Priesters
im kommunistischen Polen

Cesare G. Zucconi

Jerzy Popiełuszko 1947–1984

Das Martyrium eines Priesters
im kommunistischen Polen

Vorwort von Kardinal Reinhard Marx
Einführung von Andrea Riccardi

echter

Titel der Originalausgabe: Cesare G. Zucconi, Jerzy Popiełuszko 1947–1984,
Il martirio di un sacerdote nella Polonia comunista.
© 2019 Edizioni San Paolo s.r.l, Piazza Soncino 5, 20092 Cinisello Balsamo
(Milano) – ITALIA
www.edizionisanpaolo.it

Aus dem Italienischen übersetzt von Gabriele Stein

Anmerkung zur Übersetzung:
Die päpstlichen Dokumente sind, wo nicht anders vermerkt, von der
Vatikan-Homepage zitiert.

Bibliografische Information der Deutschen Nationalbibliothek
Die Deutsche Nationalbibliothek verzeichnet diese Publikation in der
Deutschen Nationalbibliografie; detaillierte bibliografische Daten sind im
Internet über ‹http://dnb.d-nb.de› abrufbar.

© 2020 Echter Verlag GmbH, Würzburg
www.echter.de
Gestaltung: Crossmediabureau (Foto: Wikipedia, gemeinfrei)
Druck und Bindung: CPI books – Clausen & Bosse, Leck

ISBN 978-3-429-05425-0

„Wenn die Sanftmütigen ihre Kreuze zu Barrikaden auftürmen, dann ist die Erlösung nahe" (P. Mazzolari, I preti sanno morire. La via crucis continua, Bologna 2007, S. 54)

„Wenn du, o Herr, sie bis zum Ende aufrecht hältst, dann wird keine Verleumdung die Gemeinschaft zwischen dem Volk und dem Priester zerstören können; und die Armen werden mit eigenen Augen sehen, dass die wahren Freunde und der sicherste Schutz der Geringen die sind, die für sie sterben, und nicht die, die im Namen des Volkes töten" (ebd., S. 94)

Für meine Mutter

Inhalt

Vorwort 13

Einführung 17
   Popiełuszko, ein Märtyrer unserer Zeit 17

I. Kapitel:
Nach dem Konflikt 31
   Der Krieg ist vorbei 31
   Die Wende von 1947 37

II. Kapitel:
Alek Popiełuszko 41
   Das Dorf Okopy 41
   Die Jahre des polnischen Stalinismus 50
   Die Ära Gomułka 56
   Der Weg ins Seminar 59

III. Kapitel:
Priester im kommunistischen Polen 67
   Polen und das Zweite Vatikanische Konzil 67
   Das Nein des Regimes an Paul VI. 74
   Militärdienst 83
   Das polnische 68 89
   Die Generalprobe von 1970 95
   Jerzy Popiełuszkos Priesterweihe 99

IV. Kapitel
Erste Priesterjahre und der Wojtyła-Schock 101

Kaplan in Ząbki 101
Die Reise in die Vereinigten Staaten 103
Jugendarbeit in Anin 105
Priester in Warschau 111
Der Wojtyła-Schock 113

V. Kapitel:
Die Entstehung von Solidarność und das Kriegsrecht 125

Eine unabhängige Gewerkschaft 125
Die erste Messe bei den Arbeitern 131
Der Bruch von 1981 138
Das Kriegsrecht 141

VI. Kapitel:
Die Messen für die Heimat 151

Man kann die Hoffnung nicht töten 151
Die Messen für die Heimat 161
Alarm bei den Geheimdiensten 164
Der geistliche Kampf 172
Der Mord an Grzegorz Przemyk 180
Der zweite Besuch Johannes Pauls II. 183
Der ideologische Kampf 195
Die Schlinge zieht sich zu 200
Die Strategie der Verleumdung 206
Gefängnis und Verhöre 208
Der Zusammenstoß mit Glemp 210
In jedem Menschen ist eine Spur Gottes 219
Seid wie die Adler 224

VII. Kapitel:
Martyrium eines Priesters 229

Ein „entschlossenes Vorgehen" 229
Mord an einem Priester 238
Ein „Begräbnis wie für einen König" 253
Die Reaktionen auf den Mord 258
Die „Andreotti-Formel" 264
Der Popiełuszko-Prozess 273
Der „Normalisierung" entgegen 281
Kurswechsel in Moskau 287

VIII. Kapitel:
Die Heiligkeit des Jerzy Popiełuszko 291

Die Seligsprechung des Märtyrerpriesters 291
Die Anerkennung des Martyriums 295
Auf dem Weg zur Heiligsprechung 298

Schlussbemerkung 301

Danksagungen 303

Personenregister 305

Vorwort

Von Beginn an war die Kirche von der herausragenden Bedeutung der Märtyrer überzeugt. Ohne deren existentielles Zeugnis in der Kreuzesnachfolge wäre es um die Glaubwürdigkeit der Kirche, die allzu oft stolpernd durch die Geschichte pilgert, wesentlich schlechter bestellt. Aber sosehr diese Zeugnisse im Allerpersönlichsten der Märtyrer, in ihrer Gottesbeziehung, begründet liegen, es griffe zu kurz, in ihnen nur die „Spitzenleistungen" Einzelner zu sehen. In den Biographien der Blutzeugen kommt etwas Typisches für die jeweilige Situation und die jeweilige Ortskirche zum Ausdruck. Die Zeugen erwachsen aus ihrer Zeit und sind Teil der Kirche, die in ihnen in besonderer Weise zu sich selbst kommt und die deshalb auch immer wieder an ihnen Maß nimmt. In ihnen scheint etwas Größeres auf, das ein anderes Licht auf die Verhältnisse wirft.

Nicht immer ist die Bedeutung eines bestimmten Zeugnisses sofort ersichtlich. Oft stellen die Zeugen für ihre Vorgesetzten sogar ein Ärgernis dar, wenn sie z. B. die sensiblen Beziehungen zu den Mächtigen stören. Mangelnder Gehorsam, Geltungsdrang und Eitelkeit gehören zu den Vorwürfen, denen sich nicht wenige der modernen Blutzeugen ausgesetzt sahen. Das prophetische Charisma kann mit dem Charisma der politischen Klugheit kollidieren, von Versuchungen der Angst und Bequemlichkeit ganz zu schweigen.

Wer ist ein Märtyrer? Vorschnelle Urteile verbieten sich. Denn zu komplex sind die Situationen, in denen sich das christliche Zeugnis zu erweisen hat. Man ist daher gut beraten, mit Augenmaß und im Bewusstsein der unhintergehbaren Mehrdeutigkeit menschlichen Daseins auf die Geschichten der Märtyrer zu blicken. Zeigen sich doch erst im Laufe der Zeit mit wachsender Klarheit der geistliche Gehalt der Zeugnisse und ihre tiefe Verwurzelung im Leben und in der Geschichte der Kirche. Die anhaltende vom Volk Gottes getragene Verehrung der Märtyrer ist dabei einer der wichtigen Fingerzeige.

Aus dem besonderen Gespür für das Kontextuelle und Situative der Blutzeugnisse hat die Kirche über die Jahrhunderte eine Tradition entwickelt, die die Verehrung erst für die jeweilige Ortskirche (verbunden mit der Seligsprechung) und später, wenn sich diese über den Ursprungskontext hinaus als inspirierend erwiesen hat, für die Weltkirche (verbunden mit der Heiligsprechung) empfiehlt.

Ein solcher Fall ist auch der selige Jerzy Popiełuszko. Er steht in besonderer Weise für den Beitrag der Kirche in Polen zur Überwindung des Kommunismus und zur europäischen Freiheitsgeschichte. In seinem Leben tritt uns ein wichtiger Teil der polnischen Nachkriegsgeschichte entgegen, die von den Folgen der nationalsozialistischen Okkupation und der Errichtung der kommunistischen Diktatur geprägt war. Der Einsatz für Freiheit, Gerechtigkeit und Solidarität ebenso wie das Ringen um Versöhnung und die Fülle menschlichen Seins spielten auch für Jerzy Popiełuszko eine wesentliche Rolle. Man könnte ihn zu Recht als Seligen des Einsatzes für die Soziallehre der Kirche bezeichnen. Dabei ging es ihm nicht um Prinzipien und Bücher, sondern um gelebtes christliches Zeugnis, das sich den Herausforderungen des Tages stellt und nicht vor den Drohungen der Mächtigen zurückweicht. Jerzy Popiełuszko hat schon zu Lebzeiten viele Menschen ermutigt und inspiriert. Sein Name ist mit der Gewerkschaftsbewegung Solidarność und dem Einsatz für einen gewaltfreien Wandel verbunden. Er hat dafür mit dem Leben bezahlt. Sein Andenken ist in Polen bis heute sehr lebendig.

Ich bin fest davon überzeugt, dass Popiełuszko auch uns in Deutschland viel zu sagen hat. Daher hat die Deutsche Bischofskonferenz gerne die Veröffentlichung der deutschen Fassung des hier vorliegenden Buches unterstützt. Ich möchte dem Autor, Cesare Zucconi, der zugleich Generalsekretär von Sant'Egidio ist, herzlich dafür danken, dass er mit diesem Buch das Wirken von Jerzy Popiełuszko breiteren Kreisen auch in unserem Land bekannt macht.

Wir wissen, dass der heilige Papst Johannes Paul II. das Wirken von Popiełuszko mit großer Aufmerksamkeit und Sympathie verfolgt hat. 2010 hat Papst Benedikt XVI. ihn nach reiflicher Prüfung seliggesprochen.

1986 war ich zum ersten Mal mit Studentinnen und Studenten aus ganz Deutschland in Warschau am Grab von Jerzy Popiełuszko. Das hat uns alle sehr bewegt. Und dann habe ich 2014 gemeinsam mit Kardinal Kazimierz Nycz dort gebetet. Wir waren uns einig, dass sein Zeugnis eine wichtige Botschaft für die Kirche und die Welt enthält: Fürchtet Euch nicht! Lasst Euch nicht von den Fassaden der Unveränderlichkeit der Verhältnisse täuschen! Vertraut auf den Geist, der das Antlitz der Erde erneuert!

KARDINAL REINHARD MARX
Erzbischof von München und Freising
Vorsitzender der Deutschen Bischofskonferenz

12. Dezember 2019

Einführung

Popiełuszko, ein Märtyrer unserer Zeit

Jerzy Popiełuszko ist ein typischer Priester im Polen Johannes Pauls II. Er ist ein Märtyrer des Kampfs, den der polnische Katholizismus gegen die Unterdrückung des kommunistischen und sowjetischen Systems geführt hat. Seine Geschichte beschreibt nicht nur das – in menschlicher Hinsicht relevante – Schicksal einer standhaften und mutigen Persönlichkeit, die permanent bedroht und am Ende getötet wird, weil man sie zum Schweigen bringen will. Seine Geschichte zeigt auch, was das Pontifikat Johannes Pauls II. für Polen bedeutet hat. Kaplan Popiełuszko zu kennen hilft zu verstehen, welche Hoffnung und welche befreiende Kraft der polnischen Bevölkerung durch die Botschaft von Papst Wojtyła geschenkt wurde – tatsächlich hat Johannes Paul II. in verschiedenen Ländern der Welt große Hoffnungen auf Veränderung geweckt. Etwas Ähnliches gilt für das Leben eines anderen Märtyrers: Auch Don Pino Puglisi, der in seiner Gemeinde in Palermo von der Mafia getötet wurde, hat die Botschaft der Befreiung verkörpert, die Johannes Paul II. 1993 in Agrigent so nachdrücklich verkündet hatte.

Es war an der Zeit, die Geschichte von Kaplan Popiełuszko zu erzählen, wie Cesare Zucconi dies auf den fesselnden und gut dokumentierten Seiten des vorliegenden Buches tut. Der Priester ist ein Sohn des katholischen polnischen Landvolks und hat dessen unverstellten und traditionellen Glauben, dessen Frömmigkeitsformen und dessen Verehrung der Schwarzen Muttergottes von Tschenstochau (unter deren Bild der

Junge im Haus seiner Familie groß geworden war) gleichsam mit der Muttermilch eingesogen. In jener Welt stand der katholische Priester repräsentativ für den Glauben und die Kirche, aber auch für die nationale Identität. Der polnische Priester hat keine volksferne Geschichte wie in anderen europäischen Ländern (er ist, anders als in Frankreich, kein Angehöriger des „zweiten Standes", der zwischen dem „ersten" und dem „dritten Stand" angesiedelt ist): Er ist eine volkstümliche Gestalt, die in der Sorge um die Seelen und die Bedürfnisse der Menschen aufgeht. Weitaus mehr als in anderen europäischen Ländern kennt man in Polen einen Volksklerus, der in Zeiten, als es keine staatliche nationale Autorität gab, die soziale Bezugsgröße für den Erhalt des Glaubens und der nationalen Identität darstellte.

Der Verfasser hat Kaplan Jerzys Geschichte von dessen Kindheit an sehr sorgfältig dokumentiert. Die Berufung des Priesters keimt im traditionellen und volkstümlichen Boden des polnischen Christentums und folgt dem klassischen Weg durch die Bildungsinstitutionen des kirchlichen Polen nach dem II. Vatikanum. In dieser Welt, die bei all ihrer Stärke dem Druck der kommunistischen Macht doch nur mit Mühe standhält, vollzieht sich keine Zäsur, wie sie der westliche Katholizismus nach dem Konzil und in den 68ern erlebt hat. Es vollzieht sich, mit de Certeau gesprochen, kein „gründender Bruch", der auch die Kirche betrifft.

Unter dem Primas von Polen Kardinal Wyszyński (der in der polnischen Kirche über besondere, von den Päpsten verliehene Vollmachten verfügt und der eigentliche Anführer der Opposition gegen die Warschauer Regierung ist) wird das II. Vatikanum im Fahrwasser einer großen Kontinuität rezipiert. Seine Rezeption wird großenteils von den Bischöfen gesteuert. Mag sein, dass Wojtyła in Krakau noch die eine oder andere Neuerung entwickelt, doch im Großen und Ganzen bleibt der polnische Katholizismus von den Brüchen und Konflikten im Westen unberührt.

Die Rezeption des II. Vatikanums durch die polnische Kirche ist sehr originell und zutiefst prägend für Johannes Paul II., der sich dem Konzil überaus verpflichtet fühlt. Es ist eine Geschichte, die man im Westen nicht versteht und meist mit der Anhänglichkeit an Vergangenes erklärt („die Polen sind rückständig", lautet ein gängiger Kommentar), die aber mit der Wahl des polnischen Papstes ihre Originalität vor aller Welt beweist. Jerzy Popiełuszko ist ein Priester des immergleichen katholischen Polen und gleichzeitig des Konzils. Er hat – anders als es im Westen und auch in der dortigen Priesterausbildung geschieht – die traditionelle und volkstümliche Prägung der polnischen Priester nicht abgelegt.

In gewisser Hinsicht ist Kaplan Jerzy trotz des Rollen- und Altersunterschieds ähnlich verortet wie Papst Wojtyła (auch wenn die beiden einander nie persönlich begegnen), nämlich an der Schnittstelle zwischen volkstümlichem polnischem Katholizismus und Konzil. Dennoch kann Johannes Paul II. nicht nur als ein Produkt des polnischen Katholizismus, sondern muss als eine ganz eigene Gestalt betrachtet werden, die sich auf besondere und charismatische Weise von den polnischen Klerikern und Bischöfen abhebt. Das wird während seines Pontifikats deutlich erkennbar.

Karol Wojtyła hat ein aufmerksames Gespür für das Martyrium im zeitgenössischen Christentum. Ich möchte sagen, dass der Papst die Gestalt des Märtyrers aus jener etwas archäologischen Ecke befreit, in die die Kirche sie gestellt hatte. Während des großen Jubiläums im Jahr 2000 rückt er das Thema insbesondere durch die umfassenden Recherchen über die neuen Märtyrer der Kirche im 20. Jahrhundert wieder neu in den Blickpunkt. Die Märtyrer sind nicht die Vergangenheit, sondern die Gegenwart. Dieses zugleich historische und spirituelle Bewusstsein ist in Kaplan Jerzy sehr lebendig und in gewisser Weise auch die Quelle seiner Kühnheit. Im Einklang mit Wojtyła spürt er, dass das 20. Jahrhundert die Kirche erneut zu einer Märtyrerkirche gemacht hat.

Johannes Paul II. hat die Realität des Martyriums in der polnischen Geschichte unter der deutschen Besatzungsmacht, die seine Heimat von der Landkarte tilgen und auf ihrem Boden Sklaven für das Dritte Reich heranbilden wollte, aber auch in der Zeit des Kommunismus erlebt (in der er auch die Entwicklung in der UdSSR und den Ostblockländern mit Anteilnahme verfolgt). Der polnische Katholizismus hat – das beweist nicht zuletzt die traditionelle Sicht auf Polen als den „Christus der Nationen" – einen ausgeprägten Sinn für das Martyrium. Überdies sind der nationalsozialistischen Unterdrückung im Land Tausende Priester zum Opfer gefallen. Auf dem polnischen Volk lastet die Erinnerung an die großen Leiden, die ihm nicht zuletzt im Zweiten Weltkrieg widerfahren sind. Diese Leiden sind auch in Popiełuszkos Bewusstsein präsent, der zwar erst 1947 geboren ist, dem aber die Erzählungen seiner Familie ein Bild von den Härten des Krieges vermittelt haben. Außerdem scheint der Zweite Weltkrieg wegen der sowjetischen Besatzung auch nach seinem Ende in Polen in gewisser Weise weiterzugehen oder zumindest noch nicht völlig beendet zu sein.

Martyrium bedeutet nicht, sein Leben geringzuschätzen oder leichtfertig aufs Spiel zu setzen. In den Jahren des Kommunismus, als Kaplan Jerzy sein Priesteramt ausübt, steht mit Kardinal Primas Wyszyński – der den jungen Jerzy übrigens auch zum Priester weiht – eine große Persönlichkeit an der Spitze der polnischen Kirche und lenkt sie mit Klugheit und Geschick. Der Kardinal, der ein sozialer Bischof ist, kollaboriert – anders als es in anderen Ländern des Ostens geschieht – nie aus einer Position der Unterordnung heraus mit der Macht, sondern leistet einen realistischen Widerstand, der zuweilen wagemutig ist, aber für die schwierige Lage der kommunistischen Warschauer Regierung in ihrem Verhältnis zu Moskau auch Verständnis aufbringt. Die Worte, die Primas Wyszyński 1966 bei den Feiern zum 1000. Jahrestag der Christianisierung Polens – in einem Moment erheblicher politischer Spannungen – in Warschau spricht, berühren den jungen Popiełuszko zutiefst:

> Die Kirche darf sich nicht hinter den Mauern verschanzen und sie darf sich auch nicht darauf beschränken, die im engeren Sinne religiösen Fragen zu behandeln. Sie muss ihren Geist in die Straßen und Wege der Dörfer eingießen, aus den Kirchen hinausgehen, um in der heutigen Wirklichkeit präsent zu sein [...]. Die Kirche muss mit dem Alltagsleben des Menschen verschmelzen, mit seiner Erziehung und seinem Wachstum, weil sie diesen Menschen von heute verwandeln, ihm eine neue Dimension geben, ihn in seinen Menschenrechten, in seiner Individualität und seinem sozialen Wesen verteidigen [...] muss. Ohne die Kraft des Evangeliums, ohne die Wahrheit Gottes ist die Menschheit nicht imstande, weiterzugehen [...]

In seinem Buch rekonstruiert Cesare Zucconi die Geschichte dieses Priesters, der der Idee einer Kirche „auf der Straße", einer im Leben der Menschen und inmitten der gesellschaftlichen Probleme beheimateten Kirche treu geblieben ist. Ist nicht genau das die Kirche des Konzils? Er verkörpert sie auf eine so intensive Weise, dass die staatlichen Organe ihn kontrollieren, ihn einzuschüchtern versuchen, ihn in seiner eigenen Kirche verleumden, verhaften und schließlich töten. Ein einzelner Priester kann die Gewissenskontrolle des sozialistischen Staates ernstlich behindern. Woher nimmt er seine Kraft?

Kaplan Jerzy bekämpft die sozialistische Macht und ihre Fähigkeit, alle einzuschüchtern, nicht mit Gewalt oder mit ihren eigenen Waffen. Er kämpft mit den Mitteln seines priesterlichen Diensts: der Pastoral, der Messfeier, dem Gebet, der Verkündigung des Evangeliums, der persönlichen und wehrlosen Präsenz, der Freundschaft zu den Menschen, dem gemeinsamen Rosenkranzgebet, der Solidarität mit den Verfolgten und Bedürftigen. Er ist ein Volkspriester im wahrsten Sinne des Wortes. In einer Zeit, in der die Konzilskirche viel darüber diskutiert, wie man eine neue Art der Pastoral verwirklichen kann, beschreibt Jerzy das Geheimnis seiner Arbeit mit den folgenden Worten: „Ich bin einfach in jeder Lebenslage bei ihnen. Die Leute kommen, sie wissen, dass ihnen mein Haus von morgens bis abends offensteht."

In gewisser Weise bricht sich in Popiełuszkos Handeln die Botschaft, die Johannes Paul II. der ganzen Welt und den Polen zuruft: „Habt keine Angst!" Der Papst ist für den polnischen Priester eine so wichtige Bezugsgröße, dass er den kommunistischen Behörden, die den Inhalt seiner Predigten beanstanden, entgegnet, dann müssten sie Johannes Paul II. für seine Ansprachen verhaften. Zucconi schreibt: „Die Antwort auf die Übergriffe des Regimes zielt vor allem darauf ab, die Kirche zu festigen und aufzubauen und in gedemütigten und resignierten Menschen ‚die Hoffnung zu stärken'."

Ein erniedrigtes und gedemütigtes, von der Propaganda betrogenes und von der Angst bedrängtes Volk beginnt zu einem bestimmten Zeitpunkt, sich zu befreien und mit bloßen Händen Widerstand zu leisten. Es öffnen sich angstfreie Räume des Widerstands, in denen oft im Schatten der Kirchen neue Bindungen zwischen den Menschen geknüpft werden. Diesen gewaltlosen Widerstand setzt Papst Wojtyła mit seinen Botschaften und seinen Polenreisen in Gang. Aus diesem Sich-Regen der Gewissen und diesen neu geknüpften Bindungen entsteht die Solidarność-Bewegung.

Der junge Priester aus Warschau ist einer der begeisterten und beharrlichen Akteure des Widerstands mitten im Volk. Sein Handeln zielt darauf ab, die Erniedrigung und die Angst der Menschen zu besiegen. 1982 sagt er in einer seiner „Predigten für die Heimat":

> Die grundsätzliche Bedingung der Befreiung des Menschen oder der Nation ist die Überwindung der Angst. Die Angst ist die Folge der Bedrohung. [...] Erst dann überwinden wir die Angst, wenn wir Leiden oder Verlust auf uns nehmen im Namen höherer Werte. [...] Christus sagte öfter zu seinen Jüngern: „Habt keine Angst. Habt keine Angst vor denen, die nur das Fleisch töten, und sonst nichts anderes tun können" (vgl. Lk 12,4).

Dieser Widerstand ist eine sehr umfassende Strategie, die vielfältige und ganz unterschiedliche Kreise der polnischen Bevölkerung, die einander bis dahin ferngestanden haben, untereinander und mit der Kirche verbindet. Im Westen hatte man jahrzehntelang darüber diskutiert, wie der Bruch zwischen der Kirche und der Arbeiterwelt entstanden war. Die Kirche hatte sich gefragt, weshalb die Arbeiterklasse ihr den Rücken gekehrt hatte, um sich der sozialistischen oder der marxistischen Bewegung anzuschließen. Und sie hatte, nicht immer erfolgreich, neue Wege erprobt. Popiełuszko gelingt mit seinem Handeln ein erneuter, völlig natürlicher, ungekünstelter Schulterschluss mit der Arbeiterwelt. Kein anderer als Kaplan Jerzy feiert 1980 während der Auguststreiks die Messen im Stahlwerk von Huta Warszawa.

Unter der Herrschaft eines Regimes, das die Arbeiterklasse zumindest in der Theorie zum Dreh- und Angelpunkt ihrer Politik erklärt hat, wird ein neues Bündnis zwischen der Kirche und der Arbeiterklasse geschmiedet, das das Narrativ der Regierung vom reaktionären Klerus Lügen straft. Auch das ist eine Seite in der Geschichte der nachkonziliaren Kirche, die in den westlichen Erzählungen von der Entwicklung des Katholizismus nach dem II. Vatikanum zu Unrecht ausgeblendet wird. Das kommunistische Regime, das heißt die Regierung der Polnischen Vereinigten Arbeiterpartei, sieht – bisweilen außer sich vor Wut – ein Paradox mit an: die Kirche, die unter den Arbeitern wächst. Deshalb lässt es Kaplan Jerzy nicht aus den Augen, der den Arbeitern Predigten hält, sie tauft, ihnen die Beichte abnimmt, ihre Freundschaft gewinnt, sie unterstützt und die schweren Momente ihres Lebens mit einer so intensiven und tätigen Solidarität teilt, dass ihn schließlich alle für den Kaplan von Solidarność halten.

Der Priester macht die Erfahrung, dass der Glaube nicht nur das religiöse und persönliche Bewusstsein der Frauen und Männer betrifft, sondern ein Sauerteig des gesellschaftlichen Lebens ist. Es manifestiert sich ein Katholizismus von großer sozialer Dichte, wie ihn der französische Theologe Henri de Lubac in „Catholicisme. Les aspects sociaux du dogme" beschreibt: ein bedeutendes Werk, das Wojtyła sehr liebte. Mitten unter den Arbeitern erfährt der Priester die Fruchtbarkeit des Glaubens: „Hier habe ich das Evangelium gesehen, das den Menschen verändert. Wenn wir Priester uns, in den Kirchen zumeist, mit den Gläubigen treffen, dann kann es sein, dass man das gar nicht zur Kenntnis nimmt. Aber ich war dort, und ich war Zeuge des ‚Erwachens' jener Menschen." „Erwachen" ist ein Schlüsselwort für das, was der Priester mit seinem Handeln bewirkt: ein Erwachen zum religiösen Leben und gleichzeitig zur staatsbürgerlichen Verantwortung, sobald die Angst überwunden ist. Dieser Ausdruck beschreibt viele Aspekte des Engagements der Kirche Johannes Pauls II. im Polen jener Jahre.

Dieses Buch ist nicht die Geschichte eines Helden, sondern eines konkreten Menschen, der seine Schwächen und (nicht zuletzt, weil die Polizei ihn so hart bedrängt) auch seine Ängste hat, aber imstande ist, gegenüber einer anmaßenden und gewalttätigen Macht eine „schwache Kraft" zu leben und eine große Zärtlichkeit für die Arbeiter und die einfachen Menschen zu empfinden. Kaplan Jerzy erklärt:

> Manchmal fühle ich mich sehr müde. Ich kann mir nicht für jeden Zeit nehmen, vor allem nicht für mich selbst. Und doch will ich nicht aufhören. Es will mir nicht mehr gelingen, mein Priestertum innerhalb der Kirchenmauern zu verschließen, auch wenn mir viele ganz unterschiedliche „Ratgeber" nahelegen, dass ein echter polnischer Priester den Bezirk der Kirchenmauern nicht verlassen sollte. Solange ich kann, werde ich bei den Arbeitern sein.

Kaplan Jerzys Leben findet praktisch ganz außerhalb der Kirchenmauern statt. Ich bin davon überzeugt, dass Cesare Zucconis Buch zur rechten Zeit kommt: weil es das Leben des Märtyrers rekonstruiert, aber auch, weil es uns die Möglichkeit gibt, seine vom Evangelium und vom Konzil geprägte „Heiligkeit" zu erfassen. Wenn ich die Seiten dieses Buches und insbesondere die reichhaltigen und eigenständigen Texte des Priesters lese, fühle ich mich unwillkürlich an die Botschaft von Papst Franziskus und an seinen Aufruf erinnert, aus dem geschlossenen Bezirk der Kirche „aufzubrechen" und die Freude und die Ängste der Menschen zu teilen. Kaplan Jerzys „Aufbruch" endet mit dem Martyrium.

Man schreibt und spricht heute von einem Auseinanderdriften zwischen dem traditionellen polnischen Christentum und dem von Papst Franziskus und stützt sich dabei auf einige unterschiedlich gesetzte Prioritäten und die unterschiedliche Gewichtung einiger Werte. Vielleicht ist auch das ein Teil der Wahrheit. Doch Popiełuszkos Geschichte beweist, dass es eine feste und tiefe gemeinsame Grundlage gibt: das Leben für das Evangelium, die Wegweisungen des Konzils und den pastoralen Dienst bis zur Hingabe des eigenen Lebens. Dieser gemeinsame Horizont auf der Grundlage des Konzils und des Evangeliums, der sich in den Sechzigerjahren auftut, ist bis heute in der christlichen Welt präsent und vereint den östlichen und den westlichen Teil des europäischen Christentums. Und dieser Horizont wird von der großen Tradition der Kirche und nicht von einem Traditionalismus getragen, der vor der Welt zurückscheut.

Popiełuszko ist weder konservativ noch progressiv (wie wenig brauchbar sind doch diese Kategorien in der Kirche!, notierte der französische Historiker Émile Poulat): Er ist ein Priester, der im Horizont des Konzils und der Evangelisierung Pauls VI. und Johannes Pauls II. lebt und arbeitet. Er ist ein Priester, der sich aufgrund seiner Prägung durch das Evangelium und das Konzil auch in den Horizont von Papst Franziskus einordnen lässt. Und überdies liest er die polnische Situation im Licht dessen, was das Konzil die „Zeichen der Zeit" nennt: „*Solidarność* hat bewiesen, dass die geeinte Nation vereint mit Gott zu Großem imstande war." Einfache Bürger, Arbeiter, Intellektuelle, Fachkräfte, Kleriker, humanistische Laien, Juden, Glaubende und Nichtglaubende bilden einen Gesellschaftsblock, der zur nationalen Befreiungsbewegung wird. Die Kirche als die einzige Kraft, die über einen anerkannten Platz in der Gesellschaft und über eindeutigen Rückhalt im Volk verfügt, unterstützt diesen Block und tritt in einigen Situationen gegenüber den Machthabern als Mittlerin auf.

Der neue Bischof von Kaplan Jerzy, Primas Glemp, Nachfolger von Kardinal Wyszyński, spielt bei diesen Ereignissen eine besondere Rolle. Dass er mit dem Engagement des Priesters nicht einverstanden gewesen sei, ist ein Mythos, auch wenn er sich in einigen besonders angespannten Momenten vielleicht ein wenig mehr Zurückhaltung von ihm gewünscht hätte, um sein Leben zu schützen. Er hatte auch mit dem Gedanken gespielt, ihn nach Rom zu schicken, um ihn dem zunehmend aufgeheizten Klima zu entziehen. Doch Glemp zwingt Kaplan Jerzy diese Lösung nicht auf und stellt es ihm frei, seinen Dienst weiterhin in seinem Stil auszuüben. Der Kardinal, der nicht das Charisma seines Vorgängers besitzt (wenngleich Wyszyński Wojtyła eigens darum gebeten hatte, ihn zu seinem Nachfolger zu machen), ist ein kluger Mann, der die Kirche in den letzten Jahren des kommunistischen Regimes mit Bedacht und Vorsicht leitet und am Ende wichtige Ziele erreicht.

Popiełuszko verzichtet trotz des Drucks und der Drohungen nicht auf sein Engagement der Solidarität mit den Menschen und mit den Verfolgten und findet weiterhin offene Worte. Die „Messen für die Heimat" werden zu einem Volksereignis, das große Teile des Regimes als ernsthafte Bedrohung ansehen. In diesem Klima reift die Entscheidung heran, die die Ermordung des Priesters zur Folge haben wird. Seine Kampfmethode ist Ausdruck einer Wahl, die die Kirche in Polen getroffen hat: Man will die Freiheit ohne Gewalt erringen. Die Kirche an sich ist schon ein befreiter Raum inmitten eines unterdrückerischen Gesellschaftssystems. Es geht nicht nur um die liturgischen Feiern (wie in der UdSSR), sondern um Orte des Miteinanders, der Bildung und auch der Diskussion.

Meiner Meinung nach ist noch zu wenig darüber nachgedacht worden, was die Befreiung dieses östlichen Landes bedeutet: eine Befreiung, die seine Bevölkerung und Papst Wojtyła mit vereinten Kräften und bloßen Händen, ohne jede Gewalt, aber mit der nachdrücklichen und wehrlosen Kraft der Volksmassen gegen eine Macht erreicht haben, die sämtliche politischen, wirtschaftlichen und vor allem militärischen Hebel in Händen hielt. Kaplan Jerzy schreibt wunderbare Worte, die zeigen, zu welcher moralischen und politischen Größe die Solidarność-Bewegung sich aufgeschwungen hatte. Worte, die sich auch andere historische Befreiungsbewegungen der 1980er Jahre – Mandelas Kampf gegen die Apartheid, der Übergang vom Marcos-Regime zur Demokratie auf den Philippinen oder der Widerstand gegen die Pinochet-Diktatur – zu eigen machen könnten. Der Priester erklärt:

> Kämpfe nicht mit Gewalt. Die Gewalt ist nicht ein Zeichen der Stärke, sondern der Schwäche. Wenn es nicht gelingt, mit dem Herzen oder dem Verstand zu gewinnen, wird es mit der Gewalt versucht. Jedes Anzeichen der Gewalt zeugt von einer moralischen Unfähigkeit. Die herrlichsten und dauerhaftesten Kämpfe, welche der Menschheit und der Geschichte bekannt sind, sind die Kämpfe des menschlichen Geistes. Die erbärmlichsten und grässlichsten sind die Kämpfe der Gewalt.

Die Gewaltlosigkeit ist das Erkennungszeichen der Befreiungsbewegung Polens und des Ostens, aber auch anderer schwieriger politischer Übergänge in jenen Jahren. Cesare Zucconis Buch ist eine historische Darstellung von großer Reife, aber auch ein Text, der uns auf wirkungsvolle Weise mit den Geschehnissen und Gefühlen jener Jahre in Berührung bringt, als man trotz der Blocksituation und der beinahe vollständig eingeschränkten Handlungsmöglichkeiten hoffte, die Welt verändern zu können. Das ist in Polen geschehen. Jene Welt hat sich verändert. Es waren Jahre großer Hoffnungen, echter Opfer, aber auch erreichter Erfolge für den Frieden.

Die Geschichte dieses Priesters ist die Geschichte der wehrlosen Kraft der Hoffnung. So gesehen kann das Wissen um seine Heiligkeit für die Christen, die zuweilen im Lauf der Geschichte eingeschlafen oder eingeschüchtert sind von einer Welt, die so groß und so vielfältig ist wie nie zuvor, ein neuerlicher Ansporn sein, die Kraft ihrer Berufung zur Veränderung wiederzufinden.

Man hat viel über die Befreiungstheologie in Lateinamerika und über die Rolle diskutiert, die Johannes Paul II. in dieser Angelegenheit gespielt hat. Der Papst war über diese Verbindung zwischen Marxismus und christlichem Glauben bekanntlich so besorgt, dass er gegenüber besagter Theologie in Lateinamerika strenge Maßnahmen ergriffen hat. Ich will hier nicht in eine Diskussion einsteigen, die sehr weit führen würde. Doch Jerzy Popiełuszko ist der Inbegriff eines Christen, der zwar nicht auf politische oder ideologische, ganz sicher aber auf eine sehr reale Weise für die Befreiung kämpft: die Befreiung von der Angst und von der Diktatur. Könnte man also sagen, dass auch Johannes Paul II. auf seine Weise eine Theologie der Befreiung praktiziert hat?

Ich bin davon überzeugt, dass man diese Frage mit Ja beantworten kann, auch wenn seine Praxis alles andere als marxistisch inspiriert gewesen ist. Papst Ratzinger hat mir in einem Interview über seinen Vorgänger diese Lesart bis zu einem gewissen Grad bestätigt. Fest steht jedenfalls, dass dieser kleine Priester, Kaplan Jerzy, ein großer Zeuge der Befreiungshoffnung des polnischen Volkes ist. Seine Mörder erinnern sich an seine „königliche" Haltung:

> Diese Definition – schreibt Zucconi – bringt die Würde, die der junge Kaplan ausstrahlt, treffend zum Ausdruck. Alle seine Mörder heben in ihrer Beschreibung der Tat die Würde des Priesters hervor, der es sich nicht nehmen lässt, seine Peiniger, die ihn mit Stöcken schlagen, mit „meine Herren" anzureden.

Und er bittet sie, ihn am Leben zu lassen. Das ist der Lebenssinn dieses Priesters, der erklärt hatte: „Deswegen reicht es nicht aus, als Mensch geboren zu sein, man muss auch Mensch bleiben." Popiełuszkos Ermordung – wir schreiben das Jahr 1984 – verursacht einen tiefen Riss im Gefüge des kommunistischen Regimes. Am 27. Oktober desselben Jahres erklärt der Innenminister im Fernsehen, dass die drei Mörder des Priesters verhaftet worden seien, und fügt hinzu: „Mit allergrößtem Bedauern muss ich feststellen, dass es sich um drei Funktionäre des Ministeriums für innere Angelegenheiten handelt." Auch in einem Land des sowjetischen Blocks wie Polen existiert nunmehr eine öffentliche Meinung, vor der sich die Macht in gewisser Weise rechtfertigen muss. Der Autor schreibt: „Zum ersten Mal in der Geschichte des Kalten Krieges gesteht ein Land des Warschauer Pakts die Beteiligung seiner Funktionäre an einem Verbrechen ein und ist sogar bereit, ihnen den Prozess zu machen." General Jaruzelski empfängt Giulio Andreotti (damals italienischer Außenminister und Papst Wojtyla sehr verbunden) und gibt diesem eine Nachricht an Johannes Paul II. mit, die als Entspannungssignal gedeutet werden kann; darin fordert er ein neues Klima, „das Vorfälle wie diesen [nämlich Popiełuszkos Ermordung] unmöglich macht".

Die „schwache Kraft" der Hoffnung und des Martyriums haben eine eherne Macht im Kontext eines Herrschaftssystems ins Wanken gebracht, das damals unüberwindlich schien. Diese Geschichten stammen nicht aus einer fernen Vergangenheit, sondern haben auch unserer Zeit noch etwas zu sagen. Wenn wir die historische Erinnerung pflegen, sind wir offen für ein Bewusstsein, das hoffnungsfroher in die Zukunft blickt. Bei der Lektüre dieses Buches habe ich neben der Dankbarkeit für die Arbeit des Verfassers größte Bewunderung für kühne Menschen wie Johannes Paul II. und Jerzy Popiełuszko empfunden, die es verstanden haben, mit bloßen Händen zu kämpfen und wider alle Hoffnung zu hoffen.

ANDREA RICCARDI
Historiker, Gründer der Gemeinschaft Sant'Egidio, Präsident
der Dante-Alighieri-Gesellschaft

I. Kapitel:
Nach dem Konflikt

Der Krieg ist vorbei

Das Polen, das nach dem Zweiten Weltkrieg Gestalt annimmt, hat nur noch wenig mit der Zweiten Polnischen Republik zu tun, die aus dem Ersten Weltkrieg hervorgegangen war. Die Gebietsverluste im Osten und die Gebietszuschreibungen im Westen insbesondere auf Kosten von Kriegsverlierer Deutschland haben seine Form und seine Lage auf der Landkarte tiefgreifend verändert. Das neue Polen hat sich um etwa 150 Kilometer nach Westen verschoben, um dort – nach einem jahrhundertelangen Hin und Her von kriegerischen Auseinandersetzungen und Friedensschlüssen mit den angrenzenden Nationen, die Polens Grenzverlauf und seine ethnische und religiöse Zusammensetzung immer wieder veränderten, bis es schließlich Ende des 18. Jahrhunderts von seinen mächtigen russischen, preußischen und österreichisch-ungarischen Nachbarn geschluckt wurde und für beinahe 150 Jahre völlig von der Landkarte verschwand[1] – seinen endgültigen Platz auf der europäischen Landkarte zu finden. „Christus der Nationen", so hat Adam Mickiewicz, der große polnische Romantiker, sein Heimatland genannt.[2] Und der Historiker Mittel- und Osteuropas Angelo Tamborra beschreibt das Drama dieser Nation als

---

1 Vgl. A. Gieysztor, *Storia della Polonia*, Mailand 1983; O. Halecki, *Geschichte Polens*, Frankfurt a.M. 1963; L. Vaccaro (Hg.), *Storia religiosa della Polonia*, Mailand 1985.
2 Vgl. L. Marinelli (Hg.), *Storia della letteratura polacca*, Turin 2004, S. 194–200.

spirituelle, materielle, menschliche, innerliche und qualvolle [...] Tragödie der polnischen Geschichte aller und insbesondere der jüngsten Zeiten, wo man nicht sieht, was in der Tiefe, unter der kalten und formellen Oberfläche der diplomatischen oder militärischen Geschehnisse vor sich geht: das Leid von Männern, Frauen, Kindern, ganzen Generationen, die in das Getriebe von Kriegen, Invasionen und Teilungen geraten sind, von mehr oder weniger geglückten Versuchen der Entnationalisierung, Exil und Emigration, physischer Auslöschung ...[3]

Doch Polens Geschichte erzählt nicht nur von einem „Martyrium": Sie erzählt auch von einem Land, das beherrscht wurde und beherrscht hat, zerstört wurde und zerstört hat, tyrannisiert wurde und tyrannisiert hat und das in den verschiedenen historischen Epochen immer wieder von der Sehnsucht nach alter Größe getrieben worden ist: einer Größe, die im 16. Jahrhundert ihren Höhepunkt erreicht hatte, als Polen ein Territorium von mehr als 850.000 Quadratkilometern umfasste und sich von der Ostsee bis zu den ukrainischen Steppen erstreckte.[4]

Das Polen, das sich aus der Asche des Zweiten Weltkriegs erhebt, besitzt eine geographische Ausdehnung von 310.000 Quadratkilometern.[5] Es ist ein verwüstetes Land: mehr als sechs Millionen Tote (über die Hälfte von ihnen Juden), das entspricht etwa einem Fünftel der Gesamtbevölkerung; 300.000 Kriegs-

---

3 A. Tamborra, *Polonia e Germania nella storiografia polacca contemporanea*, in: F. Guida, R. Tolomeo, A. Chitarin (Hgg.), *Studi storici sull'Europa orientale*, Rom 1986, S. 1.
4 Vgl. R. Morozzo della Rocca, *Le Nazioni non muoiono, Russia rivoluzionaria, Polonia indipendente e Santa Sede*, Bologna 1992. Vgl. auch meine von Univ.-Prof. Pietro Pastorelli betreute Dissertation in Geschichte der Internationalen Beziehungen: *La Santa Sede e la rinascita dello Stato polacco (1914–1921)*, Università degli studi ‚La Sapienza', Rom 1994.
5 Vgl. J. B. Duroselle, *Storia diplomatica dal 1919 al 1970*, Rom 1972, S. 417f.; M. Alexander, *Kleine Geschichte Polens*, Stuttgart 2008, S. 320ff.

und 200.000 Zivilinvaliden; 38% des nationalen Erbes zerstört; etwa 65% der Industrieanlagen vernichtet; circa 35% der landwirtschaftlichen Produktion verloren; die großen Städte wie Warschau, Danzig und Breslau dem Erdboden gleichgemacht; 54% der Wohnhäuser in den städtischen Zentren und nahezu 35% der Fabriken ruiniert ... Das Land liegt darnieder: vom Krieg zerstört und schwer geprüft durch die beinahe sechsjährige Naziherrschaft, die im Zuge ihrer systematischen Vernichtung der polnischen Identität nicht nur die historische jüdische Präsenz in Polen ausgemerzt, sondern auch die Intellektuellen, die Führungsschicht, die Künstler und die Kirche massiv ins Visier genommen hatte.[6] Die Verluste im polnischen Episkopat – sechs Bischöfe haben ihr Leben gelassen – und insbesondere im Klerus sind enorm: 25% aller Priester (584 Priester sind ermordet worden, weitere 1263 in den Konzentrationslagern umgekommen), 63 Seminaristen, 580 Ordensmänner und 289 Ordensfrauen; außerdem muss ein Fünftel der Kirchen wiederaufgebaut oder instandgesetzt werden.[7] Einige Diözesen wie die von Chełm (wo 46,5% aller Priester ums Leben gekommen sind), von Breslau (50,2%) oder von Łódź (38%) hat der Krieg besonders hart geprüft. Warschau hat über ein Zehntel seiner Priester verloren.[8]

---

6 F. Bafoil (Hg.), *La Pologne*, Lille 2007, S. 147f.; H. Smotkine, *La Pologne* (in der Reihe *Que sais-je?*), Paris 1981, S. 44f., wo in Bezug auf die polnischen Opfer der nationalsozialistischen Besatzung und des Zweiten Weltkriegs die folgenden, insbesondere im Vergleich zu anderen Ländern erschütternden Zahlen genannt werden: Von 1000 Einwohnern beläuft sich die Zahl der Todesopfer in Polen auf 220, in Frankreich auf 15, in Großbritannien auf 8, in Jugoslawien auf 108, in der UdSSR auf 37. Zur Geschichte der polnischen Juden vgl. H. Minczeles, *Une histoire des Juifs de Pologne*, Paris 2006, und das schöne Buch von E. Hoffman, *Im Schtetl. Die Welt der polnischen Juden*, Wien 2000.
7 L. Müllerowa, La Chiesa polacca dal 1939 ai nostri giorni, in: L. Vaccaro (Hg.), *Storia religiosa della Polonia*, Mailand/Gazzada 1985, S. 205–218, hier S. 209f.
8 G. Barberini (Hg.), *La politica del dialogo. Le carte Casaroli sull'Ostpolitik vaticana*, Bologna 2008, S. 550; vgl. auch J. Kłoczowski, L. Müllerowa, *La guerre et l'occupation (1939–1945)*, in: J. Kłoczowski (Hg.), *Histoire religieuse de la Pologne*, Paris 1987, S. 462–496.

Das neue Polen von 1945 zählt eine Bevölkerung von 24 Millionen Einwohnern, über zehn Millionen weniger als 1939, was auch durch die demographischen Verschiebungen nach dem Krieg bedingt ist, die gemeinsam mit den Kriegsfolgen und den von Deutschen und Sowjets verübten Massakern dazu führen, dass die Bevölkerung in ethnischer und religiöser Hinsicht so homogen ist wie noch nie zuvor in ihrer tausendjährigen Geschichte (1946 sind 97% der Bevölkerung Polen und 90% Katholiken).[9]

Obwohl ihre Heimat verwüstet ist, strömen zwischen 1945 und 1948 4,5 Millionen Polen ins Land. Die Hälfte von ihnen kommt aus den ehemaligen polnischen Territorien, die sich nun unter sowjetischer Herrschaft befinden, und wird zu einem großen Teil in den im Westen hinzugewonnenen Gebieten neu angesiedelt. Die andere Hälfte der Polen kehrt aus westlicher Richtung in ihre Heimat zurück. Gleichzeitig werden etwa zwei Millionen Deutsche aus Polen in das besiegte Deutschland sowie etwa eine halbe Million Weißrussen und Ukrainer aus den polnischen Gebieten in die UdSSR zwangsumgesiedelt.

Die politische Situation nach dem Krieg ist unübersichtlich und das Land militärisch von der Roten Armee besetzt. Im Mai 1945, als der Krieg in Europa endet, hat Polen zwei Regierungen: eine kommunistisch geprägte „Übergangsregierung der polnischen Republik", die im Januar desselben Jahres in Warschau eingesetzt worden ist, und die polnische Exilregierung in London, die sich nach der Invasion der Nationalsozialisten konstituiert hat und von Großbritannien und den Vereinigten Staaten unterstützt wird. Die „Übergangsregierung der natio-

---

9 Zwischen den beiden Kriegen machten die Polen 67% der Bevölkerung aus. Etwa ein Drittel der Bevölkerung bestand aus Minderheiten, davon 15% Ukrainer/Ruthenen, 8% Juden, 4% Weißrussen, 3% Deutsche und der Rest kleinere ethnische Gruppen, vgl. F. Bafoil, *Les minorités nationales de la Pologne 1918–1945*, in: *La Pologne*, op. cit., S. 119–144.

nalen Einheit", für die sich die Vereinigten Staaten, Großbritannien und die UdSSR schon einige Monate zuvor in Yalta ausgesprochen hatten und die sich „vor der bevorstehenden Befreiung des westlichen Polen auf eine möglichst breite Basis stützen" sollte, konstituiert sich im Juni 1945 in Warschau, wobei die Sowjets einen ersten Sieg verzeichnen können: Die Schlüsselpositionen der Regierung einschließlich der Streitkräfte und der inneren Sicherheit sind in den Händen der Kommunisten und ihrer Freunde. Den Oberbefehl über das von „antistalinistischen Elementen" gesäuberte polnische Heer übernimmt der sowjetische Marschall Rokossowski. Die provisorische Regierung beeilt sich unter anderem, das Konkordat von 1925 aufzukündigen, und begründet dies damit, dass der Heilige Stuhl die neue politische Führung des Landes im Unterschied zu anderen Staaten wie Frankreich, den USA und Großbritannien nicht anerkannt hatte.[10]

Gleichwohl sind die Beziehungen zwischen den Kommunisten und der polnischen Kirche bis 1947 von dem gemeinsamen Bestreben geprägt, die zulasten Deutschlands „zurückeroberten" Gebiete im Westen zu „kolonialisieren". So unterstützt die Warschauer Regierung die katholische Kirche 1946 beim Wiederaufbau von Gotteshäusern und stellt den polnischen Katholiken etwa 2.800 protestantische Kirchen in den ehemaligen deutschen Gebieten zur Verfügung.[11] Überhaupt hat der

---

10 Die diplomatischen Beziehungen zwischen Polen und dem Heiligen Stuhl sollten erst 1989 wiederaufgenommen werden. Jahrelang erkannte der Heilige Stuhl nur den Vertreter der polnischen Exilregierung in London an, der bis Ende der Siebzigerjahre im Amt blieb, obwohl der Vatikan inzwischen direkte, aber inoffizielle Beziehungen zur Volksrepublik Polen aufgenommen hatte.
11 Vgl. M. Fleming, *The Ethno-Religious Ambitions of the Roman Catholic Church and the Ascendancy of Communism in Post-War Poland (1945–1950)*, in: Nations and Nationalism. Journal of the Association for the Study of Ethnicity and Nationalism 16 (4), 2010, S. 645–647.

Wiederaufbau des verwüsteten Landes absolute Priorität. 1947 schickt die Warschauer Regierung den Grafen Pruszyński nach Rom zu Gesprächen mit dem Heiligen Stuhl.

Bolesław Bierut, wenige Monate später der erste Präsident des kommunistischen Polen, erklärt in einem langen Interview, das der Journalist und Sachbuchautor Ksawery Pruszyński am 24. November 1946 mit ihm geführt hat:

> Was unsere staatspolitischen Prinzipien angeht, sehe ich keinen Grund, die Bestrebungen des Staates denen der Kirche entgegenzusetzen oder umgekehrt. In Polen hat es nie übermäßige religiöse Spannungen gegeben. Während des Krieges hat ein großer Teil des katholischen Klerus gemeinsam mit der Bevölkerung die Last der deutschen Verfolgung getragen und gegen den Eindringling gekämpft [...]. Mit dem Eintreffen des polnischen Heeres aus Osten hat die Kirche die Freiheit erlangt. Eine der ersten Universitäten, die wiedereröffnet wurden, war die katholische Universität Lublin. [...]. Doch diese Entwicklung ist von der Kirche nicht ausreichend gewürdigt worden. Nicht selten ist sie argwöhnisch, als sähe sie darin ein bloß vorläufiges Manöver unsererseits. Das ist ein Irrtum. Aus unserer Sicht ist unser Versuch einer Verständigung mit der Kirche ernsthaft und von Dauer. Das heutige Polen ist ein Staat der Gleichheit und religiösen Freiheit geworden. Unter diesen Bedingungen haben die Katholiken dieselben Rechte wie die anderen Bürger auch [...]. Vor uns liegt nach den moralischen Verheerungen des Krieges und der Besatzung vor allem die Aufgabe des Wiederaufbaus. Bandenwesen, Barbarei, Geringschätzung des menschlichen Lebens – all das erfordert ein rasches und entschlossenes Eingreifen aller moralischen Autoritäten [...]. Die Wiedergeburt der Familie als des Fundaments unseres gesellschaftlichen Lebens und die Sorge um die Erziehung der Jugendlichen, das alles sind große Aufgaben, bei deren Bewältigung der Staat im Einklang mit der Kirche han-

deln und ohne Zweifel die Unterstützung aller praktizierenden Katholiken finden kann.[12]

Noch in den ersten Monaten des Jahres 1948 schrieben die polnischen Bischöfe:

Wir rufen Euch alle auf zu schöpferischer Aktivität. Wir erfüllen alle gewissenhaft unsere beruflichen Pflichten. Die Landwirte sollen in Ehren die Felder bestellen, in den Metallfabriken, den Minen, den Werkstätten, den Büros und Geschäften sprudle die Arbeit, zu der ja der Mensch berufen ist. Von Monat zu Monat wachse der Wiederaufbau des polnischen Lebens, der Hauptstadt, der Städte, der Bauernhöfe und der Kirchen. Wir wollen unser Vertrauen und den Frieden der Seelen bewahren. Ihr sollt das Gefühl persönlicher, nationaler und katholischer Würde haben. Niemand lasse sich durch gewisse Elemente zu unüberlegtem Handeln herausfordern. Das polnische Leben sei uns wert und heilig. Man soll es nicht unnütz in Gefahr bringen. Wir haben nicht das Recht, polnisches Blut in sinnlosem Trotz zu verschwenden. Der Staat soll stark und dynamisch bleiben und in der Lage, das zu verwirklichen, was morgen seine Größe ausmachen soll.[13]

Die Wende von 1947

Auf internationaler Ebene ist 1947 ein Schicksalsjahr. Die Aufteilung der Welt in zwei Blöcke lässt sich nicht mehr aufhal-

---

[12] Eine deutsche Übersetzung von Teilen des Interviews befindet sich in einem Dossier im Deutschen Bundesarchiv: „Einschätzung der Kirchenpolitik der PVAP", in: Bundesarchiv, 041668A/28 und 29.

[13] *„Hirtenbrief des Episkopats von Polen anlässlich des Christ-Königs-Festes",* zitiert nach: A. Michnik, *Die Kirche und die politische Linke. Von der Konfrontation zum Dialog,* München 1980, S. 14 f.

ten. Durch das Scheitern der Londoner Außenministerkonferenz und, im selben Jahr, die Entwicklung des Marshallplans auf amerikanischer Seite sowie die Gründung des von den Sowjets initiierten Kominform, das die Aktivitäten der kommunistischen Parteien in Europa koordinieren und organisieren soll, wird der Zusammenbruch des Anti-Hitler-Bündnisses zwischen Moskau, Washington und London endgültig besiegelt. Doch 1947 ist auch für Polen ein entscheidendes Jahr: Im Januar finden die ersten Wahlen der Nachkriegszeit statt, bei denen das sowjetfreundliche Lager einen überwältigenden Sieg erringt. Durch Wahlmanipulation und eine Atmosphäre der Einschüchterung und Angst sichert sich die Nationale Front etwa 80% der Stimmen.[14] Als der Primas von Polen, Kardinal Hlond, am 17. Januar, wenige Tage nach dem Urnengang, mit Kardinal Sapieha, dem Erzbischof von Krakau, zusammentrifft, bezeichnet er die Wahlen als einen „Akt des großen Terrors, des Betrugs und der Lüge" und wirft den „Siegern" vor, sie hätten versucht, sich den Segen und die Mitarbeit der Kirche zu verschaffen, um die große „Kluft", die die polnische Gesellschaft und die kommunistische Partei voneinander trenne, wenigstens ein Stück weit zuzuschütten.[15] In einem anderen Gespräch beschreibt der polnische Purpurträger den Kommunismus wie folgt:

---

14 Zum kommunistischen Polen vgl. A. Kemp-Welch, *Poland under Communism. A Cold War History*, Cambridge 2008; K.S. Karol, *La Polonia da Piłsudski a Gomułka*, Bari 1959; M.J. Ouimet, *The Raise and Fall of the Brezhnev Doctrine in Soviet Foreign Policy*, Chapel Hill/London 2003; A. Paczkowski, *The Spring will be ours. Poland and the Poles from Occupation to Freedom*, University Park 2003.

15 B. Wiaderny, *Die katholische Kirche in Polen (1945–1989)*, Berlin 2004, S. 21f. Vgl. auch A. Riccardi, *Il Vaticano e Mosca (1940–1990)*, Bari 1992, und J. Mikrut (Hg.), *La Chiesa cattolica e il comunismo. In Europa centro-orientale e in Unione sovietica*, Verona 2016.

> Zurzeit wirft ein neues Heidentum seinen Schatten über den Erdball [...], dieses moderne Heidentum ist keine Religion und will keine sein. Es ist von einem militanten Atheismus gekennzeichnet, der Gott nicht nur leugnet [...], sondern es auch wagt, Ihn zu schmähen und Ihm den Krieg zu erklären.[16]

Zwischen 1945 und 1947 richtet sich die Aufmerksamkeit der Kommunisten insbesondere auf die physische und politische Auslöschung der polnischen Partisanen und der verschiedenen politischen Gruppierungen im Land. Die eigentliche Autorität ist Władysław Gomułka, der Vorsitzende der Kommunistischen Partei, während Bolesław Bierut als Präsident der Republik fungiert. Im September 1948 übernimmt Letzterer das Amt des Parteisekretärs, während Gomułka, der einen nationalen Weg zum Sozialismus befürwortet (und sich unter anderem der Schaffung des Kominform widersetzt) hatte, seines Postens enthoben und inhaftiert wird. Gomułkas vorübergehende Kaltstellung markiert den Beginn einer entschlosseneren Klassenpolitik samt Kollektivierung der Landwirtschaft (die bei den polnischen Bauern auf nicht geringen Widerstand stößt) und Massenindustrialisierung.

Im Herbst 1947 beginnen die polnischen Kommunisten mit der Planung der ersten gegen die Kirche gerichteten Aktionen und fördern insbesondere in den darauffolgenden Jahren, nachdem sie sich das Machtmonopol endgültig gesichert haben, eine Terrorkampagne, die dem Zweck dient, die Kirche der kommunistischen Macht zu unterwerfen. Im Oktober 1947 definiert Stanisław Radkiewicz, Minister für öffentliche Sicherheit, die Kirche als „die am besten organisierte unter denjenigen reaktionären Kräften, die sich den Verfechtern der De-

---

16 Vgl. H. Diskin, *The Seeds of Triumph. Church and State in Gomułka's Poland*, Budapest/New York 2001, S. 19.

mokratie entgegenstellen". Und erklärt abschließend, dass ein „Feind wie der Klerus bekämpft werden muss".[17] Vor allem in den unmittelbar darauffolgenden Jahren wird der Kampf der polnischen Kommunisten gegen die Kirche immer entschlossener und systematischer.

Damit beginnt für die schon unter der Naziherrschaft und während des Krieges schwergeprüfte Kirche eine harte Zeit. Johannes Paul II., der 1948 nach zwei Jahren des Studiums in Rom nach Polen zurückkehrt, erzählt in *Erinnerung und Identität* von seiner ersten Begegnung mit dem Kommunismus: „Mir wurde damals sofort klar, dass ihre Herrschaft wesentlich länger andauern würde als die des Nazismus. Wie lange? Das war schwer vorauszusehen."[18] Angesichts dieser Entschlossenheit, den Pluralismus, die Freiheit und den christlichen Glauben auszumerzen, erlebt Karol Wojtyła die Kirche ganz bewusst als einen Zufluchtsort: „Denjenigen, die der planmäßigen Aktion des Bösen unterworfen werden, bleiben als Quelle geistiger Selbstverteidigung und als Siegesverheißung nichts anderes als Christus und sein Kreuz."[19]

Jerzy Popiełuszko kommt 1947 zur Welt: in dem Jahr, als sich der Kommunismus in Polen endgültig durchsetzt. Den Zusammenbruch des kommunistischen Regimes wird der polnische Priester und Märtyrer nicht mehr erleben.

---

17 *Protokoll der Nationalversammlung des Ministeriums für öffentliche Sicherheit vom 13. Oktober 1947*, in: AMSW, Sign. 17/10/1947/2, zitiert nach: *Beatificationis seu declarationis martyrii servi Dei Georgii Popiełuszko, sacerdotis diocesani. In odium fidei, uti fertur, interfecti. Positio super martyrio* (nachf. *Positio*), S. 278.
18 Johannes Paul II., *Erinnerung und Identität*, Augsburg 2005, S. 30.
19 Ebd., S. 35; vgl. A. Riccardi, *Johannes Paul II. Die Biografie*, Würzburg 2012, S. 115.

II. Kapitel:
Alek Popiełuszko

Das Dorf Okopy

Alfons Popiełuszko wird am Sonntag, dem 14. September 1947,[20] dem Fest der Kreuzerhöhung, in Okopy geboren. Okopy ist ein kleines Dorf in der Region Podlachien im Nordosten Polens und liegt nur wenige Kilometer von der Grenze zum sowjetischen Weißrussland entfernt. Erst 1971, bei seiner Diakonweihe im Seminar von Warschau, lässt der junge Popiełuszko seinen Namen auf dem Standesamt in Jerzy umändern.[21] Dass seine Mutter Marianna ihn Alfons genannt hatte, war vermutlich ihrer besonderen Verehrung für den heiligen Alfonso Maria de' Liguori, den Gründer des Redemptoristenordens, geschuldet. Der von dem Bischof und „Kirchenlehrer" gegründete Orden – der heilige Alfons hatte im 17. Jahrhundert gelebt und war 1950 von Pius XII. zum „himmlischen Patron aller Beichtväter und Sittenlehrer" erklärt worden – hatte sich schon bald über die Grenzen der italienischen Halbinsel hinaus und bis nach Polen ausgedehnt. Marianna hatte in den

---

20 Verschiedene Biographien geben den 23. September als Jerzy Popiełuszkos Geburtsdatum an, was vermutlich auf einen Eintragungsfehler des Standesbeamten zurückzuführen ist. Auch die Mutter des Priesters ist laut Personenstandsregister am 1. Juni 1910 geboren, während ihr tatsächliches Geburtsdatum der 17. oder 7. November 1920 ist. Sie selbst, die am 19. November 2013 verstorben ist, kannte zwar nicht das genaue Datum, war sich aber sicher, was den Monat und das Jahr betraf.
21 Der Name Alfons wird in einigen Teilen Polens mit den „Beschützern" der Prostituierten in Verbindung gebracht.

von der Kirche empfohlenen Betrachtungstexten für den Monat Mai eine Lebensgeschichte des Heiligen gelesen und war davon zutiefst beeindruckt gewesen.[22] Doch auch der Onkel mütterlicherseits hatte Alfons geheißen: Mariannas Bruder, ein polnischer Partisan und Oberleutnant der nationalen Armee, der 1945, mit nur 21 Jahren, von den Sowjets getötet worden war, als diese in die polnischen Gebiete vorrückten.[23]

Die Welt des kleinen Alfons, der liebevoll Alek genannt wurde, ist bäuerlich geprägt.[24] Sein Vater Władysław hatte nur die erste Elementarschulklasse besucht. Die Eltern besitzen einen 20 Hektar großen Hof, doch das Land ist aufgrund des überwiegend sandigen und wenig fruchtbaren Bodens von minderer Qualität. Die Region Podlachien, wo der selige Popiełuszko zur Welt kommt und aufwächst, ist dünn besiedelt und wirtschaftlich rückständig. Einer Volkszählung von 1950 zufolge sind 70% der Bevölkerung Bauern.[25] Bis Ende der Sechzigerjahre gibt es in Okopy kein elektrisches Licht.

Die Mutter Marianna erinnert sich so an die Geburt ihres dritten Kindes:

> Es war ein Sonntag, der 14. September, das Fest der Kreuzerhöhung, vor Sonnenuntergang, ich war gerade dabei, die Kühe zu melken. Meine Mutter half mir bei der Geburt, sie hieß auch Mari-

---

22 Zu Alfonso Maria de' Liguori vgl. G. Velocci, *Alfonso de Liguori. Alla scuola di San Paolo*, Mailand 2011.
23 Das bekannteste der von den Sowjets systematisch verübten Massaker an polnischen Offizieren ist das von Katyn 1940.
24 1946 leben 68,2% der polnischen Bevölkerung auf dem Land. Heute hat sich die Situation umgekehrt: 60,7% der Polen leben in städtischen Gebieten. Vgl. P. Morawski, *Atlante geopolitico della Polonia. La storia divora la geografia*, in: Limes, 1. Januar 2014, S. 7–24, hier S. 8.
25 Vgl. F. Bafoil, *Les paysans polonais. Évolutions des structures agricoles et mobilisations sociales et politiques de 1989 à 2006*, in: F. Bafoil (Hg.), *La Pologne*, op. cit., S. 327–346, hier S. 327.

anna. Die Geburt war sehr leicht, aber danach bekam ich plötzlich heftige Kopfschmerzen und konnte nichts mehr sehen. Am Dienstag legte mein Mann den Kleinen auf den Wagen und ging mit den Nachbarn in die Kirche, um ihn taufen zu lassen. Seine Paten waren Alfons Kamiński, ein Nachbar, und Marianna Lewkowicz, ebenfalls eine Nachbarin. Ich war bei der Taufe des Kleinen nicht dabei, denn ich war von der Geburt noch sehr geschwächt, und außerdem konnte ich nichts sehen. Am Mittwoch, dem Tag nach der Taufe meines Sohnes, konnte ich wieder sehen."[26]

Alfons hat bereits eine Schwester, Teresa, und einen Bruder, Józef. 1949 und 1954 kommen zwei weitere Geschwister zur Welt: Jadwiga, die aber mit eineinhalb Jahren an Masern stirbt, und Stanisław. Viele Jahre später lernt Alfons als Seminarist in Warschau ein leukämiekrankes Mädchen kennen, Danusia Linek, über die er in einer Wochenzeitschrift gelesen hat. Daraus entsteht eine enge Freundschaft mit der ganzen Familie. Als er darüber spricht, wie tief ihn diese Geschichte ergriffen hat, erinnert sich Alek an seine Schwester Jadwiga: „Das hat mich zu Tränen gerührt, vielleicht, weil ich zuhause etwas ganz Ähnliches erlebt habe, als meine jüngste Schwester starb, aber vielleicht nicht nur deswegen. Man denkt über sein eigenes Leben nach, wenn man so einen Artikel liest."[27]

Die Eltern hatten 1942, mitten im Krieg, in der Pfarrkirche zu den heiligen Aposteln Petrus und Paulus in Suchowola, dem Geburtsort von Jerzys Vater Władysław, geheiratet, der nur wenige Kilometer von Okopy entfernt lag. Zwei Jahre später, im

---

26 Vgl. die Aussage der Mutter Marianna in: *Beatificationis seu declarationis martyrii servi Dei Georgii Popiełuszko, sacerdotis diocesani. In odium fidei, uti fertur, interfecti. Summarium ex processu archidiocesano Varsaviensis* (nachf. *Summarium*), S. 62.
27 Privates Archiv der Familie Linek. Vgl. E. K. Czaczkowska, T. Wiścicki, *Don Jerzy Popiełuszko*, Pessano con Bornago (Mi) 2010.

Juni 1944, sprengten die Deutschen auf ihrer Flucht einen großen Teil des Gebäudes in die Luft.

Die Umgebung von Okopy war lange Zeit russisch gewesen, ehe der polnische Staat nach der Epoche der Teilungen 1918 wiedererstand. Die lange russische Herrschaft hatte eine starke orthodoxe Präsenz in der Region zur Folge gehabt. Ein Dokument aus dem Jahr 1938, das von der Nuntiatur in Warschau abgefasst worden ist und im Vatikanischen Geheimarchiv aufbewahrt wird, enthält einige Überlegungen zum dortigen Klerus:

> Im nördlichen Zentrum haben wir einen Klerus, der unter der Zarenherrschaft ausgebildet worden ist: Dieser Klerus ist von geringer Bildung (weil Russland ihm deren Erwerb nicht erlaubte) und einer nur sehr bedingten seelsorgerischen Aktivität, die zuweilen flüchtig und in den Formen unbeholfen ist und somit an die Zwänge der russischen Orthodoxie erinnert. Dafür ist dieser Klerus dem Heiligen Stuhl, den er im Hinblick auf seine mit Füßen getretenen Rechte mehrfach als Stütze erfahren hat, recht ergeben, wenn auch nicht immer gleichermaßen warm und aufrichtig in seinen Gefühlen gegenüber dem päpstlichen Vertreter, von dem man sich allzu leicht Denunzierungen und Ermahnungen erwartet und dessen Kontaktaufnahmen leider auch die kirchliche Autorität selbst auf das geringstmögliche Maß zu reduzieren sucht."[28]

Nach dem Ende des Zweiten Weltkriegs und der sowjetischen Besatzung bleibt das Dorf Okopy polnisch. Der Erzbischof von Vilnius, Romuald Jałbrzykowski, ein Pole, wird aus der Stadt vertrieben, als diese zur Hauptstadt des sowjetischen Litauen wird, und geht nach Białystok, in die Hauptstadt der

---

28 Vatikanisches Geheimarchiv (*Archivio Segreto Vaticano*, nachf. ASV) Polonia, Pos. 183–184a, Fasc. 203, S. 76.

Provinz, in der das Dorf der Popiełuszkos liegt.[29] Sein Nachfolger, Adam Sawicki, wird 1963 zum apostolischen Administrator von Białystok ernannt. In Białystok wird ein Seminar für die Priesteramtsanwärter der Region eröffnet, das eigentlich auch das Seminar des jungen Popiełuszko hätte sein müssen, weil Okopy zum apostolischen Verwaltungsgebiet von Białystok gehört. Doch als Alek sich 1965 für das Priesterleben entscheidet, bittet er, in das Seminar von Warschau eintreten zu dürfen. Die endgültige Errichtung der Diözese Białystok erfolgt erst 1991 mit der Bulle *Totus tuus Poloniae populus*

---

29 Die Geschichte der Stadt Białystok und ihrer Umgebung in den letzten beiden Jahrhunderten ist symptomatisch für die Geschichte und die ständigen Umwälzungen, denen seine Bevölkerung unterworfen war: Nach den Teilungen Polens wird Białystok zunächst dem preußischen Reich einverleibt und fällt dann nach der Unterzeichnung des Tilsiter Friedens 1807 an Russland. Im Lauf des 19. Jahrhunderts wird die Stadt ein wichtiges Zentrum der Textilindustrie, was dazu führt, dass die Bevölkerung sich in rund dreißig Jahren etwa vervierfacht (1857: 13.787 Einwohner, 1889: 56.629); in nur zwölf Jahren kommen weitere 10.000 Einwohner hinzu. Im hier genannten Zeitraum besteht die Bevölkerung größtenteils aus Angehörigen der jüdischen Religion. Nach Ausbruch des Ersten Weltkriegs wird der Ort am 20. April 1915 durch Bombenangriffe zerstört; am 13. August marschiert die deutsche Armee durch die Straßen der Stadt und verleibt Białystok dem Besatzungsgebiet Ober Ost ein. Im März 1918 fällt es an die Volksrepublik Weißrussland und wird bereits im Juli desselben Jahres zur Hauptstadt von Südlitauen. Am 19. Februar 1919 wird die Stadt von Polen erobert. 1920, im polnisch-sowjetischen Krieg, wird sie nach der Übernahme durch die sowjetischen Truppen kurzzeitig zum Hauptquartier des provisorischen polnischen Revolutionskomitees unter Leitung von Julian Marchlewski. In den Zwanziger- und Dreißigerjahren gehört Białystok erneut zum unabhängigen Polen, bis es im September 1939 zunächst von deutschen und später, entsprechend dem geheimen Zusatzprotokoll zum Molotow-Ribbentrop-Pakt, von sowjetischen Truppen erobert und als neugeschaffene *Oblast Bielastok* der weißrussischen Republik angegliedert wird. Am 27. Juni 1941 fällt Białystok nach dem deutschen Einmarsch in die Sowjetunion in die Hände der Nazis, die sofort damit beginnen, unter der gesamten nichtgermanischen Bevölkerung von Anfang an grausame und gnadenlose Maßnahmen der Plünderung und Ausrottung durchzuführen: Die jüdischen Einwohner werden zunächst in ein Ghetto gesperrt und dann, im August 1941, ausgemerzt.

Johannes Pauls II. Die päpstliche Diplomatie reagiert auf neue Grenzverläufe traditionell zurückhaltend, und so hat sich der Vatikan viel Zeit damit gelassen, den neuen Status quo der polnischen Ost- und Westgrenzen anzuerkennen und die kirchliche Geographie der betreffenden Gebiete den Gegebenheiten anzupassen. Zudem sind die territorialen Veränderungen insbesondere zwischen Deutschland und Polen noch nicht vertraglich ratifiziert.[30] Die Problematik der neuen kirchlichen Nachkriegsgeographie führt zu nicht unerheblichen Spannungen zwischen der kommunistischen polnischen Regierung und dem Vatikan, aber auch zwischen dem Heiligen Stuhl und der polnischen Kirche, die sich beeilt, die Gebietsgewinne im Westen anzuerkennen.[31]

Die Verwüstungen des Krieges und durchziehender Heere haben auch das kleine Dorf Okopy nicht verschont: Viele Gebäude, darunter auch die Scheune der Popiełuszkos, sind niedergebrannt. Als Alek geboren wird, ist das Haus noch nicht ganz fertiggestellt, und die Familie, die (einschließlich der Großmutter mütterlicherseits) aus sieben Personen besteht, ist gezwungen, in zwei Zimmern zu leben. Die Mutter Marianna erinnert sich an das Leben in diesen schweren Jahren, das von einer intensiven Frömmigkeit strukturiert war:

> Die ganze Familie, mein Mann, ich und unsere Kinder, sind gläubige und praktizierende Christen. Bei uns zuhause sind wir grundsätz-

---

[30] In den Augen der Bonner Regierung, die die Teilung Deutschlands nicht anerkennt, ist der 1950 zwischen Ostdeutschland und Polen unterzeichnete Vertrag von Görlitz, der den neuen Grenzverlauf festschreibt, nicht gültig.

[31] Kardinal Hlond, der 1945 nach Polen zurückkehrt, überschätzt aufgrund von Kommunikationsschwierigkeiten mit Rom die „weitreichenden Befugnisse", die ihm vom Heiligen Stuhl übertragen worden sind, und setzt in den eroberten ehemals deutschen Gebieten sogleich polnische apostolische Administratoren ein. Vgl. G. Barberini, *Stato socialista e Chiesa cattolica in Polonia*, Bologna 1983, S. 560.

lich an jedem Sonntag und an den Feiertagen in die Kirche gegangen; nur die Kranken blieben daheim. Außerdem hatten wir auch unsere häuslichen Andachten. Mittwochs beten wir zur Muttergottes von der immerwährenden Hilfe, freitags zum Herzen unseres Herrn Jesus, samstags zur Muttergottes von Tschenstochau. Und die Mailiturgie haben wir bei uns zuhause sehr geliebt ..."[32]

Bei den Popiełuszkos zuhause hängt ein Bild der Schwarzen Muttergottes von Tschenstochau, der Patronin Polens. An den Rändern des Gemäldes sind einige der dramatischsten Ereignisse aus der polnischen Geschichte dargestellt, darunter auch die Belagerung des Heiligtums von Jasna Góra durch die Schweden 1655. Die polnische Volksfrömmigkeit führt den unerwarteten Sieg der Polen über die Schweden auf das Eingreifen der „Schwarzen Muttergottes" zurück – ebenso wie den noch nicht ganz so weit zurückliegenden Sieg in der „Schlacht bei Warschau" 1920, als die sowjetischen Truppen bereits vor den Toren Warschaus standen und es den Polen überraschend gelang, das Kriegsglück zu wenden. Das war genau am 15. August, dem Fest Mariä Himmelfahrt.

Über dieses Bild, das Aleks Mutter als Mitgift ins Haus der Popiełuszkos gebracht hatte, erzählt man sich in der Familie eine besondere Geschichte, die Mariannas Charakterstärke veranschaulicht. Gleich nach Ausbruch des Zweiten Weltkriegs, als die Nationalsozialisten rasch nach Westpolen vordringen, besetzen die Sowjets einige der weiter östlich gelegenen Regionen des Landes, wie die Außenminister von Hitler und Stalin, von Ribbentrop und Molotow, es kurz zuvor ausgehandelt und vertraglich festgeschrieben haben. Das Haus von Mariannas Familie wird schon im September 1939 von den Sowjets requiriert, die es zu ihrem regionalen Hauptquar-

---

32 Vgl. die Aussage der Mutter Marianna in *Summarium*, S. 63.

tier machen. Anlässlich des Maifeiertags hängen die Sowjets am 1. Mai 1940 ein Porträt von Stalin an die Wand und verlangen, das Bild der „Schwarzen Muttergottes" unverzüglich zu entfernen. Doch damit beißen sie bei Marianna auf Granit. Die junge Frau überzeugt die Russen davon, dass Stalin und die „Schwarze Madonna" sich schon nicht „in die Haare kriegen würden". Und so bleibt das Bild Unserer Lieben Frau von Tschenstochau, wenn auch mit einem roten Tuch verdeckt, neben dem Stalinporträt an der Wand hängen.

Doch das Bild verrät auch einiges über die enge Beziehung zwischen Katholizismus und Nation in der polnischen Geschichte. Im nationalen Bewusstsein hatte sich vor allem unter den weniger Gebildeten über die Jahrhunderte hinweg geradezu eine Gleichung etabliert, der zufolge „römisch-katholisch" dasselbe war wie „polnisch". Diese Gleichung hatten die Polen so sehr verinnerlicht, dass sie den Begriff der Religion zuweilen sogar mit dem der Nationalität verwechselten.[33] Insbesondere in der Zeit der Teilungen, als weite Gebiete Polens entweder von den protestantischen Preußen oder von den orthodoxen Russen beherrscht wurden, waren der Patriotismus und der römische Katholizismus zwei Seiten derselben Medaille. Und in der Umkehrung führte die Gleichsetzung von „katholisch" und „polnisch" in den verschiedenen aggressiven Phasen des polnischen Nationalis-

---

33 Eine in dieser Hinsicht symptomatische Episode erzählt Achille Rattis Sekretär Msgr. Pellegrinetti (Ratti war nach der Wiedergeburt des polnischen Staates der erste Nuntius in Warschau): Einmal habe der Bischof von Minsk einen Juden nach seiner Nationalität gefragt; daraufhin habe der Jude geantwortet, er sei Katholik. Vgl. Pellegrinettis Abschlussbericht an das Staatssekretariat, 1.–8. Juli 1921, in: O. Cavalleri, *L'Archivio di Mons. Achille Ratti Visitatore Apostolico e Nunzio a Varsavia (1918–1921)*, Vatikanstadt 1990, S. 177f., sowie meine Dissertation *La Santa Sede e la rinascita dello Stato polacco ...*, op. cit., S. 121. Vgl. auch R. Morozzo della Rocca, *Le nazioni non muoiono ...*, op. cit., S. 28.

mus – wie etwa im Fall der ukrainischen katholischen Kirche nach byzantinischem Ritus – dazu, dass die Ausbreitung des römischen Katholizismus auf Kosten der Opfer zu einem Werkzeug der „Polonisierung" wurde. Maßgeblich an der Verteidigung und Verbreitung der polnischen Identität in einer ländlichen und kaum alphabetisierten Gesellschaft beteiligt waren die Kleriker, die großes Ansehen genossen und häufig die Funktion volkstümlicher Anführer übernahmen. In Polen kommt es (zumindest vor dem Zusammenbruch des Kommunismus) aufseiten des Klerus nicht zu jenem fortschreitenden Autoritäts- und Bedeutungsverlust in der Gesellschaft, der – insbesondere seit der durch die schwierige Konzilsrezeption, die kulturelle und antiautoritäre Revolution und den Siegeszug des Subjektivismus ausgelösten „großen Krise" der Sechzigerjahre – das letzte Jahrhundert in Westeuropa gekennzeichnet hat.[34]

Der kleine Alek, der den starken Charakter seiner Mutter geerbt hat, wächst in diesem religiösen und patriotischen Klima auf, das für das ländliche Polen so typisch ist und in dem der Priester als positives Vorbild und als „Garant" der nationalen Identität wahrgenommen wird.

1954 wird Popiełuszko eingeschult. Tag für Tag geht er zu Fuß ins etwa vier Kilometer entfernte Suchowola. Auf dem Schulweg, der durch unbewohntes Gebiet führt, trifft man nicht selten auf Wölfe. Die, so erklären es die Eltern ihren Kindern, könne man am besten verscheuchen, indem man zwei Steine kräftig gegeneinanderschlägt. Die ganz aus Holz

---

34 Vgl. A. Riccardi, *Vita consacrata. Una lunga storia. Ha ancora un futuro?*, Cinisello Balsamo (Mi) 2015, S. 54. Nach einer von der polnischen Regierung Anfang der Achtzigerjahre durchgeführten Erhebung erkennen 80% der Befragten die Autorität des Klerus an. Vgl. den Bericht über die Umfrage „Die Religiosität der polnischen Bevölkerung" im Stasi-Archiv, in: Bundesarchiv, 041668A/101 u. ff. – Ha.

gebaute Elementarschule liegt neben der Kirche, in der Alek getauft worden ist und wo er 1956 zur Erstkommunion geht und Messdiener wird. Am 17. Juni desselben Jahres spendet ihm Bischof Władysław Suszyński das Sakrament der Firmung.

Pfarrvikar Piotr Bożyk erinnert sich wie folgt an diese Jahre:

> Ich kümmerte mich ein wenig um diesen Jungen, weil er mir manchmal durchgefroren und müde vorkam; dann lud ich ihn in mein Zimmer ein und gab ihm Tee und etwas zu essen. Ich sah, wie er von Tag zu Tag immer selbständiger wurde, immer häufiger lächelte. In der Katechismusklasse hörte er aufmerksam auf alles, was ich sagte, und ganz sicher hat er aus den Beispielen, die ich anführte, und den Argumenten, die wir behandelten, etwas gelernt. Er war ein aufgeweckter Junge und er schien ein inneres Drama zu durchleben.[35]

Die Jahre des polnischen Stalinismus

Die Fünfzigerjahre sind eine schwierige Zeit für die Kirche in Polen, die die kommunistischen Machthaber als ihren größten politisch-ideologischen Feind betrachten. Im Juni 1950 verabschiedet das Sekretariat des Zentralkomitees der Polnischen Vereinigten Arbeiterpartei (PVAP) die „vier politischen Thesen über die Kirche", die die Grundzüge einer Kampfstrategie skizzieren. Demnach geht es vor allem darum, diejenigen katholischen Kreise zu isolieren, die als die „reaktionärsten" gelten und von der Partei als „Werkzeug der

---

35 P. Bożyk, *Ileż ten chłopak przecierpiał [Was dieser Junge gelitten hat]*, in: Wiadomości Katolickiej Agencji Informacyjnej 43 (2001), S. 12f.

vatikanisch-imperialistischen und antipatriotischen Strategie" angesehen werden. Überdies müsse man die „Gunst der Mehrheit des Klerus" gewinnen, „damit er im Rahmen der nationalen Front mit der Volksmacht kooperiert". Vor diesem Hintergrund ruft die politische Macht – ein im sowjetisch beherrschten Osten übliches Modell – die Bewegung der „patriotischen Priester" ins Leben, um im Klerus Zwietracht zu säen. In dieselbe Zeit fallen die ersten Anfänge jener den Bischöfen gegenüber kritisch eingestellten, ab 1952 „PAX" genannten Bewegung unter Führung von Bolesław Piasecki, der mit der kommunistischen Regierung gemeinsame Sache macht (der extrem rechte Katholik und Faschist Piasecki war während des Kriegs in die Gefangenschaft der Sowjets geraten und wird nun von diesen für ihre prokommunistische Politik eingesetzt).[36] Es gilt, die Verstaatlichung der polnischen Kirche und ihre Loslösung von Rom voranzutreiben, den Bewegungsraum der Kirche Schritt für Schritt zu verringern und sie, „wenn auch in absolutem Respekt vor den Prinzipien der Freiheit des Gewissens, des Kults und der Religionsausübung in den Kirchen"[37], auf den privaten Bereich zu beschränken.

36 Zum Verhältnis zwischen Staat und Kirche vgl. S. Markiewicz, *Stato e Chiesa in Polonia*, Padua 1967; F. Bertone, *L'anomalia polacca*, Rom 1981; G. Barberini, *Stato socialista e Chiesa cattolica in Polonia*, Bologna 1983. Vgl. außerdem A. Jerkov, *Questo è il movimento Pax. Una pagina della storia politica dei cattolici polacchi*, Rom 1967. Interessante Hinweise bietet auch das Interview mit Jakub Berman in: T. Torańska, *Oni*, Warschau 1997, S. 423f. Vgl. außerdem L. Müllerowa, *La Chiesa polacca dal 1939 ai nostri giorni*, in: L. Vaccaro (Hg.), *Storia religiosa della Polonia*, op. cit., S. 205–218; B. Sonik, La generazione degli anni Settanta, in L. Vaccaro (Hg.), Storia religiosa della Polonia, op. cit. S. 219–226. Eine bemerkenswerte Rekonstruktion findet sich bei J. Kłoczowski, L. Müllerowa, *Le christianisme polonais après 1945*, in: J. Kłoczowski (Hg.), *Histoire religieuse de la Pologne*, op. cit., S. 497–553.
37 A. Friszke, *PZPR wobec religii i Kościoła w 1953 [Die PVAP im Verhältnis zur Religion und zur Kirche im Jahr 1953]*, in: Więź 35/10 (1992), S. 102.

Ein im Juni 1963 vom vatikanischen Staatssekretariat verfasster Bericht über die Lage der Kirche in Polen gibt einen Überblick über die Ereignisse jener Jahre:[38]

> Nachdem die Kommunisten als Sieger aus den Wahlen von 1947 hervorgegangen sind, ergreift die Regierung einige Maßnahmen, die jede kirchliche Aktivität auf ihre rein kultischen Funktionen beschränken sollen. Das Konkordat wird einseitig aufgekündigt. Man lässt eine Reihe exponierter Kleriker, denen „heimliche Aktivitäten" oder „Unsittlichkeit" vorgeworfen werden, verhaften und vor Gericht stellen; die Diözesanterritorien werden verstaatlicht und die Caritas unter die Kontrolle der Regierung gebracht. Ende 1948 sitzen etwa 400 Priester im Gefängnis. Ihre Zahl wird in den folgenden Jahren steigen.

In dieser schwierigen Phase werden die Bischöfe, die in den Jahren der Neugründung Polens nach dem Ersten Weltkrieg und bis zum Ausbruch des Zweiten Weltkriegs an der Spitze der polnischen Kirche gestanden haben, schmerzlich vermisst. Primas August Hlond, der während des Krieges zunächst nach Rom und dann nach Lourdes geflohen und 1944 von dort aus nach Deutschland deportiert worden war, stirbt 1948. 1951 verstirbt auch Kardinal Fürst Sapieha, seit 1911 Erzbischof von Krakau, der bei Karol Wojtyłas Priesterweihe Hauptzelebrant gewesen war. 1948 ernennt Pius XII. Stefan Wyszyński, der erst zwei Jahre zuvor zum Bischof von Lublin ernannt worden war, zum Erzbischof von Warschau und Gnesen (Gniezno) und damit Primas von Polen. Er wird den polnischen Episkopat über drei Jahrzehnte lang mit fester Hand lenken.

1950, nur wenige Monate nach der Exkommunikation der Kommunisten durch das Heilige Offizium Pius' XII., unterzeichnet Wyszyński ein Abkommen mit der polnischen Re-

---

38 G. Barberini (Hg.), *La politica del dialogo*, op. cit., S. 550–566.

gierung. Das Erstaunen im Vatikan ist groß. Das Staatssekretariat ist nicht informiert, geschweige denn konsultiert worden. Auch unter den polnischen Bischöfen findet diese Entscheidung keine einhellige Zustimmung.[39] In dem bereits zitierten vatikanischen Dokument, das die Ereignisse jener Jahre zusammenfasst, heißt es: „Die Unterzeichnung der ‚Vereinbarungen' bewies, dass der beständige Druck und die Drohungen, der gegen den Klerus ausgeübte Terror, das drückende Polizeiregime bei den Bischöfen jene Gelassenheit des Urteils und der geistigen Freiheit gemindert hatten, die in Fragen von solcher Tragweite unerlässlich ist ..."[40]

Am 22. April 1950 erklärt eine Verlautbarung des polnischen Episkopats die Gründe für diesen Kompromiss, den die Bischöfe (oder zumindest ein Teil von ihnen) als eine – allerdings schwache – Garantie dafür betrachten, dass das Regime in seiner Verletzung der kirchlichen Freiheit nicht noch weitergehen wird. Auch Wyszyński selbst kommt in dem Tagebuch, das er während seines Arrests verfasst, auf die Gründe dieser Entscheidung zurück:

> Warum habe ich zum Abschluss der „Vereinbarungen" gedrängt? Ich bin der Meinung, dass Polen und mit ihm unsere heilige Kirche während der Hitler-Ära zu viel Blut verloren hat, um sich noch weitere Verluste erlauben zu dürfen. Um jeden Preis muss der Prozess der geistigen Ausblutung gestoppt werden, müssen wir zu einem normalen Leben zurückkehren. Was zur Entwicklung der Nation und der Kirche und zu einer gemeinsamen Lebensbasis, die sicherlich besonders schwer zu finden ist, beigetragen werden kann, muss in dieser Situation getan werden.[41]

---

39 A. Riccardi, *Johannes Paul II.*, op. cit., S. 121.
40 G. Barberini (Hg.), *La politica del dialogo ...*, op. cit., S. 553.
41 Stefan Kardinal Wyszyński, *In Finsternis und Todesnot, Notizen und Briefe aus der Gefangenschaft*, Wien 1983, S. 20.

In dem Abkommen von 1950 erkennt die polnische Kirche die neuen polnischen Westgrenzen entlang der Oder-Neiße-Linie an und verpflichtet sich, auch den Heiligen Stuhl um eine solche Anerkennung zu ersuchen.[42] Im Gegenzug billigen die Kommunisten der katholischen Kirche einen Platz in der polnischen Gesellschaft zu. Das Regime weiß, dass sich eine Kirche, die so tief im Volk verwurzelt ist, nicht binnen weniger Jahre zerstören lässt und dass auch die Spaltung mithilfe der Bewegung der patriotischen Priester nicht so ohne Weiteres gelingen wird.[43] Trotz seines Befremdens über das 1950 geschlossene Abkommen entzieht Pius XII. Wyszyński seine Unterstützung nicht und ernennt ihn 1953 zum Kardinal (seit Sapiehas Tod 1951 hatte es in Polen keinen Kardinal mehr gegeben). Doch die polnische Regierung denkt offenbar gar nicht daran, ihren Teil des Abkommens zu erfüllen: Kirchliche Ernennungen sollen künftig der Genehmigung durch die Regierung bedürfen, und die Politik der Verstaatlichung der katholischen Schulen und der Behinderung des Religionsunterrichts wird weiter vorangetrieben. Wyszyński, der es nicht zulassen kann, dass der Staat die Kirche und die Bischofsernennungen kontrolliert, erklärt gemeinsam mit den anderen Bischöfen: „Es ist uns nicht erlaubt, die Angelegenheiten Gottes auf dem Altar des Kaisers darzubringen. *Non possumus!*" Daraufhin wird der Primas in einer Novembernacht des Jahres 1953 abgeholt und aus seiner Warschauer Residenz in eine Wohnung gebracht, wo man ihn unter Hausarrest stellt.

In einer seiner „Predigten für die Heimat", die Popiełuszko zwischen April 1982 und August 1984 immer am letzten

---

42 Vgl. J. Offredo (Hg.), *Stefan Wyszyński: Le cardinal de fer*, Chartres 2003 (mit wichtigen Beiträgen zu verschiedenen Aspekten seines Wirkens). Vgl. auch B. Piasecki, *Il primate del millennio*, Rom 1984.

43 Vgl. das Interview mit Jakub Berman, in: T. Torańska, *Oni*, op. cit., S. 508–510.

Sonntag des Monats in der Pfarrkirche zum heiligen Stanislaus Kostka gehalten hat, wird sich der junge Priester an die schwierigen Fünfzigerjahre erinnern und erklären:

> In dieser Zeit hat auch die Kirche gelitten. In den Gefängnissen befanden sich Bischöfe und Priester, denn der Kampf gegen die Kirche war erforderlich für den Kampf gegen das Volk. Der verstorbene Kardinal Wyszyński wurde für viele Jahre wegen der Verteidigung der persönlichen Grundrechte des Menschen inhaftiert. Dieser große Staatsmann hat sich oft bemüht, trotz all dieser Unbill die Regeln des Evangeliums zu erfüllen, um das, was dem Kaiser gehört, ihm zu geben, und das göttliche Gebot zu beachten. Er konnte jedoch nicht weiter schweigen, als der Kaiser immer mehr nach dem Göttlichen griff, nach den Gewissen und Seelen der Menschen.[44]

Die polnische Kirche hat keinen Primas mehr. Auch in Karol Wojtyłas Diözese ist die Lage schwierig: Nach dem Tod von Erzbischof Sapieha verhindert das Regime die Wahl eines Nachfolgers. Sechs Jahre lang bleibt der Bischofssitz von Krakau vakant. Zum Administrator wird Eugeniusz Baziak gewählt, der Erzbischof von Lemberg, der 1944 bei der Ankunft der Roten Armee aus seiner Stadt vertrieben und wenige Jahre vor dessen Tod von Kardinal Sapieha aufgenommen worden war. Doch Baziak wird 1953 von der Polizei verhaftet, isoliert und in einen Prozess verwickelt, bei dem das Militärtribunal von Krakau sechs Priester unter dem Vorwurf, sie hätten für die Vereinigten Staaten spioniert, zu langen Haftstrafen und drei von ihnen zum Tod verurteilt (das Urteil wird nicht vollstreckt). Im September hat der Prozess gegen Bischof Kaczmarek von Kielce begonnen, der zu zwölf Jahren Gefängnis verurteilt wird.

---

44 *Predigt für die Heimat* vom 27. November 1983, in: J. Popiełuszko, *An das Volk. Predigten und Überlegungen 1982–1984*, Düsseldorf 1985, S. 60.

Andrea Riccardi schreibt in seiner Biografie über Johannes Paul II.:

> Der sowjetische Einfluss war jedenfalls auch nach Stalins Tod im Jahr 1953 in Polen zu spüren. Doch der pastorale Kurs Sapiehas und Baziaks (und auch Wyszyńskis) bestand darin zu widerstehen, indem die Kirche weiterhin für die Menschen da war und sich der Einschränkung der eigenen Bewegungsfreiheit entgegenstellte oder sogar versuchte, sie zu vergrößern. Die polnische Kirche wollte sich nicht auf die Spendung der Sakramente beschränken lassen. Ebendies aber war das kirchenpolitische Ziel der Länder im Ostblock: die Reduzierung der Kirche auf den Kult, die Ausschaltung ihrer kulturellen Tätigkeit, ihrer Mitwirkung bei der Erziehung der Jugend, ihrer sozialen Dienste und ihres Vereinsnetzes – all dies nach dem Modell, das der russisch-orthodoxen Kirche aufgezwungen worden war. Das so auf den Kult und die Vergangenheit beschränkte Christentum sollte einem Sozialismus gegenüberstehen, der für sich in Anspruch nahm, die Moderne, die Zukunft, die Kultur und die neue Gesellschaft zu repräsentieren. Und in der Tat: Schon bald wurden der Religionsunterricht an den Schulen abgeschafft und die theologische Fakultät der Jagiellonen-Universität geschlossen. Die Kirche versuchte dennoch Widerstand zu leisten und sich für die Zukunft zu rüsten.[45]

Die Ära Gomułka

1956, in dem Jahr, als Popiełuszko zur Erstkommunion geht, verbessert sich die Situation der Kirche leicht. Im März stirbt Bolesław Bierut, der kommunistische Führer, den Stalin an Gomułkas Stelle gefördert hatte. Er hatte in Moskau am

---

45 A. Riccardi, *Johannes Paul II. ...*, op. cit., S. 126f.

20. Parteitag der KPdSU teilgenommen – demselben, auf dem Nikita Chruschtschow die Verbrechen Stalins verurteilte.

Die soziale und wirtschaftliche Lage des Landes ist schwierig. In Posen gehen Arbeiter und Studenten gemeinsam auf die Straße, um für bessere ökonomische Bedingungen und für die Freilassung der politischen Gefangenen zu demonstrieren. Dieser erste Arbeiteraufstand im kommunistischen Polen endet mit einem Blutbad, zwingt aber die polnische Regierung immerhin, in der Folgezeit eine weniger repressive Politik zu betreiben.

In seiner „Predigt für die Heimat" vom November 1983 liefert Jerzy Popiełuszko seine eigene Interpretation jener tragischen Ereignisse:

Als der Leidenskelch voll war, haben die Menschen protestiert, und ihr Protest war gerecht, das erkannten sogar diejenigen an, gegen die er gerichtet war. In Posen im Jahre 1956 riefen die Arbeiter: „Wir wollen Brot, wir wollen Freiheit, wir wollen Religion!" Aus diesem Grund wurde auf sie geschossen. Unschuldiges Bruderblut wurde vergossen. Die Familien blieben verwaist, es wurde mit Verhören, Schlägen und Gefängnissen geantwortet. Die besten Söhne der Heimat wurden um den Preis von Leid und Blut rehabilitiert, einige leider erst nach ihrem Tod. Um den Preis dieses Leidens kehrte der Primas von Polen in die Freiheit zurück. Die Urheber des unschuldig vergossenen Blutes wurden nicht bestraft [...].[46]

Als das Zentralkomitee der PVAP zu einer Krisensitzung zusammentritt – auf der Tagesordnung steht der Arbeiteraufstand von Posen, der auf andere Länder des sowjetischen Einflussbereichs überzugreifen droht (in Budapest rücken nur wenige Monate später sowjetische Panzer an) –, erscheint plötzlich

---

46 *Predigt für die Heimat* vom 27. November 1983, in: J. Popiełuszko, *An das Volk*, op. cit., S. 60.

an der Spitze einer sowjetischen Delegation der neue Generalsekretär der KPdSU, Nikita Chruschtschow. Władysław Gomułka, der einige Jahre zuvor auf Stalins Wunsch hin verhaftet und des „Titoismus" beschuldigt worden war, weil er einen polnischen Weg zum Kommunismus aufgezeigt hatte, erhält seine Freiheit zurück und übernimmt erneut die Zügel. Er wird das Land bis 1970 regieren. Wenige Tage später wird auch Wyszyński mit sieben weiteren inhaftierten Bischöfen freigelassen. Im August jenes Jahres hatten mehr als eine Million Gläubige mit einer nationalen Wallfahrt zum Marienheiligtum von Jasna Góra den 300. Jahrestag der Befreiung von den Schweden gefeiert und die Freilassung des Primas gefordert. Am 8. Dezember 1956 wird per Dekret an den staatlichen Schulen der fakultative Religionsunterricht wiedereingeführt. Doch dies alles wird nicht von Dauer sein. Popiełuszko erklärt in der oben zitierten Predigt: „Die angebliche Reue war hinterhältig, denn kurz darauf wurde wieder aufs Neue angefangen, das Volk zu unterdrücken und die Kirche zu isolieren."

Dennoch sieht der Primas in den Augen der Öffentlichkeit wie der eigentliche Sieger des Aufeinandertreffens von Kirche und Kommunisten aus. Pater Adam Boniecki[47] erzählt von seiner „faszinierenden Begegnung" mit dem freigelassenen Erzbischof: „Ich war damals gut 20 Jahre alt und weinte vor Rührung, weil ich davon überzeugt war, dem Triumph des Guten über das Böse beizuwohnen".[48] Diese Einschätzung teilt er mit den meisten seiner Landsleute.

---

47 Pater Adam Boniecki, der damalige Chefredakteur der polnischen Ausgabe der Vatikanzeitung „L'Osservatore Romano", übermittelt Popiełuszko wenige Monate vor seiner Ermordung eine ermutigende Botschaft Johannes Pauls II.
48 A. Boniecki, *Un roi sans couronne*, in: J. Offredo (Hg.), *Stefan Wyszyński: le cardinal de fer*, op. cit., S. 34.

Der Weg ins Seminar

1956 ist Popiełuszko neun Jahre alt (es ist das Jahr seiner Erstkommunion und Firmung), doch der Nachhall dieser Ereignisse, über die in der Familie und in der Gemeinde, wo der Bauernsohn täglich die Messe dient, ganz sicher gesprochen wird, kommt auch ihm zu Ohren. Die Gestalt des Primas ist maßgeblich für Popiełuszkos einige Jahre später gereifte Entscheidung, ins Seminar einzutreten. Gemeinsam mit Johannes Paul II. ist Wyszyński für den jungen Bauernsohn das Seelsorgervorbild, dem er nacheifern will.

1959 macht die Replik des Bildes der Schwarzen Muttergottes von Jasna Góra Station in der Pfarrei Suchowola. Während seines Hausarrests hatte der Primas einen ehrgeizigen Plan gefasst: Zur Vorbereitung auf das tausendjährige Jubiläum der Christianisierung Polens (1966), das ganz auf Tschenstochau ausgerichtet sein wird, soll das Gnadenbild auf eine Pilgerreise durch sämtliche polnischen Pfarreien geschickt werden. Durch ein volkstümliches und marianisches Programm, das die christliche und patriotische Tradition hochhält und zur Umkehr aufruft, wird die Einheit der Kirche in einer einzigen großen Bewegung neu gefestigt.[49]

In diesen Jahren ist die polnische Regierung um eine Annäherung an den Vatikan bemüht. Das bezeugt der Erzbischof von Wien, Franz Kardinal König, der auch mit Unterstützung des neutralen Österreich geduldig versucht, Beziehungen zu den Ländern hinter dem Eisernen Vorhang zu knüpfen. Viele Berichte über die Lage in Polen landen auf dem Schreibtisch des österreichischen Bischofs. König ist einer der ersten westlichen Purpurträger, die das kommunistische Polen besuchen. Als Primas Wyszyński ihn 1963 einlädt, geben die „roten Brü-

---

49 A. Riccardi, *Johannes Paul II.*, op. cit., S. 149f.

der" (nachdem man ihm das Einreisevisum 1962 verweigert hatte) ihren Widerstand auf.[50] Seine Reise führt ihn Anfang Mai auch nach Tschenstochau, wo ihm die Menge zujubelt. Der Primas von Österreich möchte im Lauf seines Besuchs unter anderem mit dem polnischen Vizepräsidenten Stanisław Kulczyński zusammentreffen, einem Mann, der nicht Mitglied der PVAP ist, aber gleichwohl die Regierungslinie vertritt. Damit erzürnt er jedoch den polnischen Primas, der keinerlei Einmischungen in die Beziehungen zwischen Regime und Kirche dulden will.[51] Diese Haltung des Primas ist auch der Schlüssel zum Verständnis der Spannungen mit dem Heiligen Stuhl und seinen Gesandten in Polen in den darauffolgenden Jahren: Was die Beziehungen zwischen Kirche und Staat betrifft, will Wyszyński die Zügel selbst in der Hand behalten.

1957 hatte der Kardinal dem Staatssekretariat die Bereitschaft der polnischen Regierung signalisiert, Beziehungen zum Vatikan zu knüpfen, war aber mit dieser Initiative an der Skepsis der Kirche Pius' XII. gescheitert.[52] Mit dem neuen

50 Brief Wyszynśkis an König vom 25. Februar 1963, in: Archiv Kardinal König (nachf. AKK), Polen, Reise 1963 (394/62), Berichte bis 1976. Der Begriff „rote Brüder" findet sich im Brief Wyszynśkis.
51 Zu Königs Reise vgl. auch den Bericht von Bischof Costa über seine Reise nach Warschau vom 19. bis 23. November 1966, in: G. Barberini (Hg.), *La politica del dialogo*, op. cit., S. 587. Costa, der sich lange mit dem österreichischen Botschafter in Polen Kurt Enderl unterhält (Enderl hatte König wenige Jahre zuvor bei seinem Treffen mit dem polnischen Vizepräsidenten begleitet), schreibt in seinem Bericht an das vatikanische Staatssekretariat, die polnischen Behörden hätten später gegenüber dem österreichischen Botschafter erklärt, dass „das Abkommen zwischen Kirche und Staat in Polen mit einem Mann wie dem Erzbischof von Wien ganz sicher zustande gekommen wäre" (der Seitenhieb bezieht sich eindeutig auf den polnischen Primas, mit dem aus Sicht der polnischen Behörden nur schwer oder überhaupt nicht zu reden ist).
52 Vgl. A. Giovagnoli, *Ostpolitik: un bilancio storiografico*, in: A. Silvestrini (Hg.), *L'Ostpolitik di Agostino Casaroli 1963–1989*, Bologna 2009, S. 101–132, hier S. 111.

Kurs Johannes' XXIII. und dem Klima des Konzils scheinen nun die Voraussetzungen gegeben, um die Gespräche zwischen der polnischen Regierung und dem Heiligen Stuhl wieder in Gang zu bringen. Am 15. Januar 1963 treffen Kardinal Wyszyński und Erzbischof Klepacz in Rom mit dem polnischen Botschafter in Italien, dem Znak-Abgesandten Zawieyski („Znak" ist die im Sejm vertretene Organisation bischofsnaher Katholiken) und dem Sekretär des Politbüros Zenon Kliszko zusammen. Kliszko ist Gomułkas rechte Hand und wegen des Parteitags der KPI in Rom. Bei einer Zusammenkunft im Gramsci-Institut, die ebenfalls in diesen Tagen stattfindet, erklärt Kliszko, dass er ein Konkordat zwischen dem Heiligen Stuhl und Polen durchaus für möglich hält.[53] Es folgt ein Gespräch zwischen Gomułka und Wyszyński in Warschau, dessen Verlauf Letzterer als „negativ" beschreibt.[54] In diesen Monaten geben sich insbesondere die Gesandtschaften der regimenahen katholischen Abgeordneten in Rom förmlich die Klinke in die Hand. Gomułka spricht im Dezember desselben Jahres sogar von der Möglichkeit, ein „Konsulat" des Heiligen Stuhls in Warschau zu eröffnen. Franco Costa, Bischof von Crema und Generalassistent der Katholischen Aktion, trifft einige Monate später in Warschau mit Kliszko zusammen, der dem Gesandten Papst Montinis gegenüber erneut den Willen der Regierung unterstreicht, zu einer Übereinkunft zu gelangen, jedoch darauf hinweist, dass das größte

---

53 Informationsschreiben des österreichischen Außenministeriums an Kardinal König vom 15. Januar 1963, in: AKK, Polen, Reise 1963 (394/62), Berichte bis 1976. Kliszko, der mit ideologischen und religiösen Fragen befasst ist und sich daher vor dessen Freilassung 1956 mit Wyszyński getroffen hatte, steht in gewisser Weise am Anfang jener Laufbahn, die Wojtyła letztlich auf den Stuhl Petri bringen sollte. Er ist es, der den Weg für die Entscheidung der Behörden freimacht, Wojtyła zum Erzbischof von Krakau zu ernennen, vgl. A. Riccardi, *Johannes Paul II.*, op. cit., S. 166f.
54 G. Barberini (Hg.), *La politica del dialogo*, op. cit., S. 566.

Hindernis kein anderer sei als der polnische Primas selbst. Die Gespräche zwischen Rom und Warschau verlaufen in jenen Monaten in einem vergleichsweise „wohlwollenden" Klima, doch ohne nennenswerte Fortschritte.[55]

Wie die anderen Kinder aus seinem Dorf verbringt Alek die Schulferien zuhause und hilft bei der Feldarbeit. Als er seine Großmutter Marianna in der Stadt Grodzisko besucht, stößt er auf einige Nummern der von den Franziskanern herausgegebenen Zeitschrift „Der Ritter der Unbefleckten": seine erste religiöse Lektüre. In jenen Jahren entwickelt er mit der Hilfe von Vikar Piotr, der der geistliche Leiter des sensiblen und kränklichen Jungen wird, eine Vorliebe für Literatur.

Józef, der älteste Sohn der Popiełuszkos, erinnert sich, wie sein Bruder in jenen Jahren war:

> Einmal war ich dabei, als einer unserer Lehrer am Gymnasium, Herr Nakonieczny, meiner Mutter dafür dankte, dass sie Jerzy so gut erzogen hatte. Dieser Lehrer hatte eine körperliche Behinderung und, wenn er sich bewegte, Schwierigkeiten mit der Körperhaltung. Normalerweise lachten die Schüler über ihn, doch mein Bruder Jerzy war ihm gegenüber immer respektvoll und freundlich. Das war auch der Grund für das Lob.[56]

---

55 Zu den Beziehungen zwischen dem Heiligen Stuhl und dem kommunistischen Osten vgl. A. Riccardi, *Il Vaticano e Mosca*, op. cit.; R. Morozzo della Rocca, *Tra Est e Ovest. Agostino Casaroli, diplomatico vaticano*, Cinisello Balsamo (Mi) 2014; A. Casaroli, *Il martirio della pazienza. La Santa Sede e i Paesi comunisti (1963–1989)*, hg.v. C.F. Casula und G.M. Vian, Turin 2000; A. Melloni (Hg.), *Il filo sottile, L'Ostpolitik vaticana di Agostino Casaroli*, Bologna 2006; G. Barberini, *L'Ostpolitik della Santa Sede. Un dialogo lungo e faticoso*, Bologna 2007; G. Barberini (Hg.), *La politica del dialogo …*, op. cit.; A. Giovagnoli, *Ostpolitik: un bilancio storiografico*, op. cit., S. 101–131; P. Pastorelli, *La Santa Sede e l'Europa centro-orientale nella seconda metà del Novecento*, Soveria Mannelli 2013.

56 Aussage des Bruders, Józef Popiełuszko, in: *Summarium*, S. 179.

Von 1961 bis 1965 besucht Alek das Gymnasium von Suchowola. Er wird als wohlerzogener und ernsthafter Junge beschrieben, dem das Lernen jedoch nicht übermäßig leichtfällt. Weil er vor der Schule immer in die Messe geht, erscheint er nicht selten als einer der Letzten zum Unterricht. Einige Lehrer und Klassenkameraden berichten, dass sich die Mitschüler, wenn er in die Klasse kam, oft wegen seines Namens und seines bisweilen etwas zurückhaltenden, wenn auch immer freundschaftlichen Verhaltens über ihn lustig machten. Den meisten fällt auch seine Frömmigkeit auf, obwohl er ganz sicher nicht der Einzige in seiner Klasse ist, der sich dem katholischen Glauben zutiefst verbunden fühlt. Nicht wenige Schüler des Gymnasiums von Suchowola treten nach ihrem Abschluss ins Priesterseminar ein. Der Russischlehrer – Russisch war Pflichtfach in den Ländern des Warschauer Pakts – bestellt die Mutter des kleinen Alek ein, um ihr zu sagen, dass der exzessive Kirchbesuch ihres Sohnes sich negativ auf seine Verhaltensnote auswirken werde. Mit ihrer energischen Antwort beweist Marianna Popiełuszko einmal mehr ihren entschlossenen Charakter, den sie auch ihrem Sohn vererbt hat: „Haben wir nun Religionsfreiheit oder nicht? Jeder lebt so, wie er es für richtig hält."

Nachdem er die Schule mit dem Reifezeugnis abgeschlossen hat, verkündet der junge Popiełuszko seine Entscheidung, Priester zu werden. Obwohl er bislang mit niemandem darüber gesprochen hat, sind seine Verwandten und Freunde nicht überrascht. Einige Jahre nach seiner Ermordung erinnert sich seine Mutter:

> Jerzy zeigte schon als ganz kleiner Junge Zeichen einer Berufung [...]. Doch vor seinem Schulabschluss sprach er mit niemandem über seine Absicht, ins Seminar einzutreten. Das war ein Gebot der Vorsicht. Jungen, die darüber sprachen, dass sie ins

Seminar eintreten wollten, wurden von den Sicherheitsdiensten verfolgt.[57]

Das Zeugnis der Mutter über die Kindheit und Jugend ihres Sohnes lässt Rückschlüsse auf die Frömmigkeit des Priesters Popiełuszko zu, die der vor allem für die ländlichen Gebiete typischen polnischen Volksfrömmigkeit entsprach: Es ist ein traditioneller, im Rosenkranzgebet und Sakramentenempfang verankerter Glaube. Das Rosenkranzgebet, das Bußsakrament, die Feier der heiligen Messe und seine Predigttätigkeit werden auch die „Waffen" sein, mit denen der junge Priester sich dem Regime widersetzt. Die Mutter erzählt:

> Wenn er nicht lernen musste, spielte er im Haus, und schon damals konnte ich die ersten Anzeichen einer Priesterberufung bei ihm feststellen. Er benutzte den Tisch als Altar, stellte seine Heiligenbildchen dort auf und versuchte sogar, sich ein Rauchfass zu basteln. An unseren häuslichen Andachten nahm er immer gerne teil [...]. Als Messdiener tat er sich durch seinen Eifer hervor. Obwohl die Kirche fünf Kilometer entfernt war, war er auf Platz eins, was die Anzahl der gedienten Messen betraf. Dafür bekam er einen Preis: Rollschuhe und ein Gesangbuch. Die Rollschuhe habe ich noch, ich bewahre sie als Erinnerung an Jurek auf [...]. In seiner Jugend, als er kein Kind mehr war und allmählich erwachsen wurde, betete er allein, jeden Morgen und jeden Abend. Bei uns zuhause ist es üblich, dass wir uns gleich nach dem Aufstehen und unmittelbar vor dem Zubettgehen zum Gebet niederknien. Jerzy hat das immer so gemacht [...].[58]

---

57 Aussage der Mutter, in: *Summarium*, S. 65.
58 Von seinen Verwandten und Freunden wird Jerzy Popiełuszko liebevoll „Jurek" genannt.

Einige Monate vor seinem Eintritt ins Warschauer Seminar fährt der inzwischen 18-jährige Popiełuszko zum ersten Mal in seinem Leben mit dem Zug: Gemeinsam mit seinem Freund und Pultnachbarn Tadeusz, dem Einzigen, dem er von seinen Plänen erzählt hatte, besucht er das Seminar seiner heimatlichen „Diözese" Białystok[59] und das Seminar in Warschau. Doch statt in das Seminar seiner Diözese einzutreten, entschließt sich Alek für die Hauptstadt Warschau. Diese Entscheidung missfällt seinem Pfarrer, Nikodem Zarzecki, der fürchtet, dass die große Stadt diesen Jungen vom Land negativ beeinflussen könnte. Doch der Widerstand des Pfarrers ist zwecklos: Das Seminar von Białystok sagt dem Priesteramtsanwärter einfach nicht zu. Vielleicht will er aus einer Welt ausbrechen, die ihm von jeher vertraut ist und mit der er sich gleichwohl zutiefst verbunden fühlt. Vielleicht ist die Entscheidung für Warschau auch dadurch bedingt, dass man keine Lateinkenntnisse nachweisen muss, um am Seminar in der Hauptstadt angenommen zu werden (Lateinunterricht hatte es am Gymnasium von Suchowola nicht gegeben), und dass es bei den Seminargebühren Vergünstigungen gibt – für die Popiełuszkos, die über keine großen Mittel verfügen, ein nicht unerheblicher Vorteil. Und auch die Bewunderung des jungen Mannes für den Erzbischof von Warschau und Primas von Polen Stefan Wyszyński dürfte bei der Entscheidung für die Hauptstadt eine Rolle gespielt haben.

In jenen Jahren, als die Priesterberufung in Popiełuszko heranreift, bereitet sich die polnische Kirche auf die Tausendjahrfeier der Christianisierung des Landes vor.

---

59 Białystok ist damals noch eine apostolische Administratur.

III. Kapitel:
Priester im kommunistischen Polen

Polen und das Zweite Vatikanische Konzil

Am 15. September 1965 betritt der junge Popiełuszko das ehemalige Karmeliterkloster unweit der Altstadt, das dem Erzbistum Warschau seit 1867 als Priesterseminar dient. Am Morgen hatte der Vater ihn mit dem Fuhrwerk nach Suchowola gebracht. Von dort hatte er den Bus genommen und war schließlich in den Zug umgestiegen, der in die Hauptstadt fährt. 43 junge Männer sind es, die 1965 neu ins Seminar eintreten. Am 20. September findet in Anwesenheit aller Seminaristen und Professoren die feierliche Eröffnung des akademischen Jahres statt, ein Ereignis, an dem Primas Wyszyński dieses Mal ausnahmsweise nicht teilnimmt: Er ist zur vierten und letzten Sitzung des Zweiten Vatikanischen Konzils in Rom, das am 8. Dezember desselben Jahres enden wird.

Der Seminarist Popiełuszko tritt den Weg, der ihn zum Priestertum führen wird, in den letzten Tagungsmonaten des Zweiten Vatikanischen Konzils an. In diesen Wochen wird unter anderem die abschließende Fassung des Dekrets über Dienst und Leben der Priester (*Presbyterorum ordinis*) vorbereitet. In Polen nimmt man das Konzil anders auf als in der westlichen Welt.[60] Zwar erreicht die eine oder andere Neuerung

---

60 Vgl. K. Wojtyła, *Il rinnovamento della Chiesa e del mondo. Riflessioni sul Vaticano II: 1962–1966*, Rom 2014.

gegen Ende der Sechzigerjahre auch das Warschauer Seminar: Der Gebrauch des Lateinischen in der Liturgie wird nach und nach abgeschafft, der Priester zelebriert mit dem Gesicht zum Volk, die Vertreter der Seminaristen werden nicht mehr von oben bestimmt, sondern gewählt ... Insgesamt aber dringt das Konzil nur mühsam durch den Eisernen Vorhang – was in Anbetracht der mangelnden Pressefreiheit kaum verwunderlich ist. Wyszyński befürchtet überdies, dass die spontane Aufnahme des II. Vatikanums unter den polnischen Katholiken zu Spaltung und Verunsicherung führen könnte, während er selbst, von der Auseinandersetzung mit der Macht und der kommunistischen Säkularisation stark in Anspruch genommen, den Volksglauben vor Erschütterungen schützen will. Als er und weitere 38 polnische Bischöfe zum Abschluss des Konzils am 13. November 1965 mit Paul VI. zusammentreffen, warnt der Primas, der keinerlei Sympathie für Montini hegt:

> Uns ist bewusst, dass es sehr schwierig, aber nicht unmöglich sein wird, die Beschlüsse des Konzils in unseren Verhältnissen zu verwirklichen. Deshalb bitten wir den Heiligen Vater um eines: um völliges Vertrauen zum Episkopat und zur Kirche unseres Landes. Unsere Bitte mag sehr dreist erscheinen, aber die Beurteilung unserer Lage aus der Ferne ist schwierig. Alles, was sich im Leben unserer Kirche ereignet, muss vom Standpunkt unserer Erfahrungen bewertet werden ... Wenn uns etwas schmerzt, dann vor allem der *Mangel an Verständnis* bei unseren Brüdern in Christus. Wenn uns etwas kränkt, dann nur der *Mangel an Vertrauen*, den wir manchmal fühlen trotz der Treuebeweise zur Kirche und zum Heiligen Stuhl, die wir erbracht haben, indem wir die *Angebote eines leichten, bequemen Lebens ablehnten* ...[61]

---

61 H. Stehle, *Geheimdiplomatie im Vatikan. Die Päpste und die Kommunisten*, Zürich 1993, S. 321.

Einige Jahre später kommt der Primas in einem Schreiben an den Klerus und die Gläubigen seiner Diözese mit folgenden Worten auf die Frage der Konzilsrezeption zurück:

> Beim Streben nach der Erneuerung des Konzils muss immer daran gedacht werden, dass die wahre Erneuerung nicht so sehr das Neuartige ist als vielmehr die Heiligkeit im Geiste Christi und dass man damit beginnen muss, sich selbst zu heiligen [...]. Die Erneuerung des Konzils ist keine spanische Wand, hinter deren Schutz man sinnlose Parolen für eine verworrene Reform aufstellen kann. Hinter dem nicht enden wollenden Dialog versteckt sich Scheu vor der Arbeit, der Anstrengung und dem Opfer, Humbug ohne tiefe Kenntnisse und ohne positives Programm, Widerspruchsgeist und Disziplinlosigkeit [...]. Denn die Erneuerung in der Kirche muss bei uns selbst beginnen. [...] Bei der Forderung nach Fortschritt in der Kirche müsst ihr daran denken, dass „Fortschritt in der Kirche nicht Neuartigkeit, sondern Heiligkeit bedeutet". Fortschritt bedeutet nicht permanente sterile Diskussion, Erzeugung von Worten, Verfolgung des Neuen, der Veränderung, Zerrüttung dessen, was war und ist, sondern persönliche Heiligkeit. Und die Heiligkeit beginnt bei uns selbst. [...] Denkt daran, dass die konziliare Erneuerung nicht durch die Veränderung der kirchlichen Institutionen eingeführt wird, sondern durch die Erneuerung der Geister, der Herzen und der persönlichen Lebensführung. Ihr wollt die Lehrer der ganzen Welt sein – seid heilig! Ein Minimum an Edelmut müsste euch lehren, dass man nicht das Recht hat, den anderen ihren Glauben, ihre Hoffnung oder ihre Liebe zu zerstören. Statt durch Geschwätz und Zweifel die Bindung zu Gott und der Kirche in den Köpfen unserer Brüder zu zerreißen, sollten wir selber durch das Gebet, das Bereuen der Sünde der Lüge, das Geständnis sowie das

demütige Zugeben der begangenen Fehler diese Bindung herstellen.[62]

Jedenfalls erfasst die große Unruhe, die in diesen Monaten in der katholischen Kirche herrscht, auch die beim Konzil anwesenden polnischen Bischöfe. Während der junge Popiełuszko sein Studium am Seminar beginnt, nehmen die polnischen und die deutschen Konzilsväter einen Briefwechsel auf, der in den traditionell schwierigen Beziehungen zwischen den beiden Ländern eine Wende einleiten soll. Dabei sind es die polnischen Bischöfe, namentlich die Erzbischöfe von Krakau und Breslau Wojtyła und Kominek, die mit einem Brief an ihre deutschen Amtsbrüder die Initiative ergreifen. Die zentrale Botschaft dieses Briefs, der vom 18. November 1965 datiert, lautet: „Wir vergeben und bitten um Vergebung." Es ist eine überaus bedeutende und mutige Geste, wenn man bedenkt, welch großes Leid dem polnischen Volk während des Zweiten Weltkriegs von deutscher Seite aus zugefügt worden ist. Seit der Naziherrschaft, die in der polnischen Seele, aber auch bei den Deutschen, die ihre seit Generationen angestammten Gebiete nach dem Krieg verlassen mussten, tiefe Wunden hinterlassen hat, sind erst 20 Jahre vergangen.

Die polnischen Bischöfe verschweigen in ihrem Brief weder die Probleme der Gegenwart noch die Tragödie der Vergangenheit. Sie schreiben:

Wir wissen genau, dass auch ein Großteil der deutschen Bevölkerung durch den Nationalsozialismus unterdrückt wurde. Wir kennen die innere Qual, der zu dieser Zeit die rechtschaffenen und ihrer

---

62 A. Michnik, *Die Kirche und die polnische Linke. Von der Konfrontation zum Dialog*, München 1980, S. 142. Vgl. zu der gesamten Angelegenheit W. Bartoszewski, *Relazioni polacco-tedesche durante il pontificato di Paolo VI (1963–1978)*, in: A. Silvestrini (Hg.), *L'Ostpolitik di Agostino Casaroli*, op. cit., S. 48–51.

Verantwortung bewussten deutschen Bischöfe ausgesetzt waren. Es genügt, die Kardinäle Faulhaber, von Galen und Preysing zu erwähnen. Wir kennen alle die Märtyrer der „Weißen Rose", die Kämpfer der Widerstandsbewegung des 20. Juli, wir wissen, dass eine große Zahl von Atheisten wie von Priestern ihr Leben geopfert haben (Lichtenberg, Metzger, Klausener und noch viele andere). Tausende von Deutschen, Christen genauso wie Kommunisten, haben in den Konzentrationslagern das Schicksal ihrer polnischen Brüder geteilt.[63]

Aufgrund eines kleinen Zwischenfalls trifft die deutsche Antwort verspätet ein.[64] Doch die Verzögerung ist auch der Vorsicht der deutschen Bischöfe selbst geschuldet. Die Frage der Beziehungen zu Polen ist insbesondere für diejenigen Deutschen (unter ihnen viele Katholiken), die die 1945 an Polen gefallenen Gebiete hatten verlassen müssen, ein reichlich heikles Thema. Man muss jedes Wort auf die Goldwaage legen, um die Regierung in Bonn, die in jenen Jahren eine ambivalente Position vertritt, nicht in Verlegenheit zu bringen.[65]

---

63 A. Michnik, *Die Kirche und die polnische Linke,* op. cit., S. 36.
64 Bischof Kominek, der sich zum *Collegio Teutonico di Santa Maria dell'Anima* in Rom begeben hat, um den Brief dem Kölner Erzbischof und Vorsitzenden der deutschen Bischofskonferenz Kardinal Frings persönlich auszuhändigen, trifft diesen nicht an und übergibt den Brief dem Pförtner. Der Brief wird in das Zimmer des Kardinals gebracht, der jedoch schon nach Deutschland zurückgekehrt ist. Deshalb kommt die deutsche Antwort erst am 5. Dezember, drei Tage nach Abschluss des Konzils. Vgl. hierzu die Rekonstruktion, die der deutsche Bischof Josef Homeyer zum 40. Jahrestag des Briefwechsels zwischen den polnischen und den deutschen Bischöfen verfasst hat: *Der lange Weg der Versöhnung,* in: *Lange Wege. Dokumente zur Versöhnungsarbeit der Katholischen Kirche in Deutschland,* hg. vom Sekretariat der Deutschen Bischofskonferenz (Arbeitshilfen, Nr. 227), Bonn 2009. S. 144–160. Vgl. auch B. Kerski, T. Kycia, R. Zurek, *„Wir vergeben und bitten um Vergebung". Der Briefwechsel der polnischen und deutschen Bischöfe von 1965 und seine Wirkung,* Osnabrück 2006.
65 Kanzler Adenauer, der die Versöhnung mit den Polen, den Franzosen und den Juden 1960 im Zuge der Wahlkampagne, die ihm 1961 erneut das Kanzleramt einbringen sollte, als Priorität der Deutschen definiert hatte, hatte

Kaum sind die beiden Briefe publik geworden, entlädt sich der Zorn der kommunistischen Warschauer Regierung, die in Wirklichkeit von Agenten des polnischen Geheimdiensts in Rom schon vorher über den Briefwechsel informiert worden war.[66] Als die polnischen Bischöfe aus Rom zurückkehren, werden sie aufs Heftigste angegriffen und beschuldigt, im Auftrag der deutschen Nachbarn gegen ihre Heimat zu konspirieren. Die deutschenfeindlichen Gefühle sind in der polnischen Bevölkerung noch sehr ausgeprägt und werden vom kommunistischen Regime oft benutzt, um einen Konsens zu erzeugen. Die Regierung zieht Wyszyńskis Reisepass ein. Diverse Protestschriften – zum Beispiel von der Solvay-Belegschaft an Wojtyła – werden an den Episkopat gerichtet und in der Presse veröffentlicht.[67] Bei den Parteitreffen ertönen Rufe gegen Wyszyński: „Rom soll sich seinen Kardinal zurückholen!"[68, 69] „Wir werden nicht vergessen und nicht vergeben", lautet der Slogan der polnischen Regierung.

---

wiederholt vom „Recht der Ostpreußen" gesprochen, „in ihre Heimat zurückzukehren".

66 G. Weigel, *Der Papst der Freiheit*, Paderborn (et al.) 2011, S. 75ff.
67 A. Boniecki, *The Making of the Pope of Millennium, Kalendarium of the Life of Karol Wojtyła*, Stockbridge 2000, S. 258.
68 Riccardi, Johannes Paul II., S. 173, Würzburg 2012.
69 Vgl. hierzu M. Maliński, *Johannes Paul II. Sein Leben, von einem Freund erzählt*, Freiburg (et al.) ⁵1980, S. 248–254; G. Weigel, *Zeuge der Hoffnung*, Paderborn 2002; B. Lecomte, *Giovanni Paolo II*, Rom 2005. Einige Jahre später erzählt der polnische Bischof Kominek in einem Gespräch mit dem Münchner Kardinal Döpfner, wie enttäuscht Wyszyński 1965 über die „nicht sehr mutige" Antwort der deutschen Bischöfe gewesen sei. Offenbar hatte der Primas von den Deutschen auch eine Anerkennung der Oder-Neiße-Grenze oder zumindest vonseiten der deutschen Bischöfe eine gewisse Aufgeschlossenheit in diese Richtung erwartet (vgl. hierzu K. Wittstadt, *Julius Kardinal Döpfner. Anwalt Gottes und der Menschen*, München 2001). Das ist jedoch nicht der Zweck des Briefs, der das Ergebnis einer Anfang der Sechzigerjahre begonnenen Annäherung zwischen den beiden Bischofskonferenzen und vor allem Ausdruck eines aufrichtigen Verlangens nach Versöhnung ist. Bei der Tausendjahrfeier der Christianisierung Polens am Wallfahrtsort

Der Primas antwortet seinen „Verleumdern" mit Nachdruck und bezeichnet die Reaktionen der Regierung in einer Ansprache in der Warschauer Pfarrkirche zum Unbefleckten Herzen Mariens als „Gekreische, Geschrei und Getöse".[70] Der polnische Episkopat bewahrt die Ruhe und antwortet mit einem Dokument auf die Anschuldigungen, das in allen Pfarreien verlesen wird:

> Wir intervenieren weder im Namen der Gesellschaft noch im Namen des Volkes, verstanden im laikalen und politischen Sinne dieses Wortes. Obwohl das polnische Volk in seiner überwältigenden Mehrheit katholisch ist und seine Zugehörigkeit zur Kirche zum Ausdruck bringt, betrachten wir uns als Bischöfe keineswegs als politische Führer der Nation. Wir haben eine andere Berufung […]. Wir haben als Vertreter der Gemeinschaft der Katholiken in unserer polnischen Nation gesprochen, und wir sahen uns kraft der uns von Christus auferlegten Sendung und des der Kirche zu erweisenden Dienstes berechtigt, das Wort zu ergreifen. […]. Wir wenden uns an jene, die den Worten Christi Glauben schenken. Christus aber verkündigt der Menschheit ein neues Gesetz. Sein Gesetz ist nicht einfach: „Ein neues Gebot gebe ich euch, dass

Tschenstochau wiederholt Wyszyński die an die Deutschen gerichteten Vergebungsworte, die daraufhin von den Anwesenden aufgegriffen werden, bis schließlich die ganze riesige Menschenmenge laut „Wir vergeben!" ruft. Die Beziehungen zwischen beiden Ländern verbessern sich nach und nach bis zur Unterzeichnung des 1970 von Kanzler Willy Brandt (SPD) angeregten und 1972 vom Parlament der Bundesrepublik Deutschland ratifizierten Warschauer Vertrags, der die Grenzstreitigkeiten beendet und die Oder-Neiße-Linie anerkennt, auch wenn die Frage erst mit der deutschen Wiedervereinigung endgültig geklärt werden wird. Mithin kann Paul VI. mit der Bulle *Episcoporum Poloniae coetus* (28. Juni 1972) auch das Problem der kirchlichen Verwaltungen in dem zwischen Deutschen und Polen umstrittenen Gebiet lösen. An dieser Stelle sei darauf hingewiesen, dass päpstliche und Konzilsdokumente, soweit nicht anders angegeben, vollständig auf der Homepage des Vatikans zugänglich sind: vatican.va

70 Die Ansprache wurde am 19. Dezember 1965 gehalten, vgl. A. Michnik, *Die Kirche und die polnische Linke*, op. cit., S. 71.

ihr einander liebet" (Joh 13,34). Im Rahmen dieses Gesetzes der Liebe befindet sich dann der schwerste Teil, nämlich ein Gebot, das es in keiner anderen Religion gibt und menschlich gesehen nur schwer annehmbar erscheint, nämlich die Forderung der Feindesliebe […]. Dort wo die Verträge versagen, wo die offiziellen Organe zu keiner Einigung finden und ohnmächtig sind, dort könnten Menschen guten Willens, indem sie sich außerhalb der offiziellen Politik und kriegerischen Auseinandersetzung stellen, zu dieser Einigung finden, dadurch dass sie sich über alle Grenzen, Regime und Sprachen hinweg als Mitglieder einer großen Menschheitsfamilie begreifen […]. An all das haben wir gedacht, als wir an die deutschen Bischöfe und Katholiken schrieben. Wir wollten ihnen sagen, dass nach tausend Jahren der Nachbarschaft, die alles in allem für uns doch recht schwierig und anstrengend waren, wir nunmehr Seite an Seite leben müssen, und dass dies auf dem Wege gegenseitigen Verständnisses geschehen muss, das nicht nur allein in Verträgen, sondern in die Seele und das Bewusstsein der Nation eingeschrieben sein muss […].[71]

Das Nein des Regimes an Paul VI.

Der Brief der polnischen Bischöfe führt zu einem brüsken Abbruch der laufenden Gespräche zwischen Casaroli, Poggi und der Gomułka-Regierung,[72] bei denen es unter anderem um

---

71 Ebd., S. 72 f. Das Dokument stammt vom 10. Februar 1966.
72 Nach Informationen aus polnischen Quellen, die Kardinal König zugetragen wurden, hatte das polnische Regime die ersten Schritte zu einer Übereinkunft mit dem Heiligen Stuhl unternommen, nachdem der Kontakt zwischen Titos Jugoslawien und dem Heiligen Stuhl angebahnt worden war (der 1966 zur ersten Unterzeichnung eines Vertrags zwischen dem Vatikan und einem kommunistischen Regime führen sollte). Beeinflusst haben soll die Polen außerdem die sogenannte „Wende-Rede" von Palmiro Togliatti,

den ersten Polenbesuch eines Papstes gegangen war. Paul VI., der sich 1923 als junger Mitarbeiter von Nuntius Lauri einige Monate lang in Polen aufgehalten hatte,[73] will aus Anlass der Feierlichkeiten zum 1000. Jahrestag der Taufe Mieszkos I. im Jahr 966 dorthin zurückkehren. Im Zuge der Konfrontation mit dem polnischen Episkopat und insbesondere mit dem Primas wird die Reise von den polnischen Regierungsbehörden verboten. Und Wyszyński darf auch nicht nach Rom reisen, um an den Feierlichkeiten zum „Sacrum Millennium Poloniae" teilzunehmen, die im Mai 1966 unter dem Vorsitz des Papstes und in Anwesenheit zahlreicher Polen vor allem aus der Diaspora stattfinden. Am Sonntag, dem 15. Mai, kommt Papst Montini in seiner Predigt zum Abschluss der Feierlichkeiten auf die abgesagte Reise zu sprechen, wobei er den Primas in Schutz nimmt, aber auch die Tür zum Dialog mit dem Regime nicht zustößt:

> In diesem Zusammenhang wären wir auf Einladung des Herrn Kardinal Wyszyński, des Primas von Polen und Erzbischofs von Warschau, vereint mit dem gesamten polnischen Episkopat, sowie Unserer vielen Söhne dieser geliebten Nation gerne persönlich

---

der sich 1947 in der *Assemblea Costituente* zugunsten des Konkordats ausgesprochen und erklärt hatte, „dass der Staat und die katholische Kirche innerhalb ihres je eigenen Systems unabhängig und souverän" seien (vgl. den Brief mit gesammelten Beobachtungen aus polnischen Regierungsquellen, der Kardinal König aus dem Büro des österreichischen Außenministers zuging, in: AKK, BA-König Reisen. Polen. Briefe und Berichte 1965–1976. Der Brief datiert vom 26. Oktober 1964). Jedenfalls werden die Treffen zwischen Casaroli und Botschafter Willmann 1966 fortgesetzt. Zu erwähnen ist ferner ein Polenbesuch des mit Montini befreundeten Bischofs Franco Costa im selben Jahr. Zu diesen Gesprächen und zu den Ereignissen dieser Jahre vgl. G. Barberini (Hg.), *La politica del dialogo*, op. cit., sowie R. Morozzo della Rocca, *Tra Est e Ovest*, op. cit.

73 Vgl. Montinis Korrespondenz aus Warschau in: G. Adornato (Hg.), *Giovanni Battista Montini. L'ora della prova. Scritti antifascisti 1920–1939*, Mailand 2014, S. 14–22.

dorthin gereist und hätten dem polnischen Volk Unseren väterlichen Gruß und der in Tschenstochau verehrten Heiligsten Gottesmutter Unsere demütigste Verehrung überbracht, um mit der gesamten in der Heimat verbliebenen oder aus allen Teilen der Welt herbeigeströmten Bevölkerung dieses so überaus glückliche Datum zu begehen. Doch diese Pilgerreise ist Uns nicht gestattet worden, obwohl Wir ihren Zweck respektvoll dargelegt und versichert haben, dass Unsere äußerst kurze Reise rein religiösen Charakter habe und keine andere Absicht verfolge als die, jenes einzigartige tausendjährige Gedenken zu feiern. Natürlich haben Wir nicht zuletzt aufgrund unserer persönlichen Zuneigung zu Polen darüber lebhaftes Bedauern empfunden. Wir sind davon überzeugt, dass die Gründe, die man gegen die Durchführung Unserer Pilgerreise vorgebracht und auf Handlungen und Haltungen des ehrwürdigsten Kardinals Wyszyński zurückgeführt hat, nicht gerechtfertigt sind, und Wir können nicht glauben, dass sie vom gemeinsamen Empfinden einer so vornehmen und gegenüber der Kirche so ehrerbietigen Nation wie Polen mitgetragen werden. Doch Wir sagen sofort: Wegen dieses Neins werden wir Unser teures Polen nicht weniger lieben. Und genauso werdet ganz sicher auch Ihr, geliebteste hier anwesende Kinder, genauso werden auch die in ihrer Heimat ansässigen und die in alle Welt verstreuten Polen es halten.[74]

Karol Wojtyła wird, als er Johannes Paul II. geworden ist, diesen Wunsch Pauls VI. nach einem Papstbesuch in Polen erfüllen. Wie um seinem Amtsvorgänger Gerechtigkeit widerfahren zu lassen, kommt der polnische Papst auf seiner ersten Reise in

---

74 Paul VI., Predigt bei der Feier zum „Sacrum Millennium" des Christentums in Polen (15. Mai 1966). Vgl. auch ders., *Schreiben an die polnischen Bischöfe aus Anlass der Tausendjahrfeier des Christentums in Polen* (15. Mai 1966); ders., *Schreiben an Kardinalprimas Stefan Wyszyński aus Anlass der Tausendjahrfeier des Christentums in Polen* (15. Mai 1966), beide in lateinischer Sprache.

sein Heimatland am 2. Juni 1979 in seiner Predigt in Warschau auf jene Reise zu sprechen, die einem Pontifex 13 Jahre zuvor verweigert worden war:

> Der verstorbene Papst Paul VI., der erste Pilger-Papst nach vielen Jahrhunderten, hatte gewünscht – wir wissen, wie groß sein Wunsch war –, seinen Fuß auf polnischen Boden zu setzen, vor allem auf die Jasna Góra. Bis zum Ende seines Lebens hat er diesen Wunsch im Herzen getragen und ihn mit ins Grab genommen. Doch dieser Wunsch war so mächtig, war so tief begründet, dass er die Spanne eines Pontifikates überstieg und – auf eine menschlich schwer vorhersehbare Weise – heute Wirklichkeit wird. Wir danken daher der göttlichen Vorsehung, dass sie Papst Paul VI. ein so starkes Verlangen gab. […]. Als ich nämlich – durch den unerforschlichen Ratschluss göttlicher Vorsehung – nach dem Tode Pauls VI. […] mit den Stimmen der Kardinäle von der Kathedra des hl. Stanislaus in Krakau auf die des hl. Petrus in Rom berufen wurde, habe ich sogleich verstanden, dass es meine besondere Aufgabe ist, jenen Wunsch zu erfüllen, dem Paul VI. zur Tausendjahrfeier der Taufe Polens nicht nachkommen konnte.[75]

Am 3. Mai 1966 beendet der Primas mit einem feierlichen Hochamt am Gnadenbild der Schwarzen Muttergottes von Jasna Góra die große Novene: die neunjährige intensive Vorbereitung der polnischen Gläubigen auf die Tausendjahrfeier. Millionen von Menschen nehmen an diesem Glaubensereignis teil, und sie alle sehen den Stuhl, auf dem Papst Paul VI. hätte Platz nehmen sollen und der leergeblieben ist. Die staatlichen Autoritäten versuchen nationale Festlichkeiten für das zu organisieren, was sie als das „tausendjährige Bestehen Polens"

---

[75] Johannes Paul II., *Predigt in der heiligen Messe auf dem Siegesplatz in Warschau* (2. Juni 1979).

deklarieren. Doch die katholischen Feiern sind ein Erfolg, und die außerordentlich hohe Beteiligung zeigt dem Regime und der Welt den breiten Konsens, den die katholische Kirche bei der Bevölkerung des Landes genießt. Angesichts der bewegten und im Lauf der Jahrhunderte mehrfach unterbrochenen Geschichte des polnischen Staates zeichnet sich die Kirche durch ihre Einheit und Beständigkeit aus und ist mit der Kontinuität ihrer ununterbrochenen Präsenz gerade in besonders schwierigen Zeiten die Seele der Nation:[76] in der Epoche der Teilungen, während der „Entpolonisierungsversuche" der Besatzer, unter der tragischen Herrschaft der Nazis und der Sowjets und auch jetzt gegenüber dem kommunistischen Regime. Das bringt der Primas 1966 nach den Millenniumsfeierlichkeiten folgendermaßen auf den Punkt: „Wohl nie spürte man ein so enges Band zwischen Kirche und Nation wie in Polen, welches total bedroht ist."[77]

Der Seminarist Popiełuszko nimmt im Juni 1966 an den Millenniumsfeierlichkeiten in der Stadt Warschau teil. Vielleicht zum ersten Mal erlebt er die Repressalien aus nächster Nähe: Unter anderem hatten die Milizen das verehrte Bild der Schwarzen Muttergottes einige Tage lang verschwinden lassen, als sie versuchten, ihm den Einzug nach Warschau zu verwehren. Jaruzelski, der 1968 Verteidigungsminister werden wird, spricht in seinen Erinnerungen von einer „Schlacht um die ‚Regierung der Seelen'", die der Polizeiapparat in jenen Jahren ausgefochten habe.[78] Bei den Zusammenstößen werden 46 Per-

---

[76] H. Diskin, *The Seeds of Triumph, Church and State in Gomułka's Poland*, op. cit., S. 9.
[77] A. Micewski, *Stefan Kardinal Wyszyński, Primas von Polen. Eine Biographie*, Mainz 1990, S. 251.
[78] W. Jaruzelski, *Mein Leben für Polen: Erinnerungen. Mit einem Gespräch zwischen Wojciech Jaruzelski und Adam Michnik*, München/Zürich 1993, S. 156.

sonen festgenommen. In seiner Predigt in der Warschauer Kathedrale prangert der Primas das Verhalten der Behörden an:

> Die polnische Geschichte hat verschiedene Konflikte erlebt, doch nur selten betrafen diese die Beziehungen der Kirche zum Volk oder der Kirche zur Familie, während die Zerwürfnisse zwischen der Kirche und dem Staat nichts Neues sind; wie der Hinweis auf die Zeit der Teilungen Polens bestätigt. Die Invasorenreiche konnten die, die der Nation das Evangelium predigten, nicht ertragen und gedachten daher, durch die Zerstörung der Kirche und ihrer Hierarchie die Existenz des Volkes auszulöschen.[79]

Im Anschluss entwirft er ein Programm für die polnische Kirche – mit Worten, die das Herz des jungen Popiełuszko so tief bewegen, dass sie Jahre später zum Schlüssel seines Priestertums werden:

> Die Kirche darf sich nicht hinter den Mauern verschanzen und sie darf sich auch nicht darauf beschränken, die im engeren Sinne religiösen Fragen zu behandeln. Sie muss ihren Geist in die Straßen und Wege der Dörfer eingießen, aus den Kirchen hinausgehen, um in der heutigen Wirklichkeit präsent zu sein [...]. Die Kirche muss mit dem Alltagsleben des Menschen verschmelzen, mit seiner Erziehung und seinem Wachstum, weil sie diesen Menschen von heute verwandeln, ihm eine neue Dimension geben, ihn in seinen Menschenrechten, in seiner Individualität und seinem sozialen Wesen verteidigen, seine moralische, gesellschaftliche, kulturelle, wirtschaftliche, administrative und auch politische Arbeit beseelen muss. Ohne die Kraft des Evangeliums, ohne die Wahrheit Gottes ist die Menschheit nicht imstan-

---

79 Vgl. E. K. Czaczkowska, T. Wiścicki, *Don Jerzy Popieluszko*, op. cit., S. 116.

de, weiterzugehen – und unser Alltag ist voll mit Beispielen, die das beweisen.[80]

Wyszyński lädt Casaroli nach Polen ein. Ab Februar 1967 reist der Gesandte Pauls VI. durch alle polnischen Diözesen, darunter auch Krakau, wo er mit Erzbischof Wojtyła Auschwitz besucht; über ihn schreibt der päpstliche Diplomat, dass sein „Ansehen nicht seinem Alter" entsprochen habe.[81] Eine wichtige Station ist der Besuch in Warschau, wo der Kardinal den Prälaten aus Rom in einer überfüllten und festlichen Kathedrale den Klerikern und Gläubigen vorstellt.[82] Doch in den darauffolgenden Jahren sind die Beziehungen nicht ganz so einfach. Roberto Morozzo della Rocca betont in seinem Buch über Casaroli das schwierige Verhältnis zwischen dem Heiligen Stuhl unter Paul VI. und der polnischen Kirche unter Wyszyński, der die Beziehungen mit der Regierung direkt gestalten will. Gleichwohl kann nicht von einem Konflikt zwischen Casaroli und dem Primas die Rede sein: Der Primas schätzt den Kurienprälaten (1978 wird er Wojtyła vorschlagen, ihn zum Nachfolger von Staatssekretär Villot zu ernennen; Villot hatte Paul VI. vergeblich darum gebeten, dem Primas von Polen die umfassenden Befugnisse über den polnischen Katholizismus, die ihm von Pius XII. verliehen worden waren, wieder zu entziehen), ist aber mit Montinis Ostpolitik nicht

---

80 Ebd.
81 Vgl. A. Riccardi, *Johannes Paul II.*, op. cit., S. 208.
82 A. Casaroli, *Il martirio della pazienza*, op. cit., S. 280–292. Casarolis Darstellung erinnert an die eindringlichen Schreiben, die Achille Ratti, der spätere Papst Pius XI., zwischen 1918 und 1921 zunächst als apostolischer Visitator und dann als erster Nuntius des nach der Epoche der Teilungen neuerstandenen Polen verfasst hat, vgl. R. Morozzo della Rocca, *Le Nazioni non muoiono*, op. cit., und mein eigenes Buch *La Santa Sede e la rinascita dello Stato polacco (1914–1921)*, op. cit.

einverstanden. Das belegt ein zorniges Memorandum, das Wyszyński 1974 dem Staatssekretariat übermittelt:

> Der Episkopat fühlt sich verpflichtet, [gegenüber dem Apostolischen Stuhl] seine Erfahrungen auf dem Gebiet der Beziehungen mit der kommunistischen Regierung zu artikulieren. Der Episkopat hat die besten Möglichkeiten, die Absichten der Gesprächspartner zu entschlüsseln […]. Der Episkopat ist der Ansicht, dass er der Mitarbeiter und nicht bloß der passive Informant des Heiligen Stuhls sein sollte. Überdies muss er seinerseits erschöpfend informiert werden, denn es kann nicht hingenommen werden, dass er über die Gespräche des Heiligen Stuhls, die die Kirche in Polen betreffen, weniger weiß als die Regierung […]. Im vergangenen und auch in diesem Jahr hat der Heilige Vater dem Primas von Polen versichert, […] dass der Heilige Stuhl ohne vorherige Konsultation und Übereinkunft mit dem Episkopat keine Entscheidung treffen werde. Die Gesandten des Apostolischen Stuhls haben den Vertretern des Episkopats ähnliche Versprechen gegeben. Die Vertretung des Apostolischen Stuhls ist jedoch diesen uns spontan gewährten Garantien nicht gänzlich treu […]. Es wird kein Legat des Apostolischen Stuhls nach Warschau gesandt werden. Diese Zusicherung akzeptieren wir in gutem Glauben. Der polnischen Regierung ist die diesbezügliche Haltung des Heiligen Stuhls bekannt, und dennoch erklärt sie öffentlich, dass sie in nächster Zukunft einen Delegaten des Apostolischen Stuhls in Warschau erwarte. Die Regierung der VRP will auf diese Weise Druck auf den Apostolischen Stuhl ausüben, damit dieser einen Delegaten nach Polen schickt, weil sie glaubt, sich mit diesem leichter verständigen und so den Episkopat endgültig aus den Verhandlungen ausschließen zu können …[83]

---

[83] Memorandum von Kardinal Wyszinski an das Staatssekretariat, 4. November 1974, Staatsarchiv von Parma (*Archivio di Stato di Parma*, nachf. ASP),

Bischof Poggi, der wenige Monate später in Warschau eintrifft, um den Kontakt zur Regierung anzubahnen, wird von einer Mauer des „Misstrauens in jedem kirchlichen Personenkreis (bei Bischöfen, Priestern, Ordensleuten und organisierten Laien)" empfangen. Der Bischofskonferenz erklärt Wyszyński, dass Poggi „in Polen Urlaub macht, keinerlei Befugnisse hat (was zutrifft) und deshalb nicht mit Fragen oder Problemen behelligt werden soll".[84]

Diese Spannungen sind nicht neu. Die Beziehungen zwischen Rom und der polnischen Kirche sind im vergangenen Jahrhundert nicht immer einfach gewesen. Achille Ratti, päpstlicher Vertreter im nach den Teilungen wiedergegründeten Polen, der trotz der Belagerung durch die bolschewistischen Truppen im Sommer 1920 mutig in Warschau blieb, wird von den Polen wenige Monate später beschuldigt, ein Freund der Deutschen zu sein, weil er in der Frage der Volksabstimmung in Oberschlesien eine Position *super partes* vertritt. Die Polen zwingen ihn, ihr Land zu verlassen. Um ihn zu trösten, schreibt Benedikt XV.: „…ich hätte niemals gedacht, dass die Polen sogar einen noch leichtfertigeren Charakter haben als die Franzosen […]. *Deus et dies* sind der beste Trost …"[85]

---

b.78, carte Casaroli. Vgl. R. Morozzo della Rocca, *Tra Est e Ovest*, op. cit., S. 260.

84 Eigenhändige Notiz von Luigi Poggi bei seinem Besuch in Warschau, 28. März 1975, ASP, b.78, in: R. Morozzo della Rocca, *Tra Est e Ovest*, op. cit., S. 261.

85 Benedikt XV. an Achille Ratti, Nuntius in Warschau, 6. Januar 1921, Archiv des Staatssekretariats (*Archivio Segreteria di Stato*, nachf. ASS), Nunz. Varsavia, b.204. Ratti ahnt, dass die Gleichsetzung von Katholizismus und „Polentum" nicht nur die Kirche in den Dienst der nationalen Sache zu stellen droht, sondern überdies die Gefahr eines „oberflächlichen" Glaubens birgt, der sich „weit mehr über das Gefühl als über die aufgeklärte Überzeugung" definiert. Die Versuche des künftigen Pius XI., den Katholizismus in Polen zu strukturieren und zu organisieren, damit er den Herausforderungen der modernen Zeit besser gewachsen ist, stößt von Anfang an auf den Widerstand der Bischöfe, die sich gegen die Einrichtung einer polnischen Katholischen Aktion, einer katholischen Presse und einer katholischen Partei

Militärdienst

Die in jenen Jahren äußerst angespannten Beziehungen zwischen der polnischen Kirche und der Warschauer Regierung äußern sich auch darin, dass die Seminaristen zum Militärdienst verpflichtet werden. Der Wehrdienst dauert rund zwei Jahre. Schon zu Beginn seines zweiten Jahres am Seminar wird der junge Popiełuszko einer Einheit zugewiesen, die in Bartoszyce (Bartenstein) im äußersten Norden Polens an der Grenze zur UdSSR stationiert ist. Man hatte beschlossen, die Seminaristen genau von diesem Jahr an nicht mehr auf die verschiedenen Regimenter zu verteilen, sondern an einigen wenigen Orten zusammenzuziehen und einem besonderen Indoktrinierungsprogramm zu unterziehen. Popiełuszko selbst schreibt darüber in einem Brief an seinen Spiritual:

> Heute haben sie uns sieben Stunden „Politikunterricht" erteilt, bei einem gewissen Herrn Chorążewicz. Er hat die ganze Zeit über die Beziehungen zwischen dem Staat und der Kirche und über die Zukunftsaussichten gesprochen. Er hat den Primas so negativ dargestellt, wie er nur konnte, und für sämtliche Probleme verantwortlich gemacht. Dass der Papst nicht nach Polen gekommen ist, sei die Schuld von Kardinal Wyszyński gewesen. Und als die Regierung das Konkordat mit dem Vatikan wollte, wer sei dagegen gewesen und habe gesagt, dass man das nicht machen kann? Der Kardinal Wyszyński. In den Augen des Primas sei die Monarchie das beste politische System für Polen. Wer unterstütze Westdeutschland? Kardinal Wyszyński. Wer wolle keine Übereinkunft zwischen Staat und Kirche zulassen? Wieder der Kardinal. Wer versträuben. Zudem sehen die Bischöfe schon damals nicht die Notwendigkeit ein, ein Konkordat mit dem Heiligen Stuhl auszuhandeln, weil sie ein Abkommen zwischen der polnischen Regierung und der polnischen Kirche für ausreichend halten.

suche das politische System in Polen abzuschaffen? Er, der Kardinal Wyszyński. Ich will nicht alles zitieren, denn ich habe heute in diesen Stunden knapp 14 Seiten mitgeschrieben. Ich glaube aber, dass Sie, Vater, an den bisher angeführten Beispielen ganz gut erkennen können, wie diese Politikstunden ablaufen. Das Beste jedenfalls war, dass dieser Chorążewicz am Ende mit eingekniffenem Schwanz abgezogen ist. Denn als wir angefangen haben, ihn mit unseren Argumenten ein bisschen unter Druck zu setzen, hat er uns mehrfach Recht gegeben und wusste nicht, wie er sich gegen unsere Anschuldigungen verteidigen sollte. Er stellte sich als ein recht „dürftiges" Fachmännchen heraus, und seine Kenntnisse gingen nicht über die Fragen hinaus, die er uns vorgetragen hatte.[86]

Ein anderer Seminarist, Wiesław Lucjan Wasiński, der gemeinsam mit Alek den Wehrdienst ableistete, erinnert sich, dass an den Sonntagen zusätzliche Indoktrinierungskurse abgehalten wurden, damit die jungen Männer nicht zur Messe gehen konnten:[87]

Im Rahmen dieser Schulung mussten wir an den Sonn- und Feiertagen mit der ganzen Einheit ins Kino gehen, um uns propagandistische oder antiklerikale Filme anzusehen. Den Film „Aus einem Funken das Feuer" zum Beispiel, über Lenin und die Oktoberrevolution, haben wir mindestens viermal gesehen […]. Um die Klerikersoldaten für die Inhalte der Politikkurse zu interessieren, wurden Wettbewerbe veranstaltet, bei denen man die Namen der führenden Revolutionäre oder der sowjetischen Kommandanten aus der Zeit des Zweiten Weltkriegs kennen musste. Der Sieger bekam drei Tage frei. Einige Kleriker nahmen an diesen Wettbe-

---

[86] J. Popiełuszko, *Brief an Bischof Czesław Miętek*, 1967, in: *Summarium*, S. 485 f.
[87] Aussage des Priesters Wiesław Lucjan Wasiński aus dem Bistum Łowicz, in: *Summarium*.

werben teil, doch die meisten von ihnen kehrten nicht ins Seminar zurück. Die überwältigende Mehrheit der Klerikersoldaten boykottierte die Wettbewerbe und die diversen Examina und gab falsche Antworten auf derartige Quizfragen. So war es zum Beispiel Ehrensache, dass man nicht wusste, wer Polen von der Nazibesatzung befreit hatte oder an welches Land Polen im Osten grenzte.

In Popiełuszkos Militäreinheit sind in jenem Jahr 200 Seminaristen, neun von ihnen aus dem Seminar in Warschau. 1966 ist ein Rekordjahr, was die Zahl der zum Wehrdienst eingezogenen Kleriker betrifft; nur 1968 waren es noch mehr, nämlich 281.

Doch gerade in diesen zwei Jahren des Wehrdiensts beginnt sich Popiełuszkos Persönlichkeit herauszukristallisieren. Gemeinsam mit anderen Seminaristen nimmt er den Widerstandskampf auf, damit die Religion weiterhin einen Platz in der Kaserne hat. Die Seminaristen organisieren Gebetszeiten auf den Stuben, werden jedoch häufig entdeckt und, mehrmals auch während der Nacht, zu schweren Übungen gezwungen. Die Genehmigungen, die Kaserne zu verlassen, werden drastisch reduziert oder sogar ganz gestrichen. Man will den Widerstand der jungen Kleriker um jeden Preis brechen.

Über Popiełuszkos Widerstand in jenen Jahren schreibt sein Mitseminarist Wasiński:

> Jerzy maß dem Gebet im kollegialen Sinne große Bedeutung bei. Er war der Ansicht, dass sich die Kleriker, auch wenn sie müde waren und verfolgt wurden, dieser Pflicht nicht entziehen durften. Er betrachtete das Gebet als ein öffentliches Glaubensbekenntnis und ein Mittel, den Geist zu stärken. In diesen seinen Grundsätzen war er unnachgiebig, auch wenn es Kleriker gab, die ihre Ruhe haben und bei den kommunistischen Kommandanten kein Missfallen erregen wollten und deshalb vorschlugen, dass jeder für sich und im Stillen

beten solle, ohne dies ostentativ nach außen hin zu zeigen. Von dieser Haltung rückte er nicht ab, und er ließ sich nicht einmal durch die vielen Verfolgungen und häufigen Strafen einschüchtern.[88]

Nachdem ihm die Erlaubnis verweigert worden ist, über Weihnachten nach Hause zu fahren, schreibt der junge Alek im Januar 1967 an einen Oberen:

> Ich weiß nicht, was zu dieser Entscheidung beigetragen hat, aber letztlich verfahren unsere Vorgesetzten mit uns nach der Methode „von Fuß bis Kopf". Sie lassen uns schwitzen, aber sie merken nicht, dass wir dadurch nur immer enger zusammengeschweißt werden. Wir ziehen immer mehr an einem Strang. Ich werde geistig und körperlich abgehärtet. Bis jetzt haben sie mir noch kein einziges Mal Urlaub gegeben. Aber gestern bin ich unter dem Vorwand, dass ich bei der polnischen Sparkasse Geld einzahlen müsse, ins Dorf gegangen. Ich war zum ersten Mal in der Kirche und habe zum ersten Mal seit einem Monat die Kommunion empfangen. Um 18.15 war die Messe und danach die Novene zur Muttergottes von der immerwährenden Hilfe. Danach war ich noch kurz bei den Schwestern, und um 21 Uhr war ich zurück in der Kaserne. Ich danke Ihnen von Herzen für das Büchlein „Die Nachfolge Christi", das ist sehr praktisch, so kann ich es immer in der Tasche tragen und während der Politikstunden, die wirklich unerträglich langweilig geworden sind, die schönen Gedanken des Buches lesen.[89]

Nach einigen Wochen nimmt die Auseinandersetzung mit den militärischen Vorgesetzten an Härte zu. Während einer Übung wird Popiełuszko aufgefordert, den Rosenkranzring vom Finger zu nehmen, den Primas Wyszyński jedem Seminaristen vor

---

88 Ebd.
89 J. Popiełuszko, *Summarium*, S. 485 f.

Antritt des Wehrdiensts geschenkt hatte. Die Weigerung des jungen Mannes löst eine überaus harsche Reaktion vonseiten seiner Vorgesetzten aus:

> Der Abteilungskommandant befahl mir während der Übungen, vor versammelter Mannschaft den Rosenkranz vom Finger zu nehmen. Ich habe mich geweigert, ich habe den Befehl nicht ausgeführt. Für so etwas kann man vor Gericht gestellt werden. Wenn ich ihn abgenommen hätte, dann hätte das so ausgesehen, als hätte ich nachgegeben, als hätte ich mich ihnen unterworfen. Der Kommandant befahl mir daraufhin, mit ihm zu den zuständigen Behörden zu gehen, die jedoch nicht anwesend waren. Also sprach ich weiter mit ihm. Er drohte mir, mich vor Gericht zu bringen, er machte sich über mich lustig: „Was bist du, ein Krieger des Glaubens?" Doch das war noch wenig. Um 17.45 musste ich mich in voller Montur beim Unteroffizier melden, und dort behielten sie mich bis 20 Uhr, nur unterbrochen durch das Abendessen. Dann wurde ich erneut zum Abteilungskommandanten geführt. Und dort haben dann die Schwierigkeiten angefangen. Zuerst hat er alle meine Daten notiert. Danach hat er mir befohlen, die Schuhe auszuziehen und die Schnürsenkel zu entfernen. Also stand ich barfuß da, und natürlich musste ich strammstehen. Ich stand dort wie ein Verurteilter, während er verschiedene Methoden anwandte, sich mit mir zu „unterhalten": Er machte mich lächerlich, versuchte mich vor den Kameraden zu demütigen oder meine Meinung zu ändern, indem er mir vorschlug, mir sofort einen Urlaubsschein auszustellen oder mir ein paar Tage freizugeben. Ich blieb eine Stunde lang so stehen. Meine Füße waren eiskalt; um 21.10 befahl er mir, die Schuhe wiederanzuziehen, und ging für einen Moment hinaus und zu meinen Stubenkameraden. Als er wiederkam, brachte er eine Neuigkeit mit, die mich aufmunterte: „Auf deiner Stube beten sie für dich." Tatsächlich standen die Jungs da und beteten gemeinsam den Rosenkranz. Ich versuchte den Kommandanten zu ignorieren, betete still

und opferte alles Gott als Sühne für die Sünden auf, alles, auch den furchtbar schweren Rucksack, die Gasmaske, die Waffe und den Helm. Das Leid wird so leicht, wenn man es Jesus aufopfert [...].[90]

Um 23 Uhr darf Popiełuszko sich zurückziehen und schlafen gehen, doch noch in derselben Nacht werden unangekündigte Übungen angesetzt.

Der Widerstand des jungen Mannes weckt bei den Seminaristen einen Geist der Solidarität, auch wenn ihre Vorgesetzten versuchen, Zwietracht unter ihnen zu säen. Aleks Entschlossenheit ruft bei vielen seiner Kameraden Respekt und Bewunderung hervor. Jener Junge aus der Provinz mit seinem freundlichen Wesen erweist sich als entschlossen und mutig und wird in seiner Abteilung zu einer festen Bezugsgröße. Seinem Spiritual schreibt er:

> Ich danke Ihnen für Ihren Brief und die tröstlichen Worte, die ich wirklich gebraucht habe, denn manchmal sind mir Zweifel gekommen, ob es wirklich richtig ist, sich zu widersetzen und so zu leiden. Womöglich ist dieses Verhalten unangemessen. Es rührt daher, dass ich weiß, dass ich sehr hart sein kann und dass es nicht leicht ist, mich mit Drohungen oder Foltern zu brechen [...].[91]

In einem Brief an seine Eltern, denen er natürlich nicht von allen Schwierigkeiten erzählt, mit denen er es zu tun hat, formuliert der junge Mann einige Gedanken, die das Geheimnis seines Widerstandes in den Folgejahren zu erklären scheinen:

> Man darf nicht vergessen, dass der, der besonders vom Leid geprüft wird, auch besonders von Gott geliebt wird. In jeder Schwierigkeit muss man den Willen Gottes suchen. Man muss Ruhe im Herrn

---

90 Ders., *Summarium*, S. 486 ff.
91 E. K. Czaczkowska, T. Wiścicki, *Don Jerzy Popieluszko*, op. cit., S. 125.

suchen, und das gelingt am besten durch das stille Gebet und dadurch, dass man alle Fragen in seine Hände legt. In dieser Welt, in diesem Tal der Tränen bleibt niemandem Leid erspart. Es gibt keine Menschen, die keinen Kummer, keine Probleme haben. Und deshalb soll man keine Sorge oder Schwierigkeit jemals verfluchen.[92]

Die beiden Jahre vergehen mit einigen Besuchen seiner Oberen und der einen oder anderen Beurlaubung. Aber auch mit nicht unerheblichen Schwierigkeiten. Die Mutter Marianna erinnert sich, dass der Wehrdienst ihren Sohn spirituell gestärkt, aber seine Gesundheit unwiderruflich untergraben habe. Die endlosen Märsche durch die Wälder, die Übungen in den Wasserbecken, bei denen die Seminaristen untertauchen und die Luft anhalten mussten, bis sie schließlich im allerletzten Moment mit einem Seil herausgezogen wurden, und andere Schikanen – dass man ihn beispielsweise zwingt, eine nasse Uniform anzuziehen – bescheren dem ohnehin schon kränklichen jungen Mann keine geringen gesundheitlichen Probleme. Probleme, die 1970 auf dramatische Weise zutage treten und die er für den Rest seines Lebens mit sich herumschleppen wird.

Das polnische 68

1967 ist für die wenigen polnischen Juden, die die Ausrottung durch die Nazis überlebt haben, ein dramatisches Jahr. Der Sechstagekrieg, der mit dem Sieg des Staates Israel über seine arabischen Nachbarn endet, erregt den Zorn Moskaus und seiner proarabischen Verbündeten. In Polen ruft die antizionistische Propaganda des Gomułka-Regimes ein Wiederaufflackern des Antisemitismus hervor, das unter den Spitzen des Militärs

---

92 J. Popiełuszko, *Positio,* S. 26 f.

und der Politik, in der Kultur- und Geschäftswelt zu richtiggehenden Säuberungen und zur Vertreibung beinahe aller Juden führt, die nach der Nazi-Vernichtung und den Pogromen der ersten Nachkriegsmonate noch im Land verblieben waren.[93]

Außerdem sollen die Repressalien und Säuberungen an den Universitäten die Studentenproteste treffen, die 1967 begonnen haben. Als das Regime die Aufführung des Mickiewicz-Stücks „Dziady" („Totenfeier") verbietet, das polnisch-patriotische Elemente und antirussische Akzente aufweist, erhalten die Proteste weitere Nahrung und breiten sich über das ganze Land aus.

Die polnischen Bischöfe bekunden den Jugendlichen ihre Sympathie und verurteilen die antisemitische Kampagne mit den Worten ihres Primas, der diese als „Schauspiele des Hasses" definiert und mahnt: „Möge nicht der grässliche Schatten eines neuen Rassismus über uns kommen, in dessen Namen die Kultur zu verteidigen ihr dann vorgeben würdet."[94] In einem Dokument mit dem Titel „Stellungnahme des polnischen Episkopats zu schmerzlichen Vorfällen" vom 21. März 1968 schreiben die Bischöfe voller Sorge:

> Im Laufe der letzten Wochen haben sich in einer großen Zahl polnischer Städte, besonders aber in den Universitätszentren, schmerzliche und beunruhigende Vorfälle ereignet. […]. Wir versuchen, die

---

93 Zwischen 1939 und 1967 sinkt die Anzahl der Juden, die (nachdem sie schon während der Epoche der Teilungen insbesondere in den russisch besetzten Gebieten kein leichtes Leben gehabt hatten) unter den Nationalsozialisten großenteils ausgerottet, ermordet oder aus dem Land vertrieben worden sind, von 10% der polnischen Bevölkerung unmittelbar vor dem Einmarsch der Nazis auf etwa 10.000 bis 15.000 Personen Ende der 1960er Jahre. Zu den Juden in Polen vgl. E. Hoffman, *Im Schtetl. Die Welt der polnischen Juden*, op. cit., und H. Minczeles, *Une histoire des Juifs de Pologne*, op. cit.

94 Stefan Kardinal Wyszyński, *Predigt in der Warschauer St.-Johannes-Kathedrale, Gründonnerstag 1968*, zitiert nach: A. Michnik, Die Kirche und die polnische Linke, op. cit., S. 76 f.

Ursprünge jener Angst, die Euch quält und die heute die Jugend der ganzen Welt zu quälen scheint, zu verstehen und aufzuspüren. Es ist eine Angst, die ihre Wurzeln in den tiefsten Sorgen der Menschen hat, eine Angst, die sich auf den Sinn der menschlichen Existenz bezieht, eine Angst, die verknüpft ist mit dem Bedürfnis nach Wahrheit und Freiheit, welches ein Grundrecht jedes menschlichen Wesens, und zwar in seiner privaten wie gesellschaftlichen Existenz, darstellt. […] Deshalb hören wir Bischöfe und die ganze polnische Kirche nicht auf, für die Jugend und mit ihr zu beten […].[95]

In einer Ansprache, die er am 30. März vor Erziehern und Lehrern in Warschau hält, formuliert Kardinal Wyszyński auch eine deutliche Botschaft an das Regime:

Unsere Jugend, die sich der schwierigen Bedingungen, unter denen wir leben, bewusst ist, erhebt keine übertriebenen Forderungen. Sie erwartet nur die Achtung vor der menschlichen Natur, die ganze Wahrheit und ein wenig Liebe und Gerechtigkeit. Daher […] muss man das Herz der Jugend gewinnen […]. Sie verstehen die Annäherung mit dem Herzen, nicht die Sprache der Schlagstöcke! […] Jeder, der sich von der Jugend absetzt, wer er auch immer sei, ist ein Selbstmörder! Denn man kann ohne die Jugend nicht von der Zukunft der Kirche, des Staates und der Nation sprechen. Deswegen darf man nicht von ihr abrücken. Man darf nicht zu unterdrückerischen Mitteln greifen. Es gilt Herz, Liebe, Vertrauen, Achtung und Verständnis zu beweisen.[96]

Die kollaborierenden Katholiken von der PAX-Bewegung unterstützen dagegen die PVAP, während die Mitglieder der Gruppe Znak mit der Hilfe des Abgeordneten Stomma die Kraft finden,

---

95 A. Michnik, *Die Kirche und die polnische Linke*, S. 75 f.
96 Ebd., S. 76.

im Parlament Widerstand zu leisten. Auch die katholische Krakauer Zeitschrift „Tygodnik Powszechny" unterstützt die Positionen der laikalen Linken. „Die Anfrage und Haltung von Znak hatten längerfristig eine große Bedeutung", schreibt Adam Michnik, Vordenker des Widerstands der Intellektuellen und Arbeiter: „Dank ihrer hat sich bewahrheitet, dass die politischen Aufteilungen nicht identisch sind mit den konfessionellen Einteilungen, und dass die traditionellen Trennungslinien nicht länger Gültigkeit haben. [...] Es darf jedoch nicht vergessen werden, dass dies nur [...] dank der Haltung des Episkopats und des Primas von Polen ermöglicht wurde."[97] Es ist das erste Anzeichen einer Zusammenarbeit – die im Zuge des sich zuspitzenden Konflikts mit der PVAP noch intensiver werden wird – zwischen den regimekritischen linken Intellektuellen und der katholischen Kirche, die nicht mehr als ideologischer und obskurantistischer Feind, sondern als entscheidende Kraft der Opposition und Veränderung im Land gesehen wird. In seinem 1979 erstmals in Frankreich veröffentlichten Buch *Die Kirche und die polnische Linke* schreibt Michnik: „Indes mussten wir, meine Freunde und ich, erst die Erfahrungen vom März 1968 machen, um endgültig zu verstehen, dass wir es mit totalitären und skrupellosen Machthabern zu tun haben, und dass die elementarsten Werte, die den Christen genauso kostbar sind wie uns von der laikalen Linken, vor unseren Augen mit Füßen getreten werden. Das neue Bewusstsein hat die Voraussetzungen für eine Annäherung und Bewegung mit dem Christentum geschaffen."[98]

Die Studentenbewegung überschneidet sich in jenen Monaten des Jahres 1968 mit dem „Prager Frühling", der durch das militärische Eingreifen der Truppen des Warschauer Pakts – einschließlich der polnischen Armee – niedergeschlagen wird.

---

97 Ebd., S. 90f.
98 Ebd., S. 105.

Man wollte dem „Kommunismus mit menschlichem Antlitz", wie er genannt wurde, ein Ende bereiten, den der neue tschechoslowakische Leader Dubček propagierte. Gomułka ist in Sorge, weil sein Führungsstil und seine Regierung an Zustimmung verlieren, und lässt – nicht zuletzt mit dem Ziel, bei der Bewältigung der Wirtschaftskrise in seinem Land, die insbesondere in der Arbeiterklasse für wachsenden Unmut sorgt, mehr Unterstützung von den Sowjets zu erhalten – das polnische Heer entschlossen an der Seite der Warschauer-Pakt-Truppen aufmarschieren. Nur zwölf Jahre nach seiner Rehabilitierung und Einsetzung auf den Wogen einer Bewegung, die durch den Wunsch nach Reformen und größerer Unabhängigkeit vom mächtigen sowjetischen Nachbarn inspiriert gewesen war, definiert der altgediente polnische Parteichef den „Prager Frühling" als „Konterrevolution, deren Triumph wir auf keinen Fall zulassen dürfen"[99] – schließlich gehen 34% der polnischen Exporte in die UdSSR, und 30% der nach Warschau importierten Güter stammen vom sowjetischen Nachbarn. Davon abgesehen deckt Moskau 80,7% des polnischen Erdölbedarfs und 100% des Erdgasbedarfs – von anderen Rohstoffen ganz zu schweigen.[100]

Popiełuszko, der nur noch wenige Wehrdienstwochen abzuleisten hat (Anfang Oktober wird er ins Seminar zurückkehren), nimmt nicht direkt an der militärischen Intervention des Warschauer Pakts im August in Prag teil, erlebt jedoch die Mobilmachung und die damit verbundene Aufbruchstimmung innerhalb der Armee aus nächster Nähe mit.

Ende Oktober 1968, kurz bevor er zum *Ad-limina*-Besuch der polnischen Bischöfe nach Rom aufbricht, empfängt der polnische Primas die aus dem zweijährigen Wehrdienst zu-

---

99 M. Bertorello, *Il movimento di Solidarność. Dalle origini al governo del Paese*, Manduria/Bari/Rom, 1997, S. 32f.
100 Vgl. H. Smotkine, *La Pologne*, op. cit., S. 118.

rückgekehrten Seminaristen – unter ihnen auch Popiełuszko – in der Wallfahrtskirche von Jasna Góra:

> Ihr seid hier, um Ihr Dank zu sagen, weil Sie euch beschützt und euch geholfen hat wie eine Mutter, weil Sie eure Berufungen verteidigt hat, das Recht auf Freiheit und Selbstbestimmung, wie es der Natur der menschlichen Person entspricht. Ihr seid hier, um Ihr für euren Sieg zu danken […]. Jedes Mal, wenn während der Konferenzen des Episkopats wieder die Rede auf den Wehrdienst der Kleriker kam, wussten wir, dass ihr nicht dort wart, um militärische Fähigkeiten zu erwerben, sondern um die geistlichen Anliegen zu verteidigen, um der Treue zu Gott und zur Kirche willen, um die Berufung zum Priestertum und die innere Freiheit zu verteidigen, um das Recht auf eine christliche Weltanschauung zu haben. Ihr habt große Gelassenheit und Würde bewiesen, ihr seid vorbildliche Soldaten gewesen, auch wenn eure Pflichten verglichen mit denen der anderen Kameraden im Heeresdienst schwieriger waren. […] Ihr habt den Sinn eurer Berufung, Ritter Christi zu werden, nun noch besser verstanden: Von nun an werdet ihr nicht mit dem Schwert, sondern mit dem Geist der Liebe kämpfen und siegen. Ihr dürft niemanden verletzen. Eure Aufgabe ist es, zu heilen. Verweigert niemandem die Liebe, sondern teilt an alle die Stärke des Schöpfers aus. Die Macht Dessen, der Liebe und Frieden ist, der sich im Sohn geoffenbart hat, welcher mit Seinem Blut alles aufs Neue zusammengefügt und vereint hat.[101]

Einige Monate später zeigt sich bei Popiełuszko eine schwere Schilddrüsenproblematik, von der er niemals ganz geheilt werden wird. Mitte April 1970 unterzieht sich der Seminarist einem schwierigen chirurgischen Eingriff. Popiełuszko wird bis zum Ende seiner Tage kränklich bleiben. Seine Gesundheits-

---

101 E. K. Czaczkowska, T. Wiścicki, *Don Jerzy Popiełuszko*, op. cit., S. 135f.

probleme sind, wie schon gesagt, vermutlich auch durch die schweren körperlichen Belastungen während des zweijährigen Wehrdiensts verursacht worden. Aus dem Krankenhaus schreibt er an einige Freunde:

> […] Offenbar haben die Gebete meiner Freunde den Herrn sehr beeinflusst, denn er hat entschieden, dass meine Stunde noch nicht gekommen ist […]. Eine Tante von mir, die Ordensfrau ist und in diesem Krankenhaus als Krankenschwester arbeitet, kommt zu mir, sieht mich eine Weile an, beginnt zu weinen und sagt kein Wort. Doch wenn ich wieder gesund bin, wird sie mir ganz sicher alles erzählen, was passiert ist […].[102]

Nach einer Zeit der Rekonvaleszenz, die er bei einigen Nonnen an der Ostsee, genauer gesagt in Krynica Morska (Kahlberg) verbringt – einem Ort, den der Priester Popiełuszko noch mehrfach aufsuchen wird, um in den schwierigsten Jahren ein wenig Ruhe zu finden –, kehrt Alek ins Seminar zurück und setzt sein Studium fort.

Die Generalprobe von 1970

An der politischen Front glauben Gomułka und seine Regierung nach der insgesamt doch recht schnell bewältigten Krise von 1968 wieder alles unter Kontrolle zu haben. Auf außenpolitischer Ebene hat die Unterstützung Polens bei der Niederschlagung des Prager Frühlings durch die Truppen des Warschauer Pakts die Beziehungen zu Moskau und den Verbündeten gestärkt. 1970 gelingt auch die Einigung mit Deutschland unter Willy Brandt: Der Warschauer Vertrag

---

102 Privatarchiv von Danuta Kamińska, zitiert nach ebd., S. 139.

zieht einen Schlussstrich unter den Streit über die polnischen Westgrenzen.[103] Dennoch verschlechtert sich – insbesondere aufgrund einiger von Gomułka selbst getroffener Entscheidungen – die soziale und ökonomische Lage des Landes zusehends. Die wirtschaftliche Stagnation ist mittlerweile überall zu spüren und sorgt in der Bevölkerung für wachsenden Unmut. Überdies führen Missernten in zwei aufeinanderfolgenden Jahren zu einer Verringerung der Lebensmittelvorräte. Die Wirtschaftspolitik der Warschauer Regierung hatte in dem Versuch, ein vorwiegend landwirtschaftlich geprägtes Land in eine Industriemacht zu verwandeln, jahrelang die Schwerindustrie bevorzugt und darüber andere Sektoren wie das Bauwesen, das zivile Transportwesen, die Lebensmittelversorgung und sogar das Gesundheitswesen vernachlässigt. Um aus der Krise herauszukommen, erhöht Gomułka die Preise für die meisten Konsumgüter. Binnen kürzester Zeit verteuern sich Fleisch, Butter, Fette, Zucker und andere Nahrungsmittel um 15% bis 50%. Die Reaktion der Bevölkerung lässt nicht auf sich warten. Die Arbeiter, die der Unterdrückung der Intellektuellen und der Studenten in den Jahren zuvor gleichgültig zugesehen hatten, treten jetzt auf den Werften von Danzig, Gdingen, Stettin und anderen Orten in den Streik. Es ist die Generalprobe für jene Proteste, aus denen zehn Jahre später die Gewerkschaft Solidarność hervorgehen wird.[104] Die unverzügliche Niederschlagung der Revolte fordert über 50 Todesopfer und Hunderte von Verletzten, bleibt aber auch für

---

103 Vgl. W. Bartoszewski, *Relazioni polacco-tedesche durante il pontificato di Paolo VI (1963–1978)*, in: A. Silvestrini (Hg.), *L'Ostpolitik di Agostino Casaroli*, op. cit., S. 54–60.
104 F. Bertone, *L'anomalia polacca. I rapporti tra Stato e Chiesa cattolica*, op. cit., S. 246. Bertone erinnert daran, dass schon 1970 nicht nur für höhere Löhne und gegen die Preissteigerungen protestiert, sondern auch die Unabhängigkeit der Gewerkschafter, mehr Pressefreiheit und die Entlassung der bestechlichen Betriebsleiter gefordert wurden.

das Regime selbst nicht ohne Folgen.[105] Gomułka muss gemeinsam mit seinen engsten Mitarbeitern zurücktreten. Seinen Platz nimmt der 57-jährige Gierek ein, einer der jüngsten Spitzenpolitiker der PVAP.

Popiełuszko gelangt in einer seiner „Predigten für die Heimat" zu seiner eigenen Deutung dieses Jahrzehnts, das mit den Aufständen von 1970 beginnt:

> Durch die schmerzlichen Erfahrungen der Millenniumszeit, durch die schmerzlichen Erfahrungen der Jugend im Jahre 1968, durch die Bitterkeit und die Misshandlungen ist der Leidenskelch 1970 voll geworden. Bei den anschließenden Protesten für die Freiheit, Gerechtigkeit und Wahrheit, für Brot und Liebe haben sich die Arbeiter von der Küste hervorgetan. Heute, angesichts des tragischen Dezembers 1970, vor den erschossenen Brüdern aus Danzig und Gdingen, vor dem unschuldig vergossenen Blut unserer Brüder senken wir demütig unsere Häupter. Obwohl das Volk den feurigen Deklarationen nochmals ihren Glauben und das Vertrauen schenkte, mussten die Arbeiter der Ursus-Werke in Radom schon im Jahre 1976 um würdige Lebens- und Arbeitsbedingungen kämpfen. Sie mussten sich beleidigende Worte anhören, die Kündigung ihrer Arbeitsplätze gefallen lassen, erniedrigende Urteile hinnehmen, die nicht die Verurteilten, sondern die Urteilenden entwürdigten. Dennoch bringen die Leiden des Volkes Früchte. Aus dem Blut und Schmerz des Bruders wächst ein neuer Volksstamm, Menschen, die aus Erfahrungen der vergangenen Jahre klüger geworden sind. Im August 1980 offenbarte sich das Reifen der Menschen, vereint im gemeinsamen Aufbau der Heimat. Solidarność hat

---

[105] Zu den Ereignissen jener Monate vgl. F. Bertone, *L'anomalia polacca*, op. cit., Kap. XXIV, und W. Jaruzelski, *Mein Leben für Polen. Erinnerungen*, op. cit., S. 176–188.

gezeigt, dass ein mit Gott und den Brüdern vereintes Volk imstande ist, vieles zu erringen.[106]

Die polnische Kirche mit ihrem Primas an der Spitze ergreift entschieden Partei für die Demonstranten: Sie fordert alle auf, Ruhe zu bewahren, erklärt jedoch der Regierung gegenüber, dass sie die Forderungen der Arbeiter unterstützen werde. Gierek, der an Heiligabend ernannt worden ist, ist sofort zu Verhandlungen mit den Demonstranten bereit. Er nimmt die Preiserhöhungen zurück und sucht den Dialog mit der Kirche. In seiner Ansprache vor dem Sejm kündigt der neue Premierminister Piotr Jaroszewicz am 23. Dezember 1970 an, dass seine Exekutive an der „vollständigen Normalisierung der Beziehungen zwischen Staat und Kirche" arbeiten wolle.[107] Denn in den Augen der neuen politischen Führung ist der Beitrag der Kirche grundlegend, um den Frieden im Land wiederherzustellen. Die polnische Kirche ihrerseits signalisiert Dialogbereitschaft, indem sie darauf verzichtet, von den Kanzeln eine harsche Erklärung über die Abtreibungsfrage verlesen zu lassen, die für den 27. Dezember vorgesehen gewesen war. Auch international scheint sich in den Beziehungen zwischen Kirche und Staat eine neue Ära anzubahnen. Im April 1971 trifft eine Delegation der Volksrepublik Polen in Rom mit einigen Vertretern des Heiligen Stuhls zusammen. Im Oktober nimmt eine offizielle polnische Gesandtschaft im Vatikan an der Seligsprechung von Maximilian Kolbe teil. Im Februar desselben Jahres war das Kirchengut von Steuern befreit worden. Der Sejm setzt ein Gesetz auf die Tagesordnung, das die Kirche zur Eigentüme-

---

106 *Predigt für die Heimat* vom 27. November 1983, in: J. Popiełuszko, *An das Volk*, op. cit., S. 61.
107 H. Diskin, *The Seeds of Triumph*, op. cit., S. 227 f.

rin aller kirchlichen Güter in den westlichen und südlichen Gebieten macht, die nach dem Krieg an Polen gegangen sind. Mit Papst Montinis bereits erwähnter Bulle *Episcoporum Poloniae coetus* von 1972 wird die Frage der kirchlichen Verwaltung besagter Gebiete abschließend geklärt und der spätere Kardinal Kominek zum Erzbischof von Breslau ernannt. 1974 einigen sich Warschau und der Heilige Stuhl auf „ständige Arbeitsbeziehungen".

Jerzy Popiełuszkos Priesterweihe

Derweil setzt Popiełuszko sein Studium am Seminar fort und beschließt kurz vor der Diakonweihe seinen Namen aus Alfons in Jerzy zu ändern.[108] Im Mai 1972 wird er in einer überfüllten Kathedrale gemeinsam mit weiteren 30 Diakonen von Primas Wyszyński persönlich zum Priester geweiht. Auf der Rückseite seines Primizbildchens hatte Jerzy eine Stelle aus dem Buch des Propheten Jesaja paraphrasiert: „Der Herr sendet mich aus, um frohe Botschaft zu bringen und die zu heilen, die gebrochenen Herzens sind" (vgl. Jes 61,1). Die Worte des Primas über die Sendung des Priesters sind anspruchsvoll:

> […] Man kann nicht Zeuge der Wahrheit Christi sein und den Mund halten. Priester, die schweigen, erfüllen die Mission, die Jesus ihnen zugedacht hat, gewissermaßen nicht vollständig, selbst wenn sie vieles schreiben und tun. Das wahre Priestertum ist mit Leiden verbunden. Christus hat sein Priestertum im Kreuzesopfer zum Ausdruck gebracht. Es gibt kein Priestertum ohne Via Crucis, ohne das Kreuz, ohne das Opfer, ohne die Selbsthingabe. Es ist ein

---

108 Vgl. das zweite Kapitel des vorliegenden Buches.

Irrtum, sich ein vom Kreuz getrenntes Christentum und ein Priestertum vorzustellen, das dem Opfer fernsteht.[109]

Nachdem er gemeinsam mit den anderen Neupriestern in der Wallfahrtskirche von Jasna Góra seine erste heilige Messe zelebriert hat, feiert der junge Priester in der Pfarrkirche seines Heimatdorfs, wo er 25 Jahre zuvor getauft worden war, im Beisein seiner Familie und seiner Freunde die Heimatprimiz. In einem Zeugenbericht über Jerzys Leben erzählt sein älterer Bruder Józef, dass gleich nach der Messe ein sintflutartiger Regen niederging. Die Straßen verwandelten sich in einen Sumpf. Die Wassermassen machten der Festgesellschaft einen Strich durch die Rechnung. Die gedeckten Tische waren völlig durchnässt, und das Haus war zu klein, um alle aufzunehmen, sodass die Gäste sich schichtweise organisierten und abwechselnd zum Feiern nach drinnen gingen.

So beginnt Popiełuszkos Priesterleben, das nur zwölf Jahre dauern wird.

---

109 E. K. Czaczkowska, T. Wiścicki, *Don Jerzy Popiełuszko*, op. cit., S. 111.

IV. Kapitel
Erste Priesterjahre und der Wojtyła-Schock

Kaplan in Ząbki

Seine erste Kaplanstelle tritt er in Ząbki an, einer kleinen städtischen Siedlung vor den Toren der Hauptstadt. In dieser eher rückständigen Gegend gibt es bis Mitte der Siebzigerjahre des letzten Jahrhunderts weder eine Kanalisation noch fließendes Wasser. Hier machten die Polen Station, die, wie Jerzy selbst, aus den östlichen Gebieten des Landes stammten und in die Hauptstadt kamen, um dort ihr Glück zu suchen. Voller Enthusiasmus stürzt sich der junge Kaplan gemeinsam mit zwei Vikaren und dem Pfarrer, Tadeusz Karolak, in das Gemeindeleben der Dreifaltigkeitskirche. Karolak erinnert sich wie folgt an den jungen Priester, der am 25. Juni 1972 nach Ząbki kam:

> Er kam als Neupriester zu uns, begann aber schon sehr bald, seiner Anwesenheit in der Pfarrei eine eigene Prägung zu geben. Zuallererst gründete er eine Rosenkranzgruppe für Jugendliche. Das Besondere daran war, dass es sich nicht bloß um eine Gebetsgruppe handelte. Jerzys Jugendliche sammelten Spenden, die sie wöchentlich zur Jugendstrafanstalt brachten. Seine Sicht von Kirche beschränkte sich nicht auf die Eschatologie. Er sah die Kirche ganz konkret, unter dem Blickwinkel der menschlichen Bedürfnisse [...]. Er hatte einen sehr lebhaften Kontakt zu den Leuten. Vielleicht weil er kein komplizierter Mensch war.

Er hatte keinerlei Komplexe, und deshalb konnte er sich überall einfügen.[110]

Ein anderer Priester, der gemeinsam mit Kaplan Jerzy in der Dreifaltigkeitspfarrei tätig war, erinnert sich an „einen normalen Priester, einen normalen Mitbruder, der seine Schwächen hatte, der auch seine Momente der Trägheit hatte, wenn es darum ging, seine Aufgaben in der Gemeinde zu erledigen"[111].
Der „Prediger für die Heimat", der in seinen letzten Lebensjahren vor großen Menschenmassen sprechen wird, muss Kaplan Jerzy erst noch werden. Aus jenen ersten Jahren ist wenig erhalten, darunter das Fragment einer Predigt, die Jerzy 1972 gehalten hat und die doch immerhin etwas über den Glauben des jungen Priesters aussagt:

> Nachts brach in einem Haus ein Feuer aus. Es war dunkel. Alle liefen hinaus in den Hof. Alle außer einem Kind, das in dem Durcheinander versehentlich die Treppe ins Dachgeschoss hochgelaufen war. Verängstigt sah es durch das Fenster nach unten. Sein Vater rief von draußen: „Spring, mein Sohn." „Aber Papa, ich kann dich nicht sehen", antwortete der Kleine. „Mach dir deswegen keine Sorgen, ich sehe dich", beruhigte ihn der Vater. Das Kind vertraute ihm, sprang aus dem Fenster direkt in die Arme des Vaters und wurde gerettet. Einen solchen Glauben brauchen wir, ein solches unbedingtes Vertrauen.[112]

Seine damaligen Weggefährten erzählen von einem Priester, dem das Predigen nicht immer leicht gefallen sei, der aber zu allen und insbesondere zu den Jugendlichen schnell Kontakt

---

110 *Positio*, S. 35.
111 Vgl. die Aussage von Zdzisław Gniazdowski in: *Positio*, S. 35f.
112 E. K. Czaczkowska, T. Wiścicki, *Don Jerzy Popieluszko*, op. cit., S. 156.

bekommen habe. Der Kaplan Jerzy jener Jahre hält sich bei der Predigttätigkeit zurück und begründet dies mit seinen gesundheitlichen Problemen.

Ein Priester, der in Ząbki mit Popiełuszko zusammengearbeitet hat, sagt einige Jahre nach Jerzys Tod: „Vielleicht erkennt man die göttliche Macht daran umso deutlicher: dass Gott gerade ihn für jene Aufgabe auserwählt, ihm jene Berufung gegeben, und er sie auf so erstaunliche Weise erfüllt hat".[113]

Während der Jahre in Ząbki schreibt sich Jerzy 1974 für einen zweijährigen Pastoralkurs an der katholischen Universität Lublin ein, der einzigen katholischen Universität, die im kommunistischen Polen geöffnet bleibt. Doch nach einigen Wochen muss er den Kurs abbrechen, weil seine angeschlagene Gesundheit es ihm nicht erlaubt, einmal pro Woche eine Strecke von hin und zurück über 300 Kilometern zurückzulegen.

Die Reise in die Vereinigten Staaten

Jerzy ist 25 Jahre alt, als er nach Ząbki kommt. Er ist ein leidenschaftlicher Musikliebhaber und begeistert sich insbesondere für die nordamerikanische Vokalgruppe *The Manhattan Transfer*, die Jazz- und Popstücke interpretiert. Die Vereinigten Staaten und Kanada sind das Ziel einer rund zweimonatigen Reise, die der junge Priester im Sommer 1976 unternimmt. 1980 wird er ein weiteres Mal in die USA reisen.[114] Zur Feier des 200-jährigen Bestehens der amerikanischen Nation schreibt er seinen Verwandten und Freunden aus den Staaten 200 laufend nummerierte Postkarten. Eigentlich hat er für

---

113 Ebd.
114 Dieser 1980 unternommenen Reise wird Kaplan Jerzy den ersten Teil seiner schwarzblauen „Hefte" widmen, denen er von da an seine Gedanken und seine Sorgen über die Ereignisse in Polen anvertraut.

dieselben Jahre auch eine Reise an die Elfenbeinküste geplant, wo einer seiner Freunde Missionar ist. Doch die Reise kommt unter anderem aus finanziellen Gründen nicht zustande. In Pittsburgh in Pennsylvania lebt eine Tante des Kaplans, eine ältere Dame. Sie hat ihn eingeladen und ihm die Reise bezahlt. Er war ihr bei seiner Priesterweihe zum ersten Mal begegnet und hatte sie 1975 in seinen Ferien auf eine Reise quer durch Polen begleitet. Jerzy ist neugierig und liebt das Reisen. Er besucht New York und den Sitz der Vereinten Nationen, wo er zum ersten Mal von dem schwedischen UNO-Generalsekretär (1953–1961) Dag Hammarskjöld hört,[115] der vor Ende seiner zweiten Amtszeit bei einem Flugzeugabsturz in Afrika, wo er versucht hatte, die Kongokrise zu lösen, ums Leben gekommen und postum mit dem Friedensnobelpreis geehrt worden war. In seinen „Predigten für die Heimat" wird Kaplan Jerzy in den Jahren des Kriegszustands in Polen auf diesen vorbildlichen Christen und Friedensstifter zurückkommen.

Außerdem führt ihn seine USA-Reise nach Chicago und zum Eucharistischen Weltkongress, der vom 1. bis zum 8. August 1976 in Philadelphia stattfindet; einige Freunde hatten ihm geholfen, eine Einladung zu bekommen. 20 polnische Bischöfe sind dort vertreten, darunter der Kardinal Karol Wojtyła, der eine wichtige Ansprache hält:

> Wir haben das Recht und die Pflicht, die wahre Freiheit für den Menschen und für die Völker zu verlangen […]. Nicht nur ein Mensch, ein Priester, ein Bischof: Christus selbst ist auf diesem Altar. Er, der durch unseren Dienst sein einziges und ewiges Opfer und das Opfer aller Zeiten darbringt. Und auch das Opfer unseres 20. Jahrhunderts und dieser vergangenen 25 Jahre. Es umschließt alles, woraus das irdische Dasein eines jeden Menschen und aller

---

115 Vgl. S. Pesenti, *Dag Hammarskjöld. La pace possibile*, Mailand 2011.

Völker besteht; die Freuden und die Hoffnungen, die Trauer und die Ängste der Menschen von heute.[116]

Popiełuszko hört jene Worte, die das vorwegnehmen, was man später die „Theologie der Menschenrechte" Johannes Pauls II. nennen wird. Diese Theologie wird im Zentrum der Predigten stehen, die Kaplan Jerzy zwischen 1982 und 1984 hält.

Natürlich besucht er seine Tante in Pittsburgh. Von Toronto aus, der letzten Station seiner Nordamerikareise, schickt er eine Karte an einen Freund und schreibt ihm, er solle das nächste Mal mit ihm kommen, „denn allein habe ich noch nicht einmal jemanden, mit dem ich über diesen korrupten Westen reden kann".

Jugendarbeit in Anin

Nach drei Jahren in Ząbki wird Jerzy nach Anin (Annenhof) versetzt, das ebenfalls in der Nähe von Warschau liegt. Zwischen den beiden Weltkriegen hatten die Intellektuellen aus der Hauptstadt hier ihre Ferien verbracht. Es ist ein ganz anderes Umfeld als in seiner ersten Gemeinde. In Anin gibt es keine Pfarrkirche, sondern nur eine kleine Kapelle, und die Wohnsituation der Priester lässt entschieden zu wünschen übrig. Schon seit Jahren wartet das Bistum Warschau auf die Baugenehmigung der Behörden, die aber erst 1976 erteilt wird. Am 12. Dezember kommt Primas Wyszyński zur Grundsteinlegung der Kirche der „Mutter Gottes und Königin von Polen". Der Mangel an Gotteshäusern ist im Nachkriegspolen ein schwieriges Problem. Das bis in die 1950er Jahre hinein über-

---

116 Dieser Text wurde in der Sonderausgabe der Vatikanzeitung „L'Osservatore Romano" über Johannes Paul II. (April 2011) veröffentlicht.

wiegend agrarisch geprägte Land ist einem intensiven Industrialisierungsprozess unterzogen worden, was zur Entstehung neuer städtischer Siedlungen geführt hat.[117] Den Bau von Kirchen in den neuen Vierteln zu verhindern ist eine der Methoden, mit denen das Regime der Kirche Schwierigkeiten macht und die Gläubigen fernhält. Diese restriktive Politik wird unter der Gierek-Regierung ab den Siebzigerjahren abgemildert.

In einer Rede des ersten Sekretärs hallen die Töne nach, die Gomułka gleich nach dem Krieg angeschlagen hatte, als es darum ging, Polen wiederaufzubauen. Diese allzu optimistische Erklärung ist womöglich vor allem der schweren Wirtschafts- und Gesellschaftskrise geschuldet, die Polen in jenen Jahren erschüttert:

> Ich glaube, dass die Verwirklichung der nationalen Ziele viele Möglichkeiten für eine fruchtbare Zusammenarbeit zwischen der Kirche und dem Staat bietet. Ich wiederhole es noch einmal: Ich war und bin für eine solche Zusammenarbeit und messe ihr große Bedeutung bei. Das ist nicht nur meine persönliche Überzeugung, sondern auch die Ansicht des Politbüros des Zentralkomitees unserer Partei und die Ansicht der Spitzen unseres Staates.[118]

In Anin widmet sich Kaplan Jerzy vor allem der Jugendpastoral. Er leitet eine Gruppe aus 100 Messdienern. Sein Verhältnis zu den Jugendlichen ist anspruchsvoll und direkt. Jerzy ist nicht

---

117 Zwischen 1950 und 1989 wächst die polnische Bevölkerung von 25 auf 38 Millionen, von denen zwei Drittel jünger als 39 Jahre sind: das größte Bevölkerungswachstum im damaligen Europa. Der Anteil der Stadtbevölkerung wächst im selben Zeitraum von 36,8% auf 61% der Gesamtbevölkerung. Etwa 28% der Bevölkerung sind in der Industrie beschäftigt. Vgl. M. Alexander, *Kleine Geschichte Polens*, op. cit., S. 364. Zu den Angaben über Polens wirtschaftliche und gesellschaftliche Situation bis 1979 vgl. auch das Buch von H. Smotkine, *La Pologne*, op. cit.

118 Ansprache vom 3. September 1976 in Mielec, „Trybuna Ludu", 6. September 1976; Auszüge auch in: Bundesarchiv, op. cit., 041668A/36 – Ha.

klerikal und versteht es, sich freundschaftlich und doch auch mit Autorität unter die Jugendlichen zu mischen. Jurek, wie er von Verwandten und Freunden liebevoll genannt wird, hat eine ironische und scherzhafte Seite, die ihm sofort viele Sympathien einträgt. Fotografien zeigen ihn wie viele Jugendliche in jenen Jahren mit Cowboyhut, Gitarre in der Hand und langen Haaren.

Einer seiner Freunde, der Priester Wiesław Wasiński, der mit ihm im Seminar und beim Wehrdienst gewesen war, erinnert sich, dass Kaplan Jerzy immer von „Trauben von Messdienern" umringt gewesen sei. Da es kein Pfarrhaus gibt, organisiert er in den kleinen, über einem Kino gelegenen Räumen, die er bewohnt, Treffen für die Jugendlichen und verteilt zum Abschluss immer händeweise Bonbons und andere Süßigkeiten. Wasiński erinnert sich, wie Jerzy ihn einmal in seiner Pfarrei besuchte: Einige Gymnasiasten diskutierten über die Freiheit der Kirche, und der Märtyrerpriester schaltete sich sogleich ein und erzählte die Geschichte eines Mannes in der Sowjetunion, der seinen Glauben nicht verleugnen wollte und deshalb gezwungen wurde, stundenlang aufrecht in einer engen Zelle zu stehen. Der christliche Glaube, so hatte Kaplan Jerzy abschließend gesagt, bestehe aus Stärke und Heroismus.[119]

Wiesław Kalisiak, der gegen Ende von Jerzys Zeit in Anin dort Pfarrer wurde, erinnert sich auch an Schwierigkeiten bei der Zusammenarbeit mit dem jungen Priester. Die letzten Monate des jungen Kaplans sind – nicht zuletzt wegen seines hartnäckigen Charakters, den er bereits in den Jahren des Militärdiensts bewiesen hatte – von Konflikten und Meinungsverschiedenheiten geprägt. Kalisiak schreibt:

> Hochwürden Jerzy habe ich 1976 kennengelernt, damals kam ich als neuer Pfarrer nach Anin und hatte den Auftrag, eine Kirche zu

---

119 Aussage des Priesters Wiesław Wasiński in: *Summarium*, S. 283

bauen. Ich war deswegen etwas besorgt, doch Hochw. Jerzy, der schon seit sechs Monaten als Vikar dort war, führte mich in die Gemeinde ein. Und so wurden wir Freunde. Jerzy war ein sehr herzlicher Mensch, er war sehr warmherzig, das ist mir sofort aufgefallen. Besonders die Jugendlichen des Ortes hingen sehr an ihm [...]. Leider – das sage ich ganz ehrlich – wurden unsere Beziehungen gegen Ende ein wenig heftig. Sein Abgang im Juni 1979 war irgendwie typisch. Hochw. Jerzy ging, ohne sich von mir zu verabschieden, was mich ein wenig traurig machte [...]. Doch dann höre ich eines Tages, das war 1981, als ich schon in das neue Pfarrhaus von Anin umgezogen war, am Telefon die markante Stimme von Hochw. Jerzy ... Hör mal, kann ich dich besuchen kommen? [...] Ich weiß noch, wie er das neue Pfarrhaus betrat. Er fällt mir um den Hals, weint und sagt zu mir: Mein Freund, ich bitte dich um Entschuldigung für meinen Abgang damals.[120]

Die Zeugenaussagen, die mit Blick auf den Seligsprechungsprozess unter den Pfarrangehörigen gesammelt wurden, sind zahlreich. Hanna Popielska aus Anin erinnert sich daran, wie fürsorglich sich der junge Kaplan um ihre Familie und insbesondere um ihren todkranken Mann gekümmert hat. „Hochwürden Popiełuszko hat meinen Mann oft im Krankenhaus und zuhause besucht. Er war sein Beichtvater und sein Freund. Dass ich über den Tod meines Mannes hinweggekommen bin, habe ich nur Kaplan Jerzy zu verdanken."[121] Maria Hanna, die mit zwei Kindern von sechs und neun Jahren zurückbleibt, kann sich auf die Hilfe des Geistlichen verlassen, der sie bei der menschlichen und religiösen Erziehung der Kinder unterstützt. Sie erzählt:

---

120 Ebd.
121 E. K. Czaczkowska, T. Wiścicki, *Don Jerzy Popiełuszko*, op. cit., S. 156.

Er nahm sein Priestertum sehr ernst, strahlte aber gleichzeitig auch menschliche Wärme aus, spürte die Not der anderen, versuchte die Bedürfnisse der Menschen, die ihm begegneten, zu verstehen. Wenn es ihm gelang, jemanden näher zum Herrn hinzuführen, freute er sich umso mehr. Aber er war nie aufdringlich.[122]

Hanna Popielska ist noch immer beeindruckt davon, mit wie viel innerer Anteilnahme Kaplan Jerzy insbesondere Erwachsenen die Taufe und das Bußsakrament spendete: „Es gibt eine Beichte, die man ablegt, und eine, die man lebt. Ich bin nur einmal bei ihm zur Beichte gewesen, aber das war die wichtigste Beichte meines Lebens."[123]

Jahre später schreibt Popiełuszko in einem Moment großer Bedrängnis – aufgrund seiner Predigten und seines Engagements für die im Zuge der Unterdrückung der Solidarność-Aktivitäten vor Gericht gestellten und verurteilten Arbeiter ist Kaplan Jerzy (der, von den Verwandten abgesehen, oft als Einziger bei diesen Prozessen anwesend ist) permanenten Einschüchterungen ausgesetzt – in sein Tagebuch: „Gestern ist eine Person gekommen, die seit 34 Jahren nicht gebeichtet hatte: Dank meiner Messen für die Heimat und meiner Anwesenheit bei den Prozessen ist sie der Kirche wiedergeboren worden. Wie viel vermagst du, o Gott, mit einem so unwürdigen Geschöpf wie mir zu bewirken. Danke, Herr, dass du dich meiner bedienst." Und er fügt hinzu:

> Nach vielen Jahren – oft mehr als zehn – finden die Leute den Mut, zu mir zu kommen und um die Versöhnung mit Gott, um die Beichte und um die Kommunion zu bitten. Das ist für mich als Priester wie auch für die Betreffenden selbst ein bewegendes

---

122 Ebd.
123 Ebd.

Gefühl. Sie haben sich nicht getraut, zu jemand anderem zu gehen [...].[124]

Die Beichte ist ein zentrales Sakrament im pastoralen Wirken des jungen Priesters. Das wird sich auch zeigen, als er während der Streiks im August 1980 zum ersten Mal im Stahlwerk von Huta Warszawa die heilige Messe feiert. Als Erstes wird er allen Arbeitern, die darum bitten, die Beichte abnehmen.

Sein Kampf richtet sich darauf, diejenigen in den Schoß der Kirche zurückzuführen, die sich als ein Teil der Arbeiterwelt von dieser entfernt haben. Über seinen ersten Besuch in Huta Warszawa, wo er mit den größten Befürchtungen eintrifft und vom tosenden Applaus hunderter Arbeiter empfangen wird, schreibt Kaplan Jerzy: „Ich dachte, dass wohl hinter mir irgendjemand sehr Wichtiges kommen musste. Doch dieser Applaus galt dem ersten Priester in der Geschichte, der durch dieses Gitter hindurchschritt. Da dachte ich: Das ist der Applaus für die Kirche, die 30 Jahre lang vor dieser Fabrik ausgeharrt und an die Türen geklopft hat."[125]

An dieser Aussage lässt sich Kaplan Jerzys zentrales pastorales Anliegen festmachen. Seine „Methoden" sind die eines „traditionellen" Seelsorgers: Beichte, Rosenkranzgebet, Liturgiefeier, sorgfältig vorbereitete Predigten, Solidarität mit den Notleidenden und Aufbau menschlicher Beziehungen. Die

---

[124] J. Popiełuszko, *„Jestem gotowy na wszystko"* [*„Ich bin zu allem bereit"*] in: G. Bartoszewski, *Zapiski. Listy i wywiady ks. Jerzego Popiełuszko 1967–1984* [*Notizen, Briefe und Interviews mit dem Priester Jerzy Popiełuszko 1967–1984*], Warschau 2009, S. 110. Zum Thema des Priestertums bei Jerzy Popiełuszko vgl. auch: C. Smuniewski, *La missione del sacerdote nel pensiero del beato don Jerzy Popiełuszko – un martire contemporaneo della Polonia*, in: The Person and the Challenges. The Journal of Theology, Education, Canon Law and Social Studies Inspired by Pope John Paul II, 3/2 (2013), S. 157–171.

[125] E. K. Czaczkowska, T. Wiścicki, *Don Jerzy Popiełuszko*, op. cit., S. 194.

Antwort auf die Übergriffe des Regimes zielt vor allem darauf ab, die Kirche zu festigen und aufzubauen und in gedemütigten und resignierten Menschen „die Hoffnung zu stärken".

Nach Kaplan Jerzys Überzeugung muss der Priester bei den Leuten sein, er darf sich nicht „in der Kirche einsperren". In einem Interview erklärt er seine pastorale Vision:

> Das Wichtigste ist die geistliche Hilfe des Priesters. Was kann ich geben? Vor allem meine Zeit und mein Gebet. Ich bin einfach in jeder Lebenslage bei ihnen. Die Leute kommen, sie wissen, dass ihnen mein Haus von morgens bis abends offensteht. Jeden Tag kommen viele Menschen, die nicht unbedingt eine materielle Hilfe erwarten. Sie wollen etwas sagen, über ihren Kummer weinen, mit anderen über ihre Probleme sprechen. Wenn ich sie verstehe, wenn mir beim Zuhören zuweilen Tränen in die Augen treten, weil ich mich in sie hineinversetze und mich in ihre Probleme einfühle, dann ist das sehr oft viel mehr als eine materielle Hilfe.[126]

Priester in Warschau

Am 20. Mai 1978 wird Popiełuszko in die Pfarrei vom Kinde Jesu in der Warschauer Altstadt versetzt. Die Kirche ist mit der Geschichte des Patrioten Romuald Traugutt verbunden, einem Helden des polnischen Widerstands gegen die Russen, der 1864 in der Zitadelle von Warschau enthauptet wurde; die Zitadelle befindet sich auf dem Gebiet der Pfarrei. Am 29. Januar 1984 widmet Kaplan Jerzy Traugutt anlässlich des 120. Jahrestags seiner Hinrichtung einen großen Teil seiner „Predigt für die Heimat". Popiełuszko schreibt:

---

[126] J. Popiełuszko, *„Jestem gotowy na wszystko"*, in: G. Bartoszewski, op. cit., S. 114–155.

[…] Er vereinigte die Liebe zum Vaterland und zu Gott, als er zur Übernahme der Regierung erklärte: „Nur das unbegrenzte Vertrauen, die Vorsehung Gottes und der unerschütterliche Glauben an das Heiligtum der Sache gaben mir die Kraft und den Mut, unter diesen Umständen die Regierung zu übernehmen. Ich habe daran gedacht, dass das Regieren ein Akt der Aufopferung und nicht der Ambition ist." Er vereinigte die Liebe zum Vaterland und zu Gott, als er an den Heiligen Vater Pius IX. schrieb: „Moskau versteht, dass das katholische Polen nicht zu besiegen ist, deswegen ist der ganze Hass gegen die Geistlichen gerichtet. […] Romuald Traugutt ist für uns ein Vorbild des Polen, der es für seine Pflicht hielt, sich selbst nicht zu schonen, wo andere bereitwillig alles geopfert haben. Er war sich dessen bewusst, dass, wer für sein Vaterland viel erreichen will, Gott nicht ablehnen darf, sondern es mit ihm halten muss.[127]

Hier wird Kaplan Jerzys Patriotismus deutlich: Er wurzelt in der Geschichte der polnischen Kirche, die lange Zeit als das Bollwerk der Nation betrachtet worden ist. Die Gleichsetzung von „Polentum" und Katholizismus, von polnischer Heimat und römisch-katholischer Kirche, die durch die Geschichte hindurch den Widerstand seines Landes gegen den mächtigen russischen Nachbarn und andere Feinde beseelt hat, bricht sich in den Predigten des Priesters machtvoll Bahn. In seinen Tagebüchern schreibt er sogar: „Sehr oft beginnt der Prozess der Bekehrung, der Umkehr zu Gott, zur Kirche oder, allgemeiner, die Entdeckung Gottes damit, dass jemand eine patriotische Haltung einnimmt."[128] Gottesglaube und Heimatliebe vermischen sich in der Seele der polnischen Nation und in den Predigten Popiełuszkos, der mehrfach aus den Worten von Dichtern,

---

127 J. Popiełuszko, *An das Volk*, op. cit. S. 67.
128 Ders., *Summarium*, S. 554.

Schriftstellern und Nationalhelden schöpft, um sich in einer spirituellen Strömung zu verorten, die die Generationen und die Wechselfälle der Geschichte durchzieht und dank deren sich Polen – *semper fidelis!* –, die „Märtyrernation" und der „Christus der Nationen", wie es auch genannt worden ist, selbst in den finstersten Zeiten seine Identität bewahren konnte.[129]

In jenem Sommer reist Popiełuszko mit dem roten Sportwagen, den seine Tante in Amerika ihm geschenkt hat, alleine in die Tschechoslowakei und nach Österreich. Der Wagen erregt nicht wenig Neid in einem Land, wo es nur wenige Autos gibt, die obendrein alle gleich aussehen. Er beendet seine Reise in Bulgarien, am Schwarzen Meer. Auf jeder Etappe besucht er Freunde, die er im Lauf der Jahre kennengelernt hat. In jeder Pfarrei, in der er Dienst tut, knüpft Kaplan Jerzy enge und intensive Freundschaften, die die Jahre überdauern. Unter den nach seinem Tod gesammelten Zeugnissen finden sich die Aussagen vieler einzelner Personen und Familien, die dem jungen Priester freundschaftlich verbunden gewesen sind.

Der Wojtyła-Schock

In jenem Sommer stirbt Paul VI. und wird Johannes Paul I. zum Papst gewählt. Doch als Albino Luciani nach wenigen Tagen unerwartet stirbt, kommen die Kardinäle erneut in Rom zum Konklave zusammen, das diesmal Karol Wojtyła wählt.

---

129 Ein Patriotismus, der sich in einigen Phasen der polnischen Geschichte aus einem „gesunden Nationalismus" – wie Nuntius Ratti in seinen nach Rom gesandten Berichten schreibt – in einen „übertriebenen", den Nachbarn gegenüber aggressiven Nationalismus verwandelt. Vgl. Rattis Depesche an Gasparri vom 14. Juli 1919, in: Archiv für öffentliche Angelegenheiten (*Archivio Affari Pubblici*, nachf. AAP), b.Russia 498. Ratti empfahl allen „Mäßigung, Ruhe und eine christliche, insbesondere katholische Gesinnung".

Es ist das Dreipäpstejahr. Ein Pole wird Bischof von Rom – an diese Möglichkeit hatten die sowjetischen und polnischen Geheimdienste in ihrem fieberhaften Bemühen, die Kirche zu überwachen, nicht gedacht.[130] Sie hätten die polnischen Kardinäle daran hindern können, zum Konklave nach Rom zu reisen. Die Wahl ruft bei den führenden polnischen Kommunisten gegensätzliche Reaktionen hervor: eine Mischung aus patriotischem Stolz und Bestürzung. General Jaruzelski, damals Verteidigungsminister, schreibt in seinen Erinnerungen:

> Dennoch empfand ich, soweit ich mich erinnern kann, an diesem Abend ein seltsames Gefühl der Befriedigung. Ein bisschen so, als ob Polen eine neue, unverhoffte Goldmedaille bei den Olympischen Spielen gewonnen hätte. Ein Pole auf dem Heiligen Stuhl! [...] Ich sah darin [...] eine neue Bestätigung für die Rolle, die unser Land zukünftig auf der internationalen Szene spielen sollte. Die politischen Fragen kamen etwas später.[131]

Kardinal Poupard, der jahrelang der „Kulturminister" von Johannes Paul II. sein wird, erinnert sich, dass an jenem 16. Oktober 1978 in der polnischen Botschaft in Paris ein Empfang gegeben worden sei und der Botschafter der Volksrepublik Po-

---

[130] In Wirklichkeit wurde die Hypothese von der Wahl eines polnischen Papstes hier und da erörtert, ohne dass man jedoch allzu sehr daran glaubte. Der katholische Abgeordnete der Organisation Znak, der in regelmäßigem Briefwechsel mit Kardinal König steht, spricht in einem Bericht über die Situation der Kirche in Polen aus dem Jahr 1976 (der zwar nicht unterzeichnet ist, aber mit großer Wahrscheinlichkeit von ihm stammt) ausdrücklich von dem Bestreben des Kardinals Wojtyła, sich „in der Weltkirche beliebt zu machen" (er leitete in der Fastenzeit desselben Jahres die Einkehrtage für die Römische Kurie), und schreibt, der Kardinal bringe „sogar Gerüchte über seine großen Chancen, Papst zu werden, in Umlauf". Vgl. AKK, Polen, Reise 1963 /394/62). Berichte bis 1976.
[131] W. Jaruzelski, *Mein Leben für Polen. Erinnerungen*, op. cit., S. 219.

len nach anfänglicher Befangenheit dann doch mit großer Begeisterung den Champagner entkorkt habe.[132]

Der erste Sekretär der PVAP Gierek, der einige Minuten nach der Wahl telefonisch von Stanisław Kania, dem Beauftragten für die Beziehungen zur Kirche, informiert wird, gibt die Neuigkeit gleich weiter an seine Frau und sagt: „Ein Pole ist Papst geworden. Das ist ein großes Ereignis für die polnische Nation, und für uns bringt es viele Komplikationen mit sich."[133] Als die Spitzen des polnischen Regimes wenige Minuten nach der Wahl von Karol Wojtyła in Kanias Büro zusammenkommen, geht es lebhaft zu. Der Minister für religiöse Angelegenheiten Kąkol erinnert sich Jahre später:

> Die Genossen Kania, Kowalczyk, Olszowski, Werblan und Łukaszewicz beratschlagen, sie sind überhaupt nicht angetan. Die Bestürzung ist mit Händen zu greifen […]. Schwere Seufzer. Czyrek klammert sich an die These, die wir auf dem Weg von der polnischen Journalistenvereinigung zum Zentralkomitee ausgearbeitet haben: „Denkt doch mal nach … alles in allem ist es besser, wenn Wojtyła dort Papst, als wenn er hier Primas ist." Die These findet Gehör. Setzt sich schließlich durch. Erleichterung.[134]

Doch schon nach der ersten Polenreise Johannes Pauls II. im Juni 1979, in der sich „die Einheit zwischen Papst und Volk manifestiert", kann sich der kommunistische Block, angefangen bei der UdSSR, nicht mehr darüber hinwegtäuschen, wie „gefährlich"

---

132 Paul Kardinal Poupard im Gespräch mit dem Verfasser (28. März 2014).
133 Eine Rekonstruktion dieser Momente bieten M. Signifredi, *Giovanni Paolo II e la fine del comunismo. La transizione in Polonia (1978–1989)*, Mailand 2013, und M. Impagliazzo (Hg.), *Shock Wojtyła, L'inizio del pontificato*, Cinisello Balsamo (Mi) 2010.
134 M. Signifredi, *Giovanni Paolo II e la fine del comunismo*, op. cit., S. 40. Czyrek war stellvertretender Außenminister und unter anderem zuständig für die Beziehungen zum Heiligen Stuhl.

dieser slawische Papst ist.[135] Weniger als einen Monat nach der Wahl Johannes Pauls II. präsentiert der Leiter des renommierten „Wirtschaftsinstituts des sozialistischen Weltsystems" der Akademie der Wissenschaften der UdSSR, Oleg T. Bogomolov, dem Sekretär des Zentralkomitees der KPdSU, Michail W. Simjanin, einen Bericht mit dem Titel „Die Wahl des neuen Papstes: mögliche politische Konsequenzen." Der Verfasser schreibt darin:

> Am 16. Oktober 1978 ist ein Bürger eines sozialistischen Landes Papst geworden: der polnische Kardinal Karol Wojtyła. Das wirft für uns einige reale Fragen auf: Was hat die katholische Hierarchie mit dieser Wahl bezweckt? Wie wird sich der Amtsantritt des neuen Papstes auf die Beziehungen des Vatikans mit den sozialistischen Ländern, insbesondere Polen, und auf die Situation in der Volksrepublik Polen auswirken? Wie wird sich der Standpunkt des Vatikans in der Welt vor allem im Hinblick auf die zentralen internationalen Probleme entwickeln? Wie soll man am besten auf diese sich wandelnde Situation reagieren? [...]. Zweifellos wird Johannes Paul II. der „Ostpolitik" des Vatikans, das heißt den Beziehungen zu den sozialistischen Ländern, der Aktivität der Landeskirchen in diesen Ländern, aber auch den Beziehungen zu den kommunistischen Parteien des Westens und anderen linken Kräften weitaus mehr Beachtung schenken als seine Vorgänger. Aller Wahrscheinlichkeit nach wird dieser Dialog vonseiten des Vatikans weniger flexibel, aber systematischer geführt werden als unter Paul VI. Es ist vorstellbar, dass Wojtyła den Regierungen der sozialistischen Staaten gegenüber insbesondere in der Frage der Ernennungen in den Ortskirchen weniger zu Zugeständnissen bereit sein wird. Durch eine Ausweitung des Dialogs mit den sozialistischen Ländern wird der Papst versuchen, im Hinblick auf diese Länder eine differenzierte Politik zu betreiben

---

135 M. Impagliazzo, *L'inatteso pontificato di Giovanni Paolo II*, in: ders. (Hg.), *Shock Wojtyła*, op. cit. S. 12.

und den Dialog aktiver im Sinne einer politischen und ideologischen Expansion der katholischen Kirche zu nutzen.[136]

Andrea Riccardi stellt in seiner Biografie über Johannes Paul II. einige Aspekte heraus, in denen der polnische Papst gegenüber den kommunistischen Regimes einen deutlich innovativeren Ansatz verfolgte als die vatikanische Ostpolitik der früheren Jahre.[137] Als er zu Beginn seines Pontifikats in Assisi gebeten wird, die „Schweigende Kirche" nicht zu vergessen, antwortet der Papst: „Es ist keine schweigende Kirche mehr, denn sie spricht mit meiner Stimme."[138] „Seine Kirche", schreibt Riccardi, „sollte keine Kirche des Schweigens sein, sondern eine Kirche des ausdauernden religiösen Widerstands."[139] Johannes Paul II. hat nicht etwa die Absicht, die von Johannes XXIII. begonnene und von Paul VI. entschieden weitergeführte Ostpolitik zu beenden. Doch seine Vorgehensweise ist „eher große Politik als Diplomatie"[140]. Er verzichtet auf die antikommunistischen Töne der „Schweigenden Kirche", ist aber im Unterschied zu diversen katholischen Gruppierungen in den östlichen Ländern, die auch in westlichen Kreisen eine gewisse Zustimmung finden, auch nicht zur Zusammenarbeit mit den Regimes bereit. Der Heilige Stuhl benennt präzise und stichhaltig sämtliche Verletzungen der Religionsfreiheit auf internationaler Ebene, weil, wie Johannes Paul II. gerade in jenen Jahren erklärt, „die Religionsfreiheit nur eine der Seiten des

---

136 Der Bericht, den Lilija F. Ševcova am 4. November 1978 an das Sekretariat des Zentralkomitees der KPdSU sandte, wird erwähnt und in Teilen übersetzt bei A. Roccucci, *Mosca e il papa polacco. Uno shock geopolitico*, in: M. Impagliazzo (Hg.), *Shock Wojtyła*, op. cit., S. 187–225, hier S. 188 ff.
137 A. Riccardi, *Johannes Paul II.*, op. cit., S. 429–493.
138 ebenda, S. 437.
139 ebenda, S. 438.
140 ebenda, S. 440.

einheitlichen Prismas der Freiheit darstellt"[141]. Seine Vision verortet sich jenseits des Kommunismus, den er als eine mehr oder weniger kurze Episode in der tausendjährigen Geschichte der christlichen Nationen betrachtet. Aus ebendiesem Grund besteht der Papst auch so nachdrücklich auf den Jubiläumsfeierlichkeiten in den östlichen Ländern wie etwa der Tausendjahrfeier der Christianisierung Polens oder der 900-Jahr-Feier des Martyriums des heiligen Krakauer Bischofs Stanislaus, des Anlasses seiner ersten Polenreise 1979. Die Ungarn ermuntert er, 1981 den 750. Todestag der heiligen Elisabeth zu feiern. Die Geschichte jener Völker, so scheint der polnische Pontifex sagen zu wollen, ist weitaus länger als die des Kommunismus.

Johannes Paul II. bedient das zweifache Register einer Kirche, die mit den kommunistischen Regierungen, aber auch mit den Bevölkerungen redet: jenen Völkern, die die slawische Tradition als „Theophoroi", Gottesträger, begreift. Der Glaube dieser vom Kommunismus unterjochten Völker, davon ist Wojtyła überzeugt, muss auf jede nur erdenkliche Weise gestärkt werden, weil er der Boden ist, auf dem der Widerstand gegen die Regime wächst. Die Christentümer des Ostens sollen nach den Plänen des polnischen Papstes ihre volkstümliche Prägung und Vitalität zurückgewinnen – angefangen bei seinem eigenen Heimatland.

Tad Szulc, Journalist bei der „New York Times" und profunder Kenner der polnischen Geschehnisse, erklärte, dass Johannes Paul II. keine verfrühten Hoffnungen habe wecken wollen, die zu einem Blutbad hätten führen können. Gleichzeitig habe er jedoch die Erwartung am Leben erhalten wollen, damit sich die politische und gesellschaftliche Lage in Polen zu einer Zeit, da der Zusammenbruch des Sowjetreichs noch unvorstellbar

---

141 Johannes Paul II., *Ansprache an die Teilnehmer der 69. Konferenz der Interparlamentarischen Union* (18. September 1982), zitiert nach: Der Apostolische Stuhl 1982, S. 1293.

zu sein schien, von innen heraus erneuern konnte. Die Politik Johannes Pauls II. ist „janusköpfig", das heißt, sie folgt – passend zu jener typisch slawischen Vorliebe für Antinomien – keinem präzisen Konzept, keiner Logik und keinem Plan. Roberto Morozzo della Rocca schreibt:

> In den zehn Jahren polnischer Geschichte, die zum Zusammenbruch des sowjetischen Systems führen, fährt Wojtyła zweigleisig. Einerseits will er keine sowjetische Invasion riskieren, andererseits nicht darauf verzichten, Polen vom sowjetischen System zu befreien. Deshalb betreibt er Tag für Tag auf der Grundlage von Informationen, Begegnungen und Ereignissen eine zweigesichtige Politik: gemäßigt und wagemutig, realistisch und utopisch, flexibel und fest, vorsichtig und hartnäckig, beruhigend und vorpreschend, verständnis- und vorwurfsvoll und in geopolitischer Hinsicht übergriffig und konziliant zugleich.[142]

1993, nach dem Mauerfall, fällt Jaruzelski ein treffendes Urteil über Wojtyła und verortet ihn „an der Grenze" zwischen den beiden Schulen der polnischen Tradition, der pragmatischen und der romantischen: „Einerseits erkennt man bei ihm den Pragmatismus, andererseits wird dieser Pragmatismus von einem romantischen Geist getragen."[143] Nach Einschätzung des Generals hat Johannes Paul II. „die Füße auf dem Boden und gleichzeitig den Kopf in den Wolken, aber im positiven Sinn".

Am 2. Juni 1979, dem Vortag des Pfingstfests, kommt Johannes Paul II. zum ersten Mal in sein Heimatland Polen. Trotz Breschnews Warnung, dafür zu sorgen, „dass Sie es später nicht bereuen müssen", genehmigt das Regime die Reise.[144] Gierek

---

142 R. Morozzo della Rocca, *Tra Est e Ovest*, op. cit., S. 275.
143 Zitiert nach A. Riccardi, *Johannes Paul II.*, op. cit., S. 474.
144 C. Bernstein, M. Politi, *Seine Heiligkeit. Johannes Paul II. und die Geheimdiplomatie des Vatikans*, München 1997, S. 226.

erinnert sich, dass der sowjetische Leader in einem hitzigen Telefonat zu ihm gesagt habe: „Gomułka war ein besserer Kommunist als Sie, weil er Paul VI. nicht in Polen empfangen hat, und damals ist nichts Unangenehmes geschehen. Die Polen haben es einmal überlebt, dass ein Papst nicht ins Land gelassen wurde, und sie werden es auch zum zweiten Mal überleben."[145] In den Augen des Politbüros, das sofort seinen Außenminister Andrej Gromyko zu einem Treffen mit Johannes Paul II. in den Vatikan entsendet, ist die Wahl des polnischen Papstes ein beunruhigendes Gefahrensignal.

Der erste Besuch des Papstes in seinem Heimatland ist ein historisches Ereignis. Die Menschen strömen zu Tausenden auf die Straßen, um ihn zu sehen und zu hören, unzählige andere verfolgen die Stationen seiner Reise im Fernsehen oder im Radio. In Warschau erinnert der Papst bei der Begegnung mit den Gläubigen in der Johanneskathedrale an das Martyrium des heiligen Stanislaus, das sich zum 900. Mal jährt; gleichzeitig sind seine Worte eine Botschaft an das Regime: „Einst scheint dieser Bischof dort, auf seinem Bischofsstuhl in Krakau – das über viele Jahrhunderte zugleich Polens Hauptstadt war –, mit Bezug auf sich zu König Boleslaw gesagt zu haben: ‚Zerstöre diese Kirche, aber Christus wird sie durch Generationen wieder aufbauen.'[146]" Und in der Predigt, die er am selben Tag auf dem Warschauer Siegesplatz hält – dem traditionellen Schauplatz der Machtdemonstrationen des Regimes, auf dem nun ein 17 Meter hohes Kreuz emporragt –, erklärt der Papst vor einer Million Landsleuten die Bedeutung seiner Wahl wie folgt:

---

145 Ebd.; vgl. J. Rolicki, *Edward Gierek, Przerwana dekada [Edward Gierek. Das unterbrochene Jahrzehnt]*, Warschau 1990, S. 135.
146 *An die in der Johanneskathedrale versammelten Gläubigen* (Warschau, 2. Juni 1979), zitiert nach: Verlautbarungen des Apostolischen Stuhls Nr. 10, S. 5.

Ich lasse hier meine Person beiseite, muss mir aber dennoch zusammen mit euch allen die Frage nach den Gründen stellen, warum gerade im Jahr 1978 (nach so vielen Jahrhunderten einer in diesem Bereich festgefügten Tradition) auf den Bischofssitz des hl. Petrus ein Sohn polnischer Nation, polnischer Erde, berufen wurde. Von Petrus und den übrigen Aposteln forderte Christus, sie müssten seine „Zeugen sein in Jerusalem, in ganz Judäa und Samaria und bis an die Grenzen der Erde" (Apg 1,8). Haben wir mit Bezug auf diese Worte Christi nicht das Recht, zu folgern, dass Polen in unserer Zeit das Land eines besonders verantwortungsvollen Zeugnisses wurde?

Es sind Worte, die die entscheidende Rolle Polens bei der Implosion des kommunistischen Systems vorwegnehmen.

Kaplan Jerzy, der seit Ende Mai an der Universitätskirche St. Anna mit der Seelsorge für das Pflegepersonal betraut ist, erlebt den Warschau-Besuch Johannes Pauls II. aus nächster Nähe mit. Der junge Priester hat die nicht einfache Aufgabe, die Arbeit der freiwilligen Ärzte und Sanitäter zu koordinieren, die bereitstehen, um die unüberschaubaren Menschenmengen zu versorgen, die zu den Auftritten des Papstes in die polnische Hauptstadt geströmt sind.

Kaplan Jerzy ist tiefbewegt von den Worten des Papstes, von seinem Appell, „keine Sklaven zu sein", von seiner Anrufung des Heiligen Geistes, der das Angesicht der Erde, „dieser polnischen Erde" erneuern soll. Besonders beeindruckt ist er aber von der Predigt an die Studenten, die Johannes Paul II. am Pfingstsonntag just vor der kleinen St.-Anna-Kirche hält:

Die Frage „Wer bin ich?" habt ihr euch sicher schon seit langem gestellt. Eine überaus interessante Frage. Eine fundamentale Frage. Mit welchem Maß soll man den Menschen messen? […]. Die Antwort des heutigen Tages, die Antwort der Pfingstliturgie verweist auf zwei Maßstäbe: Man muss den Menschen mit dem Maß des „Herzens" messen ... „Herz" bedeutet in der biblischen Sprache den geistigen Innenraum des Menschen, insbesondere das Gewissen ... Man muss also den Menschen mit dem Maß des Gewissens messen, mit dem Maß eines zu Gott hin geöffneten Geistes.[147]

Auf dem Vorplatz der St.-Anna-Kirche hatte man mit 30.000 jungen Menschen gerechnet. Doch es kommen 200.000, und beinahe alle tragen sie Kreuze bei sich: Kreuze, die nicht größer sind als 20 oder 30 Zentimeter und oft nur aus zwei zusammengebundenen Stöckchen bestehen. Diese Kreuze, schreiben Bernstein und Politi in ihrem Buch *Seine Heiligkeit*, „reckten sie dem Papst entgegen, wie die revolutionären Kommunisten ihre Fäuste hochzustrecken pflegten. Von seinem Stuhl blickte Johannes Paul auf einen Wald von Kreuzen, und er segnete sie."[148]

In seiner ersten „Predigt für die Heimat" am 25. April 1982 kommt Kaplan Jerzy angesichts der Verhaftungen und Verfolgungen, mit denen das Regime die Solidarność-Bewegung zu unterdrücken sucht, auf jene Predigt Johannes Pauls II. zurück:

> Wir bitten dich, o Herr, für die, die das menschliche Gewissen brechen. Das Gewissen ist – so wie der Heilige Vater sagte – das größte Heiligtum, und das Brechen des Gewissens schlimmer als das Töten. Auch Du, o Herr, lässt das menschliche Gewissen nicht brechen. Deswegen bitten wir, das Gewissen unserer Landsleute möge nicht geknechtet werden. Erhöre, o Herr, das Gebet Deines Volkes![149]

---

147 *Zitiert aus: An die Studenten der Universität Warschau* (3. Juni 1979), zitiert nach: Verlautbarungen des Apostolischen Stuhls Nr. 10, S. 18.
148 C. Bernstein, M. Politi, *Seine Heiligkeit*, op. cit., S. 18.
149 *Predigt für die Heimat* vom 25. April 1982, in: J. Popiełuszko, *An das Volk*, op. cit., S. 8.

Der erste Besuch Johannes Pauls II. in seinem Land ist ein einschneidendes Ereignis in der polnischen Geschichte des 20. Jahrhunderts. Seine Worte und seine Autorität fördern die Verständigung zwischen der Arbeiterwelt, den intellektuellen Kreisen und der katholischen Kirche in ihrem gemeinsamen Kampf um eine größere Freiheit. Sie haben ein erstes Erwachen der Gewissen zur Folge. Der polnische Schriftsteller Kazimierz Brandys schreibt:

> Der Papst hat einfache Worte gesprochen. Es heißt, dass die Wahrheit häufig einfach ist, ich möchte hinzufügen, dass die Wahrheit vertraut ist. Den Leuten so vertraut, dass sie ihre eigenen Gedanken auszudrücken scheint. Der Papst hat die Gedanken der polnischen Menge ausgesprochen, die zusammengekommen war, ihre Gedanken und ihre verfälschte Erinnerung, er hat aus dem Innersten ihrer eigenen Erfahrung zu ihnen gesprochen und diese ihre Wahrheit ausgedrückt, die verfälscht worden ist. Ihre beste Wahrheit, möchte ich beinahe sagen. Es gibt Epochen und Jahre, in denen die eigene beste Wahrheit dem Menschen, der Nation und der Menschheit nicht zugänglich ist: Das sind dunkle Jahre, Epochen von bösen Propheten. Mit seinen Worten, den Worten eines guten Propheten, hat der Papst den Leuten das zugänglich gemacht, was für sie das Wichtigste war und was sie schon immer gewusst haben.[150]

Eine von der polnischen Regierung Anfang der 1980er Jahre in Auftrag gegebene Umfrage zur Religiosität der Bevölkerung zeigt, wie maßgeblich der „Wojtyła-Faktor" auch das Verhältnis der Polen zur Kirche beeinflusst hat.[151] Etwa 90% der Polen las-

---

150 K. Brandys, *Mesi*, Rom 1983, S. 83. (Eine Auswahl der Texte aus Brandys' Tagebuch liegt auch in deutscher Übersetzung vor: *Warschauer Tagebuch. Die Monate davor. 1978–1981*, Frankfurt a.M. 1984.)
151 Die oben schon einmal angeführte Umfrage befindet sich im deutschen Bundesarchiv und stammt aus den Archiven der Stasi: „Die Religiosität der polnischen Bevölkerung", in: Bundesarchiv, 041668A/101 u. ff. – Ha.

sen sich taufen, gehen zur Erstkommunion, lassen sich kirchlich trauen und wünschen sich eine christliche Beerdigung. In ländlichen Gebieten sind es beinahe 100%. Das Ansehen der Priester ist groß, wie 80% der Befragten bestätigen. Das eigentlich Interessante ist jedoch die Tatsache, dass die Verbundenheit mit der Kirche zwischen der 1975 und der 1981 durchgeführten Umfrage signifikant zugenommen hat. Der Anteil der praktizierenden Gläubigen wächst in den Großstädten von 69,1% auf 79,3%, in den Mittelzentren von 73,3% auf 82,8% und in den Dörfern von 78,4% auf 87,2%. Das sind zehn Prozentpunkte in nur wenigen Jahren. Auch 80% der PVAP-Angehörigen bezeichnen sich als Katholiken und sehen zwischen ihrer Partei- und ihrer Kirchenzugehörigkeit keinen Widerspruch. Die Umfrage belegt insbesondere unter den Jugendlichen seit Ende der 70er Jahre eine Zunahme der Religiosität, „die in anderen ost- und westeuropäischen Ländern nicht ihresgleichen hat, obwohl auch in Polen die Industrialisierung, die Verstädterung und die Verbreitung einer Massenkultur auf dem Vormarsch ist". Der Bericht kommt zu dem Schluss, dass die wachsende Religiosität und Kirchenverbundenheit auf die Wahl Wojtyłas und seine erste Polenreise zurückzuführen sind. Die wirtschaftlichen Schwierigkeiten des Landes sind – den Verfassern der Umfrage zufolge – ein weiterer Faktor der Annäherung an die Kirche, die als eine kritische und vertrauenswürdige Stimme betrachtet wird.

V. Kapitel:
Die Entstehung von Solidarność und das Kriegsrecht

Eine unabhängige Gewerkschaft

Das Phänomen Solidarność versteht man nur, wenn man bedenkt, dass es sich nicht bloß um eine Gewerkschaft, eine politische Richtung oder eine soziale Bewegung, sondern in erster Linie um den Ausdruck eines nationalen polnischen Erwachens handelt [...]. Das erste Zeichen dafür, dass noch nichts entschieden ist, war die Wahl Karol Wojtyłas zum Papst: ein unglaubliches und doch reales Ereignis, das eine Dynamik der Hoffnung in Gang gesetzt hat. Diese Dynamik, die durch den Besuch des neuen Papstes in seiner Heimat noch verstärkt worden ist, hat sich nach einjähriger Latenzphase schließlich in der Streikbewegung des Sommers 1980 Bahn gebrochen.[152]

Diese Worte liefern eine treffende Analyse der polnischen Geschehnisse von 1980. Zu den politisch-sozialen Faktoren, die die Entstehung der ersten unabhängigen Gewerkschaft in den Ländern des Ostblocks zur Folge haben, tritt der „spirituelle Faktor", nämlich die Wahl eines Polen auf den Stuhl Petri und sein erster Polenbesuch.[153] Zum ersten Mal in der Geschichte

---

152 K. Pomian, *Polonia: sfida all'impossibile? Dalla rivolta di Poznan a Solidarność*, Venedig 1983, S. 204.
153 M. Bertorello, *Il movimento di Solidarność. Dalle origini al governo del Paese*, op. cit., S. 47. Vgl. auch: J. Y. Potel, *Scènes de grèves en Pologne*, Lausanne 2006.

des Landes ziehen Arbeiter, Intellektuelle und die katholische Kirche an einem Strang und bereiten dem Regime keine geringen Schwierigkeiten.

In seiner „Predigt für die Heimat" vom August 1983 kehrt Popiełuszko in Gedanken zu den Geschehnissen zurück, die im Sommer 1980 ihren Anfang genommen haben, und beschreibt den Geist jener Monate, die letztlich zum Danziger „Augustabkommen" führen werden, wie folgt:

> Jegliche Versuche, die Freiheit des menschlichen Verstandes, der die Kultur gestalten soll, zu fesseln, wirken schädigend auf sie. Es wurden sich dessen unter Einfluss des patriotischen Arbeiteraufstandes von August 1980 die beruflichen Kulturschöpfer bewusst. Dies alles wurde den Schauspielern, Artisten und den Künstlern bewusst. Ihr Gewissen erwachte, so wie das Gewissen der ganzen Nation, das in den letzten Jahrzehnten eingeschläfert wurde. Das Jahr 1980 war schwer, aber es zeigte große, im Volk schlummernde gute Eigenschaften wie Besonnenheit, Klugheit, Fähigkeit und Kooperation. Das gesellschaftliche, berufliche, wirtschaftliche, kulturelle und politische Gewissen erwachte. Das Gewissen der schöpferischen Kreise erwachte ebenfalls. [...] Sie beschlossen, der Wahrheit zu dienen [...]. Das einmal geweckte Gewissen unterscheidet leichter zwischen Wahrheit und Lüge, zwischen Weizen und Spreu.[154]

Ende der 1970er Jahre ist die wirtschaftliche Lage in Polen katastrophal: schlimmer als in allen anderen Staaten des Warschauer Pakts. Die Verschuldung insbesondere bei den westlichen Ländern ist dramatisch gestiegen. Gierek versucht einen größeren Anteil der nationalen Produktion (hauptsäch-

---

[154] *Predigt für die Heimat* vom 25. September 1983, in: J. Popiełuszko, *An das Volk*, op. cit., S. 53f.

lich Kohle und Fleisch) für den Export abzuzweigen: Mit dem Erlös bezahlt er die Schulden, während er das Land zwingt, mehr zu produzieren und weniger zu konsumieren. Der Export muss größer werden als der Import. Die Inflationsrate jener Jahre liegt bei 10 %, und Dinge des alltäglichen Verbrauchs, aber auch langlebige Gebrauchsgüter wie Wohnungen, Möbel und Autos sind immer schwieriger zu bekommen. Die Einzelhandelspreise – insbesondere für Fleisch – steigen beträchtlich. Die Arbeiterklasse leidet am meisten unter der Situation.

Die ersten Streiks beginnen Anfang Juli 1980 in Lublin, wo die Arbeiter die Eisenbahnverbindungen in den Südosten des Landes lahmlegen: Lublin lag an der Strecke, über die die sowjetischen Truppen in Ostdeutschland versorgt wurden, und war daher ein wichtiger Knotenpunkt. Die Proteste sind die unmittelbare Reaktion auf die Erhöhung der Fleischpreise. Der Streik, an dem sich auf seinem Höhepunkt über 400 Fabriken beteiligen, greift schon bald auf zahlreiche Städte über.

Eine blutige Niederschlagung der Proteste wie im Juni 1956 und im Dezember 1970 kommt nicht in Frage, auch wenn diese Möglichkeit in den fieberhaften Krisenbesprechungen, die die PVAP auf Drängen Moskaus abhält, in Betracht gezogen wird. Die KPdSU richtet die Suslow-Kommission ein, die die Geschehnisse im Nachbarland Polen überwachen soll. 1956 und 1970 hatte die Repression den Rücktritt der jeweils amtierenden polnischen Regierung zur Folge gehabt. Doch was würde wohl dieses Mal geschehen, wenn man versuchte, ein so ausgedehntes Phänomen mit Gewalt zu unterdrücken?

Die Streikmethode ist völlig neu: Es gibt keine gewaltsamen Auseinandersetzungen in den Städten, die Fabriken werden unbefristet besetzt, und es werden Komitees gebildet, die mit den Arbeitgebern verhandeln sollen. Der Sekretär des Papstes erinnert sich an die begeisterten Äußerungen des Pontifex in jenen Tagen:

Vielleicht ist der Moment gekommen! In jedem Fall ist das etwas Unglaubliches, was nie zuvor passiert ist. Die Arbeiter haben reagiert, um sich für eine gerechte Sache einzusetzen, gegen die Verletzung des Rechts auf Arbeit. Sie tun das in einer friedfertigen Weise. Indem sie beten! Indem sie ihren Glauben an Gott, an die Gottesmutter bekennen. Sie setzen ihr Vertrauen in den Papst![155]

Mit der Besetzung der Danziger Leninwerft am 14. August nehmen die Arbeiterproteste eine unerwartete Wendung. Der Protest, der als Akt der Solidarität mit einer älteren Arbeiterin, Anna Walentynowicz, und anderen entlassenen Arbeitern – unter ihnen auch Lech Wałęsa – begonnen hatte, endet nicht mit der Wiedereinstellung der betreffenden Personen und der Erfüllung der finanziellen Forderungen. Vielmehr erheben die Arbeiter nun auch politische Ansprüche, die für ein Land jenseits des Eisernen Vorhangs unerhört sind: die Anerkennung des Streikrechts und die Möglichkeit, „unabhängige und selbstverwaltete Gewerkschaften" zu bilden. Die finanziellen Forderungen, mit denen sich die Regierung lieber in jeder einzelnen Fabrik für sich auseinandergesetzt hätte, folgen stattdessen dem Prinzip der „Solidarität". Seit den Streiks in Danzig kämpfen die Arbeiter nicht mehr nur für veränderte Arbeitsbedingungen an ihren eigenen Standorten, sondern verlangen, dass allen Arbeitern in Polen dieselben Errungenschaften und Rechte zugutekommen. Wałęsa selbst erklärt die Bedeutung des Namens Solidarność wie folgt:

> Es ist paradox, dass ausgerechnet Direktor Gniech den Ausdruck „Solidaritätsstreik" zum ersten Mal gebraucht hat. „Solidaritätsstreik" – aus seinem Mund klang das wie ein Vorwurf. Laut vorhe-

---

155 S. Dziwisz (im Gespräch mit Gian Franco Svidercoschi), *Mein Leben mit dem Papst. Johannes Paul II., wie er wirklich war*, Leipzig 2007, S. 127f.

riger Vereinbarung sollten wir nur über die Angelegenheiten der Werftarbeiter diskutieren und verhandeln. Tatsächlich ist die *Solidarität* entstanden, als der Werftstreik zusammengebrochen war, am Wendepunkt, als wir nach dem lokalen Erfolg auf der Werft zu einem Unterstützungsstreik für die anderen Betriebe übergingen, die unsere Hilfe brauchten.[156]

Auf diese Weise gelangt man schließlich im August 1980 zum Danziger Abkommen. Die Regierung schickt sogar ihren Vizeminister, Mieczysław Jagielski, zu den Verhandlungen mit der Schlüsselfigur der damaligen Veränderungen, Lech Wałęsa, der mit der Zeit in Polen und im Ausland so bekannt werden wird, dass er 1983 den Friedensnobelpreis erhält. Nach der Unterzeichnung der Übereinkunft erklärt Wałęsa: „Wir haben alles erreicht, was unter den gegenwärtigen Umständen möglich war. Der Rest wird folgen, denn das Wichtigste haben wir: unsere unabhängigen und selbstverwalteten Gewerkschaften. Das ist unsere Garantie für die Zukunft."[157] Gleichwohl will der Gewerkschaftsführer, wie er selbst 1980 erklärt, zunächst keinen Umsturz des Systems:

Wir befürworten den Sozialismus, aber behandelt uns wie eine Gewerkschaft, die keinerlei politische Ambitionen hat. Ich denke, dass Polen in zehn Jahren immer noch sozialistisch sein wird. Der größte Teil der Polen ist im Sozialismus geboren, und der Sozialismus ist nichts Schlechtes. Gewiss gibt es in der polnischen Gesellschaft Aspekte, die korrigiert, Barrieren, die abgebrochen, Kurswechsel, die vielleicht eingeleitet werden müssen. Aber vor allem darf der Sozialismus nicht in Frage gestellt werden […]. Ich

---

156 L. Wałęsa, *Ein Weg der Hoffnung. Autobiographie*, Wien (et al.), 1987, S. 153.
157 Agnieszka Dębska, *A Carnival Under Sentence: Solidarność 1980–81*, Warschau 2006, S. 90.

weiß genau, dass ich, wenn ich mich äußere, vor allem Kritik übe an dem, was in unserem Land schiefläuft. Aber das ist meine Aufgabe als Gewerkschafter. Wenn ich das polnische Regime kritisiere, kritisiere ich nicht den Sozialismus.[158]

Die erste Konsequenz aus der Übereinkunft ist der Sturz Giereks: Gierek wird durch Kania abgelöst, der in der Partei zuvor für die Sicherheitsdienste und die Beziehungen zur Kirche zuständig gewesen war. Die Partei ist in Dogmatiker und Reformer gespalten. Kania ist jedoch außerstande, eine klare Linie durchzusetzen. In Moskau ist man sehr besorgt über die polnischen Entwicklungen und betrachtet das Augustabkommen als „Legalisierung der antisozialistischen Opposition"[159]. Mazowiecki, ein katholischer Intellektueller und späterer Premierminister des unabhängigen Polen, der Wałęsa in den Verhandlungen mit der Regierung zur Seite steht, reist nach Rom, um dem Papst zu erklären, was vor sich geht. Johannes Paul II. verfolgt die Geschehnisse in seinem Heimatland mit Hoffen, aber auch mit Bangen angesichts einer möglichen gewaltsamen Entwicklung.

Anfang Oktober zählt Solidarność, die erste unabhängige Gewerkschaft der Länder jenseits des Eisernen Vorhangs, schon über sechs Millionen Mitglieder, das entspricht ungefähr einem Viertel der erwerbstätigen Bevölkerung. Die 3.500 vertretenen Unternehmen sind in 39 regionale Sektionen unterteilt. Im November wird der amtliche Registereintrag der unabhängigen Gewerkschaft genehmigt. Johannes Paul II. lobt die „kluge und reife" Vereinbarung zwischen Behörden und Gewerkschaftsvertretern.

---

158 F. Gault, *Lech Wałęsa, reportage su un uomo e un popolo*, Mailand 1981, S. 197.
159 Mark Kramer: *Soviet Deliberations during the Polish Crisis, 1980–1981*, Cold War International History Project, Special Working Paper No. 1, S. 36.

Die erste Messe bei den Arbeitern

Eine wichtige Neuerung der Streiks vom August 1980, die ein bis dahin ungekanntes Einvernehmen zwischen der Arbeiterklasse und der katholischen Kirche signalisiert, besteht darin, dass in den Fabriken, angefangen bei den Schiffswerften in Danzig, Messen gefeiert werden. Eine solche Messe im Stahlwerk von Huta Warszawa wird Jerzy Popiełuszkos Leben von Grund auf verändern.

Anfang Juni 1980 kommt Kaplan Jerzy in die Pfarrei St. Stanisław Kostka in einem Stadtviertel von Warschau. Der betagte Pfarrer, Teofil Bogucki, der in Dachau interniert gewesen war, erinnert sich wie folgt an ihre erste Begegnung:

> Kaplan Popiełuszko kam in die Pfarrei, einfach, schüchtern, beinahe ängstlich. Insgeheim fragte ich mich, was für eine Hilfe er mir sein sollte. Mit den Predigten gab er sich keine Mühe, das Singen vermied er. Trotzdem strahlte er etwas aus, das gewisse Etwas. Irgendwie zog er mich an, wir hatten etwas gemeinsam. Er war anders als die anderen, auch wenn er ehrlich und offen war. Man musste nicht lang warten, bis Hochwürden Jerzy zeigte, was in ihm steckte.[160]

Nachdem er sich in der neuen Gemeinde eingerichtet hat, bricht Popiełuszko zu seiner zweiten USA-Reise auf. Dieses Mal besucht er auch Pennsylvania, West Virginia, North und South Carolina und kommt sogar bis nach Florida, wo er ein paar Tage mit Schwimmen und Sonnenbaden zubringt. Seinen Freunden schickt er begeisterte Ortsbeschreibungen. Gemeinsam mit einem polnischen Priester, seinem langjährigen Freund, besucht er außerdem das Kennedy Space Cen-

---

160 *Positio*, S. 45.

ter und Disneyland. Er versucht Englisch zu lernen, doch der Erfolg ist mäßig. Bei alledem verfolgt er mit großer Besorgnis die Nachrichten aus Polen und tritt schließlich früher als geplant die Heimreise an, weil er fürchtet, dass Polen die Grenzen schließen könnte. Kaum nach Warschau zurückgekehrt, wird er sofort mit den Ereignissen konfrontiert.

Die Pfarrkirche zum heiligen Stanisław Kostka befindet sich nicht in unmittelbarer Nähe der Werke von Huta Warszawa, sondern liegt in einem Arbeiterviertel, das traditionell als PVAP-Bollwerk gilt. Am 31. August, einem Sonntag und Tag der Unterzeichnung des Danziger Abkommens, sucht eine Gruppe von Arbeitern nach einem Priester, der auf dem Firmengelände die Messe feiern soll. Es ist nicht einfach, an einem Sonntag jemanden zu finden, der nicht ohnehin schon die Messe lesen muss. Einige Arbeiter gehen zum Primas und bitten ihn um Hilfe. Am Ende findet sich Kaplan Jerzy Popiełuszko, der an jenem Nachmittag frei hat und nicht ohne Bedenken mit den Arbeitern mitgeht. Doch der Empfang, den man ihm bereitet, ist überaus herzlich. Nach wenigen Minuten macht die Angst der Überraschung Platz. Alles ist vorbereitet: der Altar, das Kreuz, ein improvisierter Beichtstuhl auf dem schmutzigen Asphalt. Kaplan Jerzy hört die Beichte und zelebriert anschließend im Beisein eines weiteren Priesters die Messe – vor tausend Arbeitern, die mit Andacht und Eifer bei der Sache sind: „Sie sangen besser als in der Pfarrkirche", wird er sich später erinnern. „Diesen Tag und diese heilige Messe werde ich bis an mein Lebensende nicht vergessen. Als ich hinging, machte ich mir die allergrößten Sorgen. Die ganze Situation war völlig neu: Was würde ich vorfinden? Wie würde ich empfangen werden? Würde da überhaupt Platz sein, um die Messe zu feiern? Wer würde die Lesungen lesen, wer würde singen? Diese Fragen, die aus heutiger Sicht naiv erscheinen, quälten mich den ganzen Weg über bis zur Fabrik. Am Tor erwartete mich dann die erste große Überraschung: eine doppelte Reihe von Menschen, die gleichzeitig lachten und weinten. Und der Applaus [...]."[161]

Gleich von Anfang an, seit an der Ostsee die ersten Streiks ausgebrochen sind, stellt sich die Kirche auf die Seite der Arbeiter, leistet geistlichen Beistand, mahnt zu Besonnenheit, um Blutvergießen zu verhindern, unterstützt aber auch ihre Forderungen. Einige Bischöfe und vor allem die jüngeren Kleriker nehmen öffentlich eine regierungskritische Haltung ein. Einige gehen so weit, das KOR[162] und andere oppositionelle Bewegungen zu unterstützen. Wyszyński ist wie die Mehrheit des Episkopats vorsichtiger: Man befürchtet eine Eskalation und will die radikaleren Elemente mäßigen. Einige Bischöfe verbieten es ihren Priestern sogar, in den Messen, die sie für die Arbeiter in den Fabriken feiern, zu predigen. Kurz bevor Kania nach Moskau abreist, trifft der Primas mit ihm zusammen und erreicht, dass das Gericht in Warschau das amtliche Anerkennungsverfahren von Solidarność nicht länger blockiert. Doch es ist schwierig, wenn nicht gar unmöglich, ein Gleichgewicht zwischen den Positionen der kommunistischen Führung und denen der Arbeiter herzustellen. In einer Notiz aus jenen Tagen schreibt der Primas, dass die Kommunisten „auf die Kirche zählen, aber die Leute von der Kirche können sich nicht gegen die Forderungen der Arbeiter stellen, denn diese Forderungen sind gerechtfertigt"[163].

---

161 J. Popiełuszko, *Positio*, S. 47 f.
162 *Das Komitet Obrony Robotników*, zu Deutsch: Komitee zur Verteidigung der Arbeiter, (KOR) entsteht am 23. September 1976 zu dem Zweck, die Familien der inhaftierten oder entlassenen Arbeiter zu unterstützen. Es bestand aus rund 30 Mitgliedern aus allen Teilen der Opposition: Angehörigen der sozialistischen Bewegungen, ehemaligen Soldaten des nationalen Heeres, Vertretern der demokratischen Linken und katholischen Exponenten der Kirche und der polnischen christdemokratischen Partei. Vgl. M. Bertorello, *Il movimento di Solidarnosc, op. cit.*, S. 39.
163 P. Raina, *1978. Wybór Papieża Jana Pawła II. Zapiski Prymasa [Die Wahl Papst Johannes Pauls II. Die Notizen des Primas]*, Warschau 2008, S. 32.

Die grundsätzlich besonnene Haltung der Kirche, die alle Parteien, angefangen bei den Streikenden, zur Mäßigung aufruft, wird von der Regierung gerne gesehen, und sie reaktiviert die von ihr und der Kirche gemeinsam gebildete Kommission, die im fernen 1967 zu ihrer bis dato letzten Sitzung zusammengekommen war. Auch die Genehmigungen für den Bau neuer Gotteshäuser werden nicht länger blockiert.

Seit seiner ersten Messe im Stahlwerk von Huta Warszawa engagiert sich Kaplan Jerzy zunehmend in der Arbeiterseelsorge. Er selbst beschreibt die besondere Kraft dieser Messen und der priesterlichen Arbeit unter jenen Menschen wie folgt:

> Hier habe ich das Evangelium gesehen, das den Menschen verändert. Wenn wir Priester uns, in den Kirchen zumeist, mit den Gläubigen treffen, dann kann es sein, dass man das gar nicht zur Kenntnis nimmt. Aber ich war dort, und ich war Zeuge des „Erwachens" jener Menschen. Nie zuvor hatte ich so viele Erwachsene getauft. Weißt du, welche Freude man spürt, wenn man einen Dreißigjährigen tauft, der Gott bislang nicht nahe gewesen ist? Jetzt vergeht keine Woche ohne Taufe. Manchmal fühle ich mich sehr müde. Ich kann mir nicht für jeden Zeit nehmen, vor allem nicht für mich selbst. Und doch will ich nicht aufhören. Es will mir nicht mehr gelingen, mein Priestertum innerhalb der Kirchenmauern zu verschließen, auch wenn mir viele ganz unterschiedliche „Ratgeber" nahelegen, dass ein echter polnischer Priester den Bezirk der Kirchenmauern nicht verlassen sollte. Solange ich kann, werde ich bei den Arbeitern sein.[164]

An diesen Worten wird deutlich, dass auch innerhalb der Kirche erste Kritik an seinem Wirken laut wird – Spannungen, die vor allem während des Ausnahmezustands zunehmen wer-

---

164 J. Popiełuszko, *Positio*, S. 48.

den, als Kaplan Jerzys Engagement für die Arbeiter immer entschlossener und öffentlicher wird. In den Überlegungen des jungen Priesters zu seinem Einsatz unter den Arbeitern heißt es weiter:

> Es ist ja etwas Normales, dass der Mensch Gott „entdeckt", ihn auch außerhalb des Gotteshauses sieht: dort, wo er wohnt, dort, wo er schläft. Die Kirche hat immer auf ein solches Bewusstsein der Gläubigen hingearbeitet. So viele Jahre lang haben wir gelehrt: Bete bei der Arbeit und auch durch die Arbeit, auf dass Christus am Arbeitsplatz bei dir ist. Was hat der Papst gesagt: „Öffnet die Tore für Christus!" Alle Tore der Länder, der politischen und wirtschaftlichen Systeme, aber auch der Büros und der Fabriken. Und so ist es geschehen. Sie sind es gewesen, die Arbeiter selbst, die uns gebeten haben, an ihrem Arbeitsplatz die heilige Messe zu feiern. Anfangs mag das etwas mit einem Gefühl der Gefahr zu tun gehabt haben, damit, dass sie in den schwierigen Momenten der Streiks Beistand gesucht haben. Doch mit der Zeit hat es eine andere Bedeutung bekommen: Christus und die Kirche sollen gemeinsam mit ihnen die Alltäglichkeit der Arbeit, der Anstrengung, des Diensts an den anderen aufbauen.[165]

Mit Bezug auf einen Vers aus dem Matthäusevangelium[166] erinnert Popiełuszko daran, dass „die schwer arbeitenden Menschen [...] besonderes Verständnis für ihre Anstrengung, Mühe und ihren vergossenen Schweiß" benötigen.[167] In seiner Predigt hallt unverkennbar die kirchliche Soziallehre wider. Dieser Text wird in die Hände Johannes Pauls II. gelangen und diesen, wie

---

165 Ders., *„Osiadłem wśród robotników"* [*„Ich habe mich bei den Arbeitern niedergelassen"*], in: G. Bartoszewski, *Zapiski*, op. cit., S. 104.
166 Mt 11,28: „Kommt alle zu mir, die ihr mühselig und beladen seid! Ich will euch erquicken."
167 Predigt für die Heimat vom 24. April 1983, in: J. Popiełuszko, *An das Volk*, op. cit., S. 35–39, hier: S. 35.

sich sein Sekretär Dziwisz erinnert,[168] zu einem positiven Kommentar veranlassen. Der junge Priester zitiert aus der Enzyklika *Quadragesimo anno*[169]: „Die Materie verlässt die Arbeiterwerkstatt veredelt, und der Mensch fühlt sich schlechter, elender, ausgelaugter, ein fünfzigjähriger Invalide." Doch sein wichtigster Bezugstext ist *Laborem exercens*,[170] und sooft er kann, verteilt Kaplan Jerzy Kopien davon unter den Arbeitern. In Polen, so erklärt der Priester in seiner Predigt, werde der Mensch durch die Arbeit nicht veredelt, und dafür gebe es mehrere Gründe: den Ausschluss Gottes, denn „Gott, der Gebet und Arbeit vereinigt, hilft dem Menschen, den Sinn seines Lebens und seiner Mühsal zu sehen"; „das Fehlen der Gerechtigkeit und der Wahrheit"; „das Fehlen der Freiheit"; „das Fehlen der Achtung menschlicher Würde"; „das Fehlen der Liebe". „Und als aus dem Schmerz und der Misshandlung der Arbeiter Solidarność geboren wurde, war dies nichts anderes als der große Schrei der Arbeiter nach Gerechtigkeit und das Bewusstsein, im eigenen Land und für sich selbst zu arbeiten, der große Schrei nach Respekt für die Arbeiter. In der Heimat fand ein Prozess um das Erwachen des Bewusstseins statt. Wir wollen die Verantwortung für die Nation, ihr Schicksal, das gesellschaftliche Zusammenleben und sogar für den Charakter der Regierung, die nicht Gewaltherrschaft, sondern Diener sein sollte, tragen."[171]

---

168 M. Kindziuk, *Popiełuszko*, Cinisello Balsamo (Mi), 2010, S. 239. Nach dem Eindruck seines Sekretärs war Wojtyła aufgefallen, dass Popiełuszko „mit der kirchlichen Soziallehre wohlvertraut" war.

169 Pius XI., Enzyklika *Quadragesimo anno* über die gesellschaftliche Ordnung, ihre Wiederherstellung und ihre Vollendung nach dem Heilsplan der Frohbotschaft, zum 40. Jahrestag des Rundschreibens Leos XIII. *Rerum novarum* (15. Mai 1931).

170 Johannes Paul II., Enzyklika *Laborem exercens* über die menschliche Arbeit zum neunzigsten Jahrestag des Rundschreibens *Rerum novarum* (14. September 1981).

171 Predigt für die Heimat vom 24. April 1983, in: J. Popiełuszko, *An das Volk*, op. cit., S. 35–39, hier S. 38.

Neben der Seelsorge bietet der junge Priester ab Herbst 1980 Abendkurse für die Arbeiter an, in denen er über die christliche Moral im gesellschaftlichen Leben, über die Menschenwürde, über Recht und über Kultur spricht; mit der Zeit zieht er weitere „Dozenten" hinzu. Kaplan Jerzy knüpft ein Netzwerk aus Intellektuellen, Dichtern, Künstlern und anderen Personen, die ihn bei dieser kulturellen Arbeit und Gewissensbildung unterstützen. Einer seiner Kursteilnehmer erinnert sich:

> Er kümmerte sich selbst darum, die Dozenten und die Räume, die Lautsprecheranlagen und die Gelder zu beschaffen, er kümmerte sich um die Einladungen und den Druck der Hefte, um den Kaffee und den Tee, um die Blumen für die Dozenten [...]. Wer an den Kursen teilnahm, bekam Aufgaben, die er erledigen musste, und musste Prüfungen ablegen wie in der Schule.[172]

Oft hält er die Versammlungen in seiner einfachen Wohnung im ersten Stock des Pfarrhauses ab, die er in den letzten Monaten mit einem Hündchen namens Spia teilt, das ihm die Arbeiter geschenkt haben. Nur zwei Zimmer stehen ihm zur Verfügung; das kleinere wird durch ein Regal in zwei Hälften geteilt, das den Arbeits- vom Schlafbereich trennt.[173] Hier bereitet er seine Predigten vor, die er in der Regel vor seiner Haushälterin, einer älteren Dame, und einigen Arbeitern zu Gehör bringt. Er veranstaltet Wallfahrten an die bedeutenden Orte der polnischen Geschichte und Frömmigkeit (an denen Tausende von Arbeitern teilnehmen, was bei der Regierung für Unruhe sorgt) und organisiert eine Kampagne gegen den Alkoholismus, der damals recht verbreitet ist.

---

172 *Positio*, S. 49.
173 V. Maddaloni, *Popiełuszko. La Polonia – i Polacchi*, Turin 1985, S. 32ff.

Ein Elektromechaniker, der dem Priester besonders verbunden war, erinnert sich:

> Wir unternahmen gemeinsam mit Kaplan Jerzy Wallfahrten oder Ausflüge nach Tschenstochau, Danzig, Krakau. Die Reise begann mit einem Gebet, dann nahmen wir uns viel Zeit für das „autobiografische Mikrofon": Jeder Teilnehmer nahm das Mikrofon, stellte sich vor und hatte Gelegenheit, ein bisschen aus seinem Leben zu erzählen. Dank Kaplan Jerzys Anwesenheit und der brüderlichen Atmosphäre, die auf diesen Fahrten herrschte, konnte vollständig auf Alkoholika wie Wodka, Wein oder Bier verzichtet werden, die damals und heute bei solchen Anlässen so häufig konsumiert werden [...]. Ich bin davon überzeugt – und mit dieser Meinung stehe ich nicht allein –, dass Kaplan Jerzys seelsorgerisches Wirken maßgeblich dazu beigetragen hat, den Konsum alkoholischer Getränke unter den Arbeitern, die von der Kirche des heiligen Stanisław Kostka aus seelsorglich betreut wurden, zu unterbinden.[174]

Der Bruch von 1981

Im Mai 1981 wird Polen von einem doppelten Schock erschüttert: dem Attentat auf Johannes Paul II. auf dem Petersplatz und dem Tod des „Primas des Jahrtausends" Kardinal Wyszyński. Bis heute ist nicht geklärt, in wessen Auftrag Ali Ağca, Anhänger der türkischen nationalistischen Organisation „Graue Wölfe", gehandelt hat. Man munkelt von einer „bulgarischen Spur", einer Beteiligung der sowjetischen und ostdeutschen Geheimdienste.

Das polnische Radio und Fernsehen unterbrechen ihr Programm, um über das Attentat zu berichten. Zum ersten Mal betreten Priester die Fernsehstudios, um die Ereignisse zu

---

174 Aussage von Jan Edward Marczak, in: *Summarium*, S. 126.

kommentieren. In allen Kirchen Polens versammeln sich die Gläubigen, um für das Leben des Papstes zu beten. Auch Popiełuszko hält im Stahlwerk von Huta Warszawa eine Messe für Wojtyła. Die Studenten von Krakau organisieren den sogenannten „weißen Marsch": Zehntausende von Menschen, die weißgekleidet durch die Straßen der Stadt ziehen, um ihre Solidarität mit dem Papst zu bekunden. In denselben Stunden trifft die Nachricht ein, dass Kardinal Wyszyński, der die polnische Kirche seit dem fernen 1950 durch die Jahre des Kommunismus hindurchgesteuert hatte, im Sterben liegt.

Die sozialen und politischen Spannungen in Polen nehmen in diesen Monaten spürbar zu. Der „Bromberger Zwischenfall" im März 1981, als die Miliz in den Sitz des von Solidarność besetzten Bezirksparlaments in Bydgoszcz (Bromberg) eindringt und einige Gewerkschafter blutig schlägt, erregt den Volkszorn und veranlasst die Gewerkschaft, einen Generalstreik auszurufen. Millionen von Menschen schließen sich dem Streik an. Die PVAP gerät in immer größere Schwierigkeiten – nicht zuletzt deshalb, weil etliche ihrer Mitglieder zu Solidarność gehören. Die Besorgnis der Sowjets wächst, und sie verstärken den Druck auf die Warschauer Regierung, damit sie mit „radikalen Maßnahmen" interveniert.

Der erste Solidarność-Kongress findet im Sommer desselben Jahres in einem sozial wie politisch zunehmend angespannten Klima statt. Die etwa 900 Delegierten können sich nicht einigen, ob sie das System herausfordern oder Kompromissbereitschaft signalisieren sollen. In einem Klima der Euphorie wird gegen die Überzeugung vieler Gewerkschaftsführer ein „Appell an die Arbeiter Osteuropas" verabschiedet, der wie eine Herausforderung an die sozialistischen Länder klingt. Im Westen macht sich angesichts dieses radikalen Vorgehens Besorgnis breit. Vor allem die westdeutschen Politiker befürchten, dass die Ereignisse in Polen den Entspannungsprozess behindern könnten. Genscher, der auf Staatsbesuch in Warschau ist, lehnt es ab, sich mit den Vertretern der Gewerkschaft zu treffen. Johannes Paul II. nimmt einerseits die Verschärfung der Spannungen wahr, verzichtet andererseits jedoch nicht darauf, Solidarność in ihrem unbewaffneten Kampf zu unterstützen. Beim *Angelus* vom 20. September 1981 mahnt er:

> Die Erfahrungen im vergangenen Jahr haben gezeigt, dass die Polen die schwierigen Fragen auf friedlichem Weg ohne Gewalt und ohne Blutvergießen lösen können. Zu viel polnisches Blut wurde während des letzten Krieges vergossen, als dass man von einem neuen Blutvergießen der Polen sprechen oder daran denken könnte.[175]

Die äußerst angespannte Situation zwingt die Kirche, zwischen Regime und Gewerkschaft zu vermitteln: So sieht es der Papst, und so sieht es auch der neugewählte Primas und Warschauer Erzbischof Józef Glemp, ein 51-jähriger Kirchenrechtler, der bei Wyszyński in die Lehre gegangen ist und über zehn Jahre lang dessen Sekretär war.[176]

Popiełuszko selbst spart Jahre später, als Solidarność bereits illegal ist, nicht mit Kritik an der unabhängigen Gewerkschaft, verweist aber doch auch auf ihre grundlegende Bedeutung:

> Im Namen der Gerechtigkeit muss erkannt werden, was für ein großes Werk Solidarność im Umbruch des Bewusstseins der Polen vollbracht hat, ohne das zu verschweigen, was unreif und spontan, marktschreierisch und erfolgsarm in ihrem Wirken war.[177]

---

175 Zitiert nach: L'Osservatore Romano, Wochenausgabe in deutscher Sprache, 11. Jahrgang, Nr. 39, 25. September 1981, S. 1.
176 Eine sorgfältige und genau dokumentierte Rekonstruktion der damaligen Ereignisse und der Position der Kirche bietet M. Signifredi, *Giovanni Paolo II e la fine del comunismo,* op. cit. Vgl. auch T. Garton Ash, *Im Namen Europas,* München 1993.
177 *Predigt für die Heimat* vom 24. Juni 1984 in: J. Popiełuszko, *An das Volk,* op. cit., S. 82.

Im Herbst 1981 akzeptiert das Zentralkomitee der PVAP Kanias Rücktritt und wählt an seiner Stelle den bisherigen Verteidigungsminister General Jaruzelski. Jaruzelski ist Partei- und Regierungschef und behält außerdem auch das Verteidigungsressort. Am 4. November findet zwischen Jaruzelski, Wałęsa und Glemp ein Gipfeltreffen statt, auf dem versucht wird, angesichts der zunehmend angespannten Lage eine friedliche Lösung zu finden.

Das Kriegsrecht

Dennoch erhitzt sich das politische und gesellschaftliche Klima zusehends, und diese Entwicklung wird durch die überaus schlechte wirtschaftliche Lage noch verschärft. Am 13. Dezember 1981 verhängt Jaruzelski das „Kriegsrecht" und erklärt, er wolle „eine Militärdiktatur wie unter Piłsudski ausrufen", dem populären polnischen Marschall, der Polen zwischen den beiden Kriegen regiert hatte. Dass die PVAP sich auf einen General und auf die Armee beruft, um die Probleme des Landes zu lösen, verdeutlicht, dass die kommunistische Ideologie in einer Krise und außerstande ist, das Land zu lenken. Jaruzelski wird die Entscheidung für den Ausnahmezustand später in seinen Erinnerungen vor dem Urteil der Geschichte als das „kleinere Übel" rechtfertigen, auch wenn die kürzlich erforschten Archive des kommunistischen Ostens zeigen, dass die Sowjets anders als noch in den Jahren zuvor in Budapest oder in Prag nicht die Absicht hatten, zu intervenieren.[178] Vielmehr wendet sich Jaruzelski selbst, der immerhin zunächst aus Überzeugung den Verhandlungsweg beschritten hatte, an die Sowjets um mi-

---

178 W. Jaruzelski, *Mein Leben für Polen. Erinnerungen*, op. cit., S. 277–291. Zu den polnischen Dokumenten vgl. M. Signifredi, *Giovanni Paolo II e la fine del comunismo*, op. cit.

litärische Hilfe, weil ihm die Schwäche seiner eigenen Streitkräfte angesichts eines womöglich drohenden Bürgerkriegs Sorgen bereitet.[179]

Auf die Erklärung des Ausnahmezustands folgt kein Blutbad. Der 1980 mit dem Literaturnobelpreis geehrte polnische Dichter Czesław Miłosz kommentiert die Ereignisse vom 13. Dezember mit einem berühmt gewordenen Satz: „Es ist eine große Verantwortung, die Hoffnung zu töten."[180]

Der gravierendste Zwischenfall ereignet sich in Schlesien, wo die Polizei neun streikende Bergarbeiter tötet. Ein Großteil der führenden Vertreter von Solidarność wird verhaftet. Die erste unabhängige Gewerkschaft in den Ländern des sowjetischen Blocks geht in den Untergrund. Das Heer übernimmt die Kontrolle im Land, entlässt die Parteifunktionäre, die mit der Gewerkschaft sympathisiert hatten, und stellt so in den Fabriken und öffentlichen Behörden die Ordnung wieder her. Primas Glemp, der mitten in der Nacht über die Verhängung des Kriegsrechts informiert wird, rät unverzüglich zu Ruhe und Mäßigung. Der für die Geheimpolizei verantwortliche General Mirosław Milewski informiert die Sowjets, Glemp habe „mit äußerster Ruhe und einem gewissen Grad an Verständnis" reagiert.[181] Die Angst vor einem Bürgerkrieg ist groß. Die sowjetischen Geheimdienste und das polnische Regime erwarten mit Bangen die ersten öffentlichen Äußerungen des Kardinals. Am Sonntag, dem 13. Dezember, erklärt der Erzbischof von Warschau in seiner Predigt vor einer Gruppe von Studenten in Tschenstochau: „Die Mauer mit dem Kopf zum Einsturz

---

179 Vgl. M. Kramer (Hg.), *The Anoshkin Notebook on the Polish Crisis, December 1981*, in: Cold War International History Project Bulletin 11, 1998, S. 19.
180 C. Miłosz, *È una grande responsabilità uccidere la speranza*, in: Nuova Rivista Europea 27 (1982).
181 C. Andrew, V. Mitrokhin, *L'archivio Mitrokhin. Le attività segrete del KGB in Occidente*, Mailand 2007, S. 617.

bringen zu wollen, ist nicht klug, denn der Kopf ist für etwas anderes da. Deshalb ist ein friedliches Nachdenken über die Situation erforderlich, das auf Frieden und darauf abzielen muss, das Leben zu bewahren, damit kein Blut vergossen wird."[182]

Die polnische Bischofskonferenz, die zu einer außerordentlichen Sitzung zusammenkommt, ist tief gespalten. Viele Bischöfe stehen der „allzu moderaten" Linie des Primas kritisch gegenüber. Ein Kommuniqué wird ausgearbeitet, das das Kriegsrecht mit harten Worten verurteilt, Polen als „eine von der Militärmacht terrorisierte Nation" bezeichnet und die Wiederherstellung der Vereinigungsfreiheit fordert. Als jedoch die Regierung, über die Positionen der Bischöfe erbost, dem Primas droht, überarbeitet Glemp den Text, der in allen Pfarreien verlesen werden soll, und schwächt seine Aussagen ab. Dennoch weigern sich nicht wenige Pfarrer, die vom Primas revidierte Fassung zu akzeptieren, und lassen die Originalversion lesen. Johannes Paul II. beeilt sich, Glemp zu unterstützen, der in seiner Heimat nicht denselben Respekt genießt wie sein Vorgänger Wyszyński (Glemp selbst nennt sich „den kleinen Primas"); nach der Überzeugung des Papstes ist es das Wichtigste, dass die Kirche ihrem Gegner geschlossen gegenübertritt und dass es nicht zum Konflikt kommt.[183] Bei der Generalaudienz

---

182 A. Anusz, *Samotnie wśród wiernych. Kościół wobec przemian politycznych w Polsce (1944–1994) [Allein mitten unter den Gläubigen. Die Kirche und die politischen Veränderungen in Polen (1944–1994)]*, Warschau 1994, S. 205.
183 Oscar Romero, der am 24. März 1980 ermordete, am 23. Mai 2015 selig- und am 14. Oktober 2018 heiliggesprochene Erzbischof von San Salvador, erinnert sich an ein Treffen mit Johannes Paul II. 1979 in Rom, bei dem die große Bedeutung zutage trat, die Wojtyła der Einheit der Kirche beimaß. Gleich nach der Audienz notiert Romero: „Er erinnerte mich an seine Situation in Polen, wo er es mit einer nichtkatholischen Regierung zu tun hatte, angesichts deren sich die Kirche trotz aller Schwierigkeiten entwickeln musste. Der Einheit der Bischöfe maß er große Bedeutung bei. Er kam wieder auf seine Seelsorgezeit in Polen zurück und meinte, das Hauptproblem sei dies: die Einheit der Bischöfe zu wahren" (O. A. Romero, *In*

am 16. Dezember zitiert der polnische Papst ausführlich aus Glemps umstrittenen Predigten und wendet sich mit einem eindringlichen Appell an sein Land: „Es ist notwendig, auf den Weg der Erneuerung zurückzukehren, die in der Praxis des Dialogs in Achtung vor den Rechten aller Menschen und aller Bürger aufgebaut wurde. Dieser Weg ist aus gut verständlichen Gründen nicht leicht, aber nicht unmöglich. Die Kraft und Autorität der Macht finden ihren Ausdruck in einem solchen Dialog und nicht in der Gewaltanwendung."[184]

Johannes Paul II. ist zutiefst besorgt über die Situation in seinem Land, aus dem nur mehr spärliche Informationen nach außen dringen. Einige Tage später empfängt er den Sekretär der polnischen Bischofskonferenz Dąbrowski und schickt den Diplomaten Poggi mit einem Schreiben zu Jaruzelski nach Warschau.

Für das Ausland ist die Nachrichtenlage unübersichtlich. Es ist von Massenhinrichtungen der führenden Solidarność-Vertreter und anderen Gewalttaten die Rede, doch diese Meldungen bleiben unbestätigt. Der Ausnahmezustand trifft die Welt unvorbereitet. Reagan reagiert mit Sanktionen gegen Polen und, aufgrund ihrer „unmittelbaren Verantwortung" für die polnischen Ereignisse, auch gegen die UdSSR. Doch die NATO-Verbündeten reagieren verhaltener auf die Verhängung des Kriegsrechts. In vielen europäischen Regierungen überwiegen die Auffassung vom kleineren Übel und die Vorsicht, auch wenn Polens internationale Isolation aufgrund der fortdauernden Repressalien im Inneren mit den Jahren zunimmt.[185]

---

    meiner Bedrängnis. Tagebuch eines Märtyrerbischofs 1978–1980, Freiburg [et al.] 1993, S. 123).
184 Zitiert nach: L'Osservatore Romano, Wochenausgabe in deutscher Sprache, 12. Jahrgang, Nr. 2, 8. Januar 1982, S. 12
185 In Italien führt die Erklärung des Ausnahmezustands zu schweren Zerwürfnissen innerhalb der KPI und zum endgültigen „Bruch" zwischen der

Johannes Paul II. ist entschieden gegen eine internationale Isolation seines Heimatlandes und bringt das Thema gegenüber Präsident Reagan zur Sprache, den er einige Monate später im Vatikan empfängt. Gleichzeitig setzt er sich dafür ein, die Gewerkschaft zu unterstützen, die inzwischen in den Untergrund gegangen ist, und einen Dialog mit dem Regime anzubahnen.

Einen Monat nach der Erklärung des Ausnahmezustands beginnt der Bischof von Rom am Ende der wöchentlichen Generalaudienz mit dem von ihm so genannten „Jasna-Góra-Zyklus". Jeden Mittwoch wendet er sich in polnischer Sprache an die Schutzpatronin Polens, um ihr die Sorgen und Hoffnungen seines Volkes anzuempfehlen. Wojtyła selbst erklärt, welche Bedeutung dieses Gebet in seiner polnischen Heimat hat: Es knüpft an eine alte Tradition seines Landes an, die unter der Zarenherrschaft begonnen hatte – einer Zeit, in der die Kirche stets der Garant der nationalen Identität und Einheit gewesen war. Am Ende der Generalaudienz vom 13. Januar 1982 sagt der Papst:

> An diesen Generalaudienzen haben ja stets auch einige Pilger aus Polen teilgenommen – und so war bei ihnen unsere Muttersprache zu hören. Nun ist es aufgrund des bedauerlichen Ausnahme-

kommunistischen Partei von Enrico Berlinguer und der KPdSU. In einem Fernsehinterview erklärt der Sekretär der KPI zwei Tage nach der Verhängung des Kriegsrechts in Polen: „Was in Polen geschehen ist, lässt darauf schließen, dass die Antriebskraft zur Erneuerung der Gesellschaft oder zumindest einiger der im Osten Europas entstandenen Gesellschaften de facto erschöpft ist. Ich spreche von einer Schubkraft, die sich, angefangen bei der sozialistischen Oktoberrevolution, dem größten Revolutionsereignis unserer Epoche, über lange Strecken manifestiert hat. Heute sind wir an einen Punkt gekommen, da diese Phase sich dem Ende entgegenneigt" (V. Lomellini, *L'appuntamento mancato. La sinistra italiana e il Dissenso nei regimi comunisti (1968–1989)*, Mailand 2010, S. 189–195, hier S. 191. Vgl. auch C. Valentini, Enrico Berlinguer, Mailand 2014, S. 349–353).

zustandes, der bereits einen Monat andauert, meinen Landsleuten praktisch unmöglich, nach Rom zu kommen. Trotzdem sind sie weiterhin hier geistig anwesend. Den Audienzteilnehmern der anderen Nationen fehlt ihre Anwesenheit, und sie betrachten diese fehlende Anwesenheit als Einschränkung und Vergewaltigung der Rechte, die freien Menschen zustehen. Deshalb spreche ich – wie jeden Mittwoch – auch heute in Polnisch. Ich tue das in Form eines Gebets, das an Unsere Liebe Frau von Jasna Góra gerichtet ist. Durch Dich und vor Dir begegnen wir alle einander, auch wenn wir durch Entfernungen, Grenzen, Lager und Gefängnismauern voneinander getrennt sind. Das ist schon mehrmals im Laufe der Geschichte so gewesen.[186]

Von dieser Initiative lässt sich der junge Kaplan Jerzy Popiełuszko inspirieren, der ab April desselben Jahres immer am letzten Sonntag des Monats in seiner Pfarrkirche eine „Messe für die Heimat" feiert. Die Entscheidung für den letzten Sonntag soll an das historische Abkommen zwischen Solidarność und der Regierung erinnern, das am letzten Augustsonntag des Jahres 1980 unterzeichnet worden war. Diese Messe, in der für das Wohlergehen der politischen Häftlinge und ihrer Familien, für den Frieden und für die Freiheit Polens gebetet wird, wird sich zu einem bedeutenden Brennpunkt des „spirituellen Widerstands" gegen das Regime entwickeln. Kaplan Jerzy selbst beschreibt den Geist dieser „Messen für die Heimat" am Anfang seines Tagebuchs, das er seit November 1982 führt:

> Elf Monate quält sich die Nation nun schon unter der Diktatur der Militärmacht: Ehre sei jenen, die für die Heimat leiden, die in der Kelter der Polizeimethoden nicht zerbrechen. Ich kann mir gar

---

186 Zitiert nach: OR, Wochenausg. in dt. Sprache, 12. Jahrgang, Nr. 4, 22. Januar 1982, S. 1.

nicht recht erklären, weshalb ich den Stift in die Hand nehme, um meine Gedanken zu Papier zu bringen. Die letzten Tage waren für mich mit Neuem angefüllt: Also wäre es ein Jammer, sie in Vergessenheit geraten zu lassen [...]. Unsere Behörden – natürlich nicht die kirchlichen – können mir diese Messen für die Heimat nicht verzeihen, die ich immer am letzten Sonntag feiere. Sie sagen, im Sinne des Kriegsrechts sei dies eine größere Menschenansammlung.

Am 1. November war ich in der Kathedrale. Ich hatte Gelegenheit, die Atmosphäre in der Messe dort und bei uns zu vergleichen. Dort könnte man vielleicht auch von einer Versammlung sprechen, einer völlig ungefährlichen. Es gab Rufe, Beifall, Glückwünsche. Bei uns sind die Gebete und die patriotischen Gefühle immer vollkommen andächtig. Die Menschen kommen gesammelt und mit Würde aus der Messe.[187]

In einem nie veröffentlichten Interview beschreibt Popiełuszko jene bewegten Tage, als viele seiner Freunde unter den Arbeitern und Gewerkschaftlern verhaftet werden: „Mir wurde bewusst, dass sie mich gerade da besonders brauchen, dass sie in jenen schwierigen Zeiten und in den Gefängniszellen meine Gebete erwarteten und nach mir Ausschau hielten, wenn sie vor Gericht gestellt wurden." Im selben Interview sagt er mit Blick auf die Rolle des Priesters in dieser historischen Phase: „Die Arbeit des Priesters ist gewissermaßen die Fortsetzung der Aufgaben, die Jesus auf sich genommen hat. Ein Priester wird aus dem Volk erwählt und für das Volk geweiht, um ihm zu dienen. Es ist also die Pflicht eines jeden Priesters, im Glück wie im Unglück immer bei seinem Volk zu bleiben."[188]

---

[187] Aus dem Tagebuch von Jerzy Popiełuszko, dem sogenannten „Blauen Heft", Eintrag vom 3. November 1982, zitiert nach: *Summarium*, S. 455.
[188] G. Sikorska, *Prawda warta życia. Ks. Jerzy Popiełuszko [Die Wahrheit verdient es, gelebt zu werden. Don Jerzy Popiełuszko]*, London 1985, S. 30.

Von jenem Tag an beginnt vonseiten der Kirche eine intensive Tätigkeit der Solidarität mit den politischen Häftlingen und ihren Familien. Im Februar 1982 wird das nach einer Straße in der Nähe des Warschauer Königsschlosses benannte „Piwna-Komitee" zu einem Bezugs- und Brennpunkt der Solidarität, die die Kirche mit den etwa 200.000 politischen Häftlingen und Menschen, die ihre Arbeit verloren haben, übt. Die meisten dieser Arbeitslosen sind entlassen worden, weil sie sich geweigert haben, die sogenannte „Loyalitätserklärung" zu unterschreiben. Kaplan Jerzy steht an vorderster Front: Er ist bei den Verhandlungen anwesend; er beschafft auch mithilfe einiger Fonds, die ihm von Solidarność zur Verfügung gestellt werden, die nötigen Gelder, um die Anwaltskosten zu bezahlen; er besucht die Familien der politischen Häftlinge und leistet ihnen Beistand; und er organisiert ein umfangreiches Netzwerk der Solidarität, wobei er sich auf die Hilfslieferungen aus dem Westen stützt, die die polnische Kirche seit kurzem erreichen und die in den Pfarreien verteilt werden.

Franciszek Kardinal Macharski, Wojtyłas Nachfolger in Krakau, prangert die Einschüchterungsversuche an:

> Ich erhalte Briefe, in denen man mich auffordert, Solidarność nicht zu unterstützen und keine Politik zu machen. Aber ist das wirklich Politik? Ich denke an Kardinal Sapieha, an Primas Wyszyński, an unseren Kardinal, der heute Papst ist. Auch von ihnen hieß es, dass sie Politik gemacht hätten ... und dabei war es reiner Dienst an Gott und an der Heimat! [...] Kürzlich hat mir jemand geschrieben: Denk daran, was mit deinem Vorgänger Stanislaus von Szczepanów und mit Erzbischof Romero aus El Salvador passiert ist! Ich denke daran, ich denke voller Respekt daran.[189]

---

[189] CSEO documentazione 168 (Januar 1982), S. 62ff. Zu Romero vgl. R. Morozzo della Rocca, *Oscar Romero. La biografia*, Cinisello Balsamo (Mi) 2015.

Es sind dieselben Vorwürfe, die auch Popiełuszko bis zu seinem Tod nicht nur vom Regime, sondern auch von einigen Kirchenmännern gemacht werden.

Am 25. April 1982 hält Kaplan Jerzy seine erste Predigt in einer „Messe für die Heimat" in der Pfarrkirche St. Stanisław Kostka in Warschau. Pfarrer Bogucki hatte diese Initiative einige Monate zuvor ins Leben gerufen und das Predigen sodann, seit jenem dritten Sonntag der Osterzeit, dem jungen Kaplan überlassen:

> Allmächtiger Herr, Herr unserer Väter! Wir erscheinen vor Deinem Altar und beten für die Freiheit unserer Heimat. Wir erscheinen im fünften Monat des Kriegszustands, am 134. Tage des nationalen Schmerzes. Wir neigen demütig unsere Häupter und bitten um die Kraft des Ausharrens und um Klugheit im Aufbau der Einigkeit, bitten um Deinen Segen.[190]

Dann erinnert Kaplan Jerzy an den ersten Jahrestag der Segnung der Solidarność-Fahne und fährt fort:

> Und Du, o Herr, hast Deinen Segen für Solidarność gegeben. So wie der verstorbene Primas, Kardinal Wyszyński, am 2. April vergangenen Jahres sagte: „Solidarność hat in wenigen Monaten so viel getan, was keiner bestgefürchteten politischen Macht gelingen könnte." Solidarność hat es möglich gemacht, das Böse mit seinem Funktionsmechanismus zu durchschauen, und sie hat die junge Generation mit verschiedenen, bis jetzt verschwiegenen historischen Wahrheiten aus der Geschichte unserer Heimat vertraut gemacht [...]. Bis heute, o Herr, bleiben viele Familien in unserer Heimat verwaist, bis heute warten die Kinder auf die Rückkehr der ihrer Freiheit beraubten Eltern, bis heute warten Eltern auf

---

190 J. Popiełuszko, *An das Volk*, op. cit., S. 7.

die Rückkehr der Kinder, Männer auf die Rückkehr der Frauen und Frauen auf die Rückkehr der Männer. Für diese bitten wir besonders, damit ihre Qual ein Ende findet. Erhöre, o Herr, das Gebet Deines Volkes! [...]. Wir bitten dich, o Herr, für die, die nicht begreifen, was sie tun, indem sie den eigenen Landsleuten Qual, Angst und Unruhe bereiten. Erhöre, o Herr, das Gebet Deines Volkes![191]

Bereits am 13. Dezember 1982 tauchen während der Sonntagsmesse zwei Geheimdienstagenten in Popiełuszkos Pfarrkirche auf, die ihn suchen, aber nicht finden. Das Regime, das sich keinen offenen Konflikt mit der Kirche leisten kann, vervielfacht seine Bemühungen, die katholischen Kreise zu infiltrieren. Die Archive des polnischen Geheimdiensts belegen, dass die Zahl der von Abteilung IV des Innenministeriums in Dienst genommenen Informanten zwischen 1981 und 1983 um 50% gestiegen ist: Der Abteilung IV, die für die Kontrolle der Kirche zuständig ist, werden auch die drei Mörder Popiełuszkos angehören.

---

191 Ebd., S. 8.

VI. Kapitel:
Die Messen für die Heimat

Man kann die Hoffnung nicht töten

In seinem Tagebuch gibt Popiełuszko eine eindrucksvolle Schilderung seines Lebens und der Schwierigkeiten, mit denen er in den 23 Monaten vor seinem Tod zu kämpfen hat. Die Arbeit erlaubt ihm keine regelmäßigen Einträge oder detaillierten Beschreibungen seiner Tagesabläufe. Der junge Priester ist so mit der seelsorgerischen Betreuung des medizinischen Personals der Diözese Warschau, mit den Aktivitäten in der Gemeinde, den Messen für die Heimat, den Predigten, die er im ganzen Land hält, und mit der Unterstützung der Arbeiter beschäftigt, dass er kaum Zeit zum Schreiben findet. Sein Tagebuch ist mithin keine Chronik, sondern ein kostbares Dokument, das von den Hoffnungen, den Ängsten und den Gedanken jener Monate Zeugnis ablegt.

Die politische und soziale Situation in Polen ist während des Kriegszustands und insbesondere 1982 sehr angespannt. Viele Kirchen vor allem in Europa helfen der polnischen Bevölkerung in diesen Monaten und Jahren. Schon seit dem Frühling wird die Lage immer schlechter. Im Mai, der traditionell der Mutter des Herrn gewidmet ist, liest Popiełuszko in seiner zweiten „Predigt für die Heimat" die „Litanei von Solidarność": ein langes Gebet zur „Mutter derer, die bei Solidarność ihre Hoffnung haben", „Mutter der Betrogenen […] Mutter der Verratenen […] Mutter der Gefangenen […] Mutter der erschossenen Bergarbeiter […] Mutter derer, die gezwungen werden zu unterschreiben, was nicht mit dem Gewissen zu vereinbaren war [...] Mutter Deines gefangenen Dieners Lech [...] Königin des kämpfenden Polens [...] Königin des unabhängigen Polens [...]."[192] Seine Worte, aus denen die Schwere der Zeiten spricht, erinnern an das, was Johannes Paul II. am 3. Mai desselben Jahres in der Lourdesgrotte im Vatikan gesagt hat:

> Uns ist bewusst, dass auch die mit dem Wort „Solidarność" verbundenen Ereignisse der 80er Jahre für das Leben der Nation und für ihr Identitätsstreben sowie für ihren Willen, die Zukunft zu gestalten, von großer Tragweite sind. Obwohl sie die Last der historischen Erfahrung tragen mussten, geben wir die Überzeugung nicht auf, dass diese Inhalte und auch diese Ereignisse – wie einst die Verfassung vom 3. Mai – das Leben der Nation formen werden. Weil sie aus ihrer Seele hervorgehen, ihrer Seele entsprechen: Und die Nation muss, wenn sie denn leben soll, von ihrer eigenen Seele leben!

An ebendiesem 3. Mai, dem Fest Marias, der Königin von Polen, wird eine Demonstration in den Straßen Warschaus gewaltsam aufgelöst. Dasselbe geschieht in Danzig. Kaplan Jerzy schreibt in sein Tagebuch: „Der Hass derer, die nicht wissen, was sie tun (vgl. Lk 23,34), die die Ungerechtigkeit und den moralischen Untergang unserer Heimat verursachen, hat sich nun mit aller Deutlichkeit gezeigt."

Im Sommer 1982 spitzt sich die Lage zu: Ständig rufen die Gewerkschaftsführer aus dem Untergrund zu Demonstrationen und Boykotten auf, die dann prompt von der Polizei niedergeschlagen werden. Im August, genau zwei Jahre nach dem Danziger Abkommen, fordern Zusammenstöße in über 60 Städten mehrere Tote und hunderte Verletzte. In der Predigt vom August 1982, am zweiten Jahrestag des Danziger Abkom-

---

192 Zitiert aus: *An das Volk*, S. 9f.

mens, erhebt der junge Kaplan Vorwürfe gegen das Regime: „Herrschaft heißt Dienst. Herrschen bedeutet dienen", erklärt Popiełuszko. Dann fährt der junge Priester mit einem Zitat aus der Botschaft Johannes Pauls II. zum Weltfriedenstag fort, der am 1. Januar begangen wird:

> Die primäre Liebe des Herrschers, das ist die Liebe für die, über welche er herrscht. Wenn es so wäre, dass diese große christliche Wahrheit endlich ins Leben käme, die Herrschaft sittlich wäre, die Grundsätze der Verwaltung sich nach der christlichen Ethik orientieren würden, wie anders würden dann das Leben und Zusammenleben, die Arbeit und die Zusammenarbeit aussehen. In der Zwischenzeit wurden wir Zeugen einer Tyrannenherrschaft, in der man dem Bürger polizeilich-staatsanwaltlich gegenübertritt.[193]

Anschließend zitiert er den „Primas des Jahrtausends": „Der Bürger wird zum größten Feind der Staatsmacht. Warum geschieht das so? Weil der Bürger seiner Rechte beraubt und in seinem Pflichtbewusstsein entmutigt wurde. Die Staatsgewalt darf nicht zum Tyrannen und der Staat nicht zum organisierten Gefängnis werden."

Der junge Priester scheint den Geist der Worte in die Tat umzusetzen, die der Jahrtausendprimas im November 1977 gesprochen hatte, als er die Kirche dazu aufrief, entschlossen die Initiative zu ergreifen. „Fortiter aggredi" lautete das Motto von Kardinal Wyszyński:

> Bei unserer Arbeit halten wir uns nicht nur an den Grundsatz „fortiter sustinere": Das wäre ein bisschen zu wenig. Man muss mehr tun: „fortiter aggredi". Deshalb beschränken wir uns nicht darauf,

---

[193] Predigt für die Heimat vom 29. August 1982, in: J. Popiełuszko, *An das Volk,* op. cit., S. 13–15, hier S. 14

zu leiden. Wir sind nicht nur eine leidende Kirche, wir sind keine schweigende Kirche, auch wenn wir leiden und zuweilen schweigen. Wir sind, um es einmal so zu sagen, keine „Cyrenäer-Kirche". Das Wesen unserer Arbeit soll im „fortiter aggredi" bestehen: darin, dass wir die Arbeit in den Dimensionen von ganz Polen planen […].[194]

Bewegt erinnert sich Kaplan Jerzy an die Messe, die er zwei Jahre zuvor – genau an dem Tag, als das Abkommen zwischen Solidarność und der Regierung unterzeichnet wurde – mit den Arbeitern gefeiert hat: „Gott wurde in den Kampf um die Wiederherstellung der Würde des arbeitenden Menschen eingeschaltet. Wir wussten doch alle, dass man im Kampf für den Sieg einer gerechten Sache nur mit Gott an der Seite gewinnen kann." Anschließend wendet sich seine Predigt der Situation zu, die das Land in jenen Tagen erlebt:

Was kann man heute noch sagen, da in der Dezembernacht des vergangenen Jahres auf brutale und schmerzliche Art und Weise die Vereinbarungen von Danzig und Schlesien zerstört wurden? Man hat uns einen Schlag versetzt, eine immer noch blutende Wunde geschlagen. Es ist aber keine tödliche Wunde, weil man nicht töten kann, was unsterblich ist.

Weiter erklärt der Kaplan mit Nachdruck: „Man kann die Hoffnung nicht töten. Solidarność war und bleibt die Hoffnung von Millionen Polen, eine umso stärkere Hoffnung, je mehr sie mit Gott durch das Gebet verbunden bleibt."

Dann zeigt er den Gläubigen die Möglichkeit eines spirituellen Widerstands gegen die Repressionen des Regimes auf und sagt über Solidarność:

---

194 D. Morawski, *La Polonia è cristiana. Documenti e testimonianze di una comunità viva*, Rom 1979, S. 152.

Solidarność ist wie ein großer Baum, der im Volk wächst, und obwohl ihm die Wurzel abgeschnitten wurde, lässt er immer neue wachsen. Und obwohl dieser Baum durch die Stürme geschüttelt wurde, obwohl ihm die glorreiche Krone abgerissen wurde, hält er sich noch am heimatlichen Boden fest und schöpft aus unseren Herzen und unserem Gebet die Lebenskraft, die ihn weiterbestehen und gute Früchte bringen lässt.

Am Ende dieser seiner Augustpredigt stehen mehrere Forderungen: dass Lech Wałęsa und alle Internierten freigelassen werden, dass die Gewerkschaften ihre Aktivitäten wiederaufnehmen können, dass eine Amnestie vorbereitet und dass ein Termin für den Besuch des Heiligen Vaters festgelegt wird.

Die polnischen Behörden schäumen vor Wut. Einen Tag nach der Predigt schickt der Minister für religiöse Angelegenheiten, Adam Łopatka, ein Protestschreiben an Erzbischof Dąbrowski:

[…] Priester Popiełuszko hat der am 29. August um 19 Uhr abgehaltenen Messe eindeutig einen politischen Charakter verliehen. Seine Predigt und die vorbereitete Szenerie haben offensichtlich als Inspiration der Gläubigen zum Demonstrationsverhalten gedient. […]. Die Einstellung und das Klima, welche von Priester Popiełuszko geschaffen wurden, haben dazu geführt, dass die religiöse Versammlung zu einer politischen Manifestation umfunktioniert wurde, die eine Gefährdung der Ordnung und Sicherheit unserer Hauptstadt darstellt.[195] […]. Die mangelnde Disziplin seitens der Kleriker untergräbt die Glaubwürdigkeit der Erklärungen der Kirchenvertreter. Die geschilderten und ähnliche Verhaltensweisen anderer Priester tragen zu einer wachsenden Unruhe in der

---

195 Zitiert nach: Berenika Szymanski, *Theatraler Protest und der Weg Polens zu 1989*, Bielefeld 2012, S. 187f.

Gesellschaft bei, schüren die Euphorie der aufständischen Gruppen und können die Kirche auf ebendiese Weise für die Störung der Ordnung und der öffentlichen Sicherheit mitverantwortlich machen, die unter Umständen daraus erwächst.[196]

Wenige Wochen später erklärt die Regierung das Abkommen, das die Gründung einer unabhängigen Gewerkschaft ermöglicht hatte, für hinfällig und ordnet die Abschaffung sämtlicher Gewerkschaften an. Die Spannungen zwischen Regime und Kirche werden zudem noch dadurch verschärft, dass Jaruzelski sich weigert, die zweite Polenreise Johannes Pauls II. anlässlich des 600-jährigen Bestehens der Wallfahrtsstätte Tschenstochau im August 1982 zu genehmigen. Die Reise wird schließlich nach zermürbenden Verhandlungen auf den Juni des Folgejahres verschoben werden.

Popiełuszko nimmt in seiner Predigt vom 26. September 1982, zwei Jahre vor seinem Tod, kein Blatt vor den Mund, als er das Vorgehen des Regimes charakterisiert:

[...] Die Darsteller der Tragödie und des Prozesses Christi leben weiter. Es haben sich nur die Namen und Gesichter geändert, die Geburtsorte und die Geburtsdaten. Die Methoden haben sich geändert, aber der Prozess dauert an. Diejenigen nehmen an ihm teil, die ihren Brüdern Schmerz und Leid zufügen, diejenigen, die das bekämpfen, wofür Christus am Kreuz starb. Diejenigen nehmen an ihm teil, die auf Lügen, Halbwahrheiten und Falschheit bauen, die die menschliche Würde der Kinder Gottes demütigen [...].[197]

---

196 Brief des Ministers für religiöse Angelegenheiten Adam Łopatka an Erzbischof Bronisław Dąbrowski, Sekretär der polnischen Bischofskonferenz, Warschau, den 30. August 1982, in: *Positio*, S. 93f. Deutsche Fassung in Teilen zitiert nach: Berenika Szymanski, *Theatraler Protest und der Weg Polens zu 1989*, Bielefeld 2012, S. 187 f.
197 J. Popiełuszko, *An das Volk*, S. 16

Aus Protest reisen die polnischen Bischöfe in Absprache mit dem Papst nicht zur Heiligsprechung von Maximilian Kolbe am 10. Oktober 1982 nach Rom. Die vatikanischen Behörden bereiten der polnischen Regierungsdelegation bei ihrer Ankunft in Sankt Peter einen unterkühlten Empfang. Ein Funktionär der polnischen Botschaft in Rom beschreibt die Begegnung des Papstes mit den Vertretern der Warschauer Regierung am Rande der Feierlichkeiten für den franziskanischen Märtyrer wie folgt:

> Sichtbar erschüttert hat er [der Papst] ohne Umschweife gesagt, dass die polnischen Behörden ihm mit der Aussetzung der Aktivitäten der Gewerkschaften einschließlich der Gewerkschaft Solidarność kurz vor der Heiligsprechung einen großen Schmerz zugefügt hätten. Der Leiter der Delegation, Jerzy Ozdowski, versuchte das Wort zu ergreifen, weil er den Papst einladen wollte, seine Pilgerreise nach Polen zu unternehmen, doch Johannes Paul II. unterbrach ihn und sagte, eine Einladung vonseiten der Behörden sei nicht notwendig, da er sich schon seit geraumer Zeit von der gesamten Nation eingeladen fühle.[198]

Primas Glemp hatte dem Papst die polnischen Verhältnisse bei einer Begegnung einige Wochen zuvor in dramatischen Worten geschildert: „Vielleicht war die Situation in Polen noch zu keinem Zeitpunkt der Geschichte je so kompliziert wie gerade jetzt. Man muss den ganzen Block sehen. Es ist schwierig, unsere begrenzte Souveränität nach westlichen Kategorien zu beurteilen. Das Risiko, diese begrenzte Souveränität zu verlieren, ist real."[199]

---

198 M. Signifredi, *Giovanni Paolo II e la fine del comunismo*, op. cit., S. 277.
199 Ebd., S. 269

In seiner Predigt vom 31. Oktober 1982 betrachtet Kaplan Popiełuszko die politischen Ereignisse in seinem Land im Licht der Heiligsprechung von Pater Kolbe und erklärt:

> Wir stehen heute am Altar vor deinem Bildnis, heiliger Maximilian, du Schutzheiliger des gequälten Polens. Wir stehen hier vor Gottes Thron, um zu beten, um die Hilfe deiner Vermittlung zu Gott, um in unserem Namen und im Namen derjenigen, die in Gefängnissen und Lagern leiden, leiden für den Kampf um die Gerechtigkeit in der Heimat, einen Dialog zu führen. Alle erhabenen Erlebnisse der vergangenen Jahre, die mit der Wahl eines Polen für das Amt des Papstes und mit dem ersten Besuch des Papstes in seiner Heimat verbunden sind, Erlebnisse, die mit der Geburt von Solidarność zusammenhängen, alles das sollte uns vorbereiten und stärken für das tapfere Ertragen der Leiden und der Erniedrigung, die wir zur Zeit erleben. Deine Zugehörigkeit zum Kreis der Heiligen, Vater Maximilian, weist darauf hin und bestätigt unsere Gewissheit, dass die Macht des Bösen, der Verachtung und des Hasses gegen den Menschen besiegt werden muss. Du, heiliger Maximilian, bist ein Symbol des Sieges eines gezwungenen Menschen, der in seiner Seele frei bleibt.[200]

Unter nicht geringen Schwierigkeiten arbeitet die polnische Kirche weiter darauf hin, die Gemüter zu beruhigen und die Freilassung der politischen Häftlinge sowie die Achtung der Menschenrechte zu erwirken. Um dies zu erreichen – so die Überzeugung des Primas und der großen Mehrheit der Bischöfe –, muss man die Wogen der Auseinandersetzung glätten. Besonderes Geschick beweist hierbei der Sekretär der polnischen Bischofskonferenz Erzbischof Bronisław Dąbrowski, der auch mit Blick auf eine mögliche Freilassung der politi-

---

[200] J. Popiełuszko, *An das Volk*, S. 18.

schen Gefangenen sehr darauf bedacht ist, die Spannungen zwischen dem Regime und der polnischen Kirche nicht noch zu verschärfen. Seit dem Gewerkschaftsverbot befindet sich die Kirche in der heiklen Situation, der einzige Ansprechpartner des Regimes und gleichzeitig der einzige Garant der Rechte zu sein.

Unter Berufung auf die Notwendigkeit eines nationalen Einvernehmens versucht das Regime ein weiteres Mal, die Kirche zu „zähmen", und lädt sie ein, sich der „Patriotischen Bewegung der nationalen Wiedergeburt" (PRON) anzuschließen. Diese Einladung wird – in einem Land, in dem die Zahl der Katholiken, die mit dem Regime zusammenarbeiten, gegenüber anderen Ländern des sowjetischen Einflussgebiets vergleichsweise niedrig ist – von Primas Glemp ausgeschlagen.

Ein Brief, den Jaruzelski Ende Juni 1982 an den Erzbischof von Warschau schreibt, belegt die erheblichen Spannungen zwischen Kirche und Regierung, die diese Monate prägen:

> Zuweilen verstecken sich die Demonstranten in den Wallfahrtskirchen, um sodann auf die Straße zu strömen und den Ordnungskräften mit Aggression zu begegnen [...]. In vielen Kirchen hören die Gläubigen im Rahmen der Predigten von Priestern und sogar von Bischöfen Worte, die nichts mit Religion zu tun haben und feindselige Gefühle gegen die Behörden wecken.[201]

Die sowjetische Presse geht noch weiter. In einem Artikel der „Literaturnaja Gaseta" heißt es:

> In den [polnischen] Kirchen sprechen die Pfarrer ekstatische Gebete für die inhaftierten Staatsverbrecher. Die Gläubigen werden von den Kirchen aufgehetzt und verwandeln sich in politische Ran-

---

201 Vgl. M. Signifredi, *Giovanni Paolo II e la fine del comunismo*, op. cit., S. 266.

dalierer. Zuweilen nehmen sogar die Priester an antisozialistischen Kundgebungen teil, die in echtem Vandalismus gipfeln [...]. Wenn die Delinquenten, die zuvor in den Kathedralen aufgestachelt worden sind, verhaftet werden und die von ihnen verursachten Schäden ersetzen müssen, dann stellt die Kirche das Geld dafür bereit. Die katholische Kirche garantiert den faschistischen Randalierern das Recht auf Straflosigkeit und führt die Konterrevolution auf eigene Rechnung durch: was für eine großartige seelsorgerische Mission![202]

Die in den Untergrund getriebene Solidarność inspiriert ein riesiges Netz aus politischen und kulturellen Initiativen, die – wie die „Volksuniversität", eine Initiative des Priesters Kazimierz Jancarz, um „die Leute zu erinnern" – oft in den Pfarreien angesiedelt sind. In einem 1985 verfassten Bericht des italienischen Außenministeriums, der die politischen Phasen der polnischen Entwicklung seit der Verhängung des Kriegsrechts 1981 nachzeichnet, heißt es:

Auch wenn sie offiziell als organisierte gewerkschaftliche Struktur (mit bis zu zehn Millionen Mitgliedern) nicht mehr existiert, spielt Solidarność weiterhin eine Rolle, die in zweifacher Hinsicht wesentlich ist: a) insofern sie die Erinnerung (und in gewissem Sinne den Mythos) einer Erfahrung darstellt, die abrupt beendet worden und als solche zwar nicht unwiederholbar, aber somit ein Symbol für die Möglichkeit einer Alternative zum bestehenden System geworden ist; b) insofern sie als halb-illegale Struktur überdauert, die Einzelne durch ihr persönliches Engagement auf eigene Gefahr und eigenes Risiko am Leben erhalten und die aus zwei Ebenen besteht: einem nationalen Koordinationszentrum (TKK,

---

202 „Literaturnaja Gazeta", 20. Oktober 1982. Die italienische Übersetzung des Artikels findet sich bei G. Rulli, *L'URSS. Un impero in frantumi*, Bari 1991, S. 150, Anm. 2.

am 22. April 1982 aus Vorgängerorganisationen gegründet); und einem Komplex aus großenteils auf Fabrikebene organisierten lokalen „Zellen". Diese Struktur lässt sich natürlich nicht exakt beziffern, doch sie ist ohne Zweifel aktiv und genießt seitens der Bevölkerung eine nicht unerhebliche Unterstützung. Innenminister Kiszczak hat am 14. Mai 1985 die Existenz von 300 „subversiven Zellen" eingeräumt, die von „1500 Feinden des Sozialismus" betrieben würden. Insgesamt erhält Solidarność außerdem einen bemerkenswerten, wenngleich illegalen Strom an inoffiziellen Publikationen aufrecht (seit Dezember 1981 sollen 3000 erschienen sein), die ein beständiges intellektuelles Engagement und einen nach wie vor lebendigen kritischen Geist bezeugen.[203]

Die Messen für die Heimat

Kaplan Jerzys „Predigten für die Heimat", die von einer alten Tradition aus dem zaristisch besetzten Polen und von einer noch ganz jungen Tradition, nämlich dem „Jasna-Góra-Zyklus", inspiriert sind, den Johannes Paul II. im Rahmen der Mittwochsaudienzen auf dem Petersplatz ins Leben gerufen hat, werden außerdem durch Vorträge und kulturelle Veranstaltungen ergänzt. Einmal hält Mazowiecki einen Vortrag. Einige Sonntage später, gleich nach der Messe, spricht Anna Walentynowicz, die Arbeiterin, die 1980 die Streiks in Danzig ausgelöst hatte, von 1981 bis 1983 im Gefängnis war und die später, im Alter von 80 Jahren, beim Absturz des polnischen Präsidentenflugzeugs 2010 in Smolensk ums Leben kommen wird. Kaplan Jerzy trifft sich zuweilen im Pfarrhaus mit Intel-

---

[203] Historisches Archiv des Luigi-Sturzo-Instituts (*Archivio storico istituto Luigi Sturzo*, nachf. AsiLS), Archiv Giulio Andreotti (nachf. AGA), Fondo Europa, b.573.

lektuellen, die Wałęsas Gewerkschaft nahestehen: Onyszkiewicz, Geremek, Mazowiecki selbst und Kulerski. Weitere Treffen finden während seiner Reisen nach Danzig und an andere Orte statt. Seine Predigten werden zu Tausenden gedruckt und im ganzen Land, insbesondere im Süden, verteilt.

In einer Predigt spricht der junge Priester, ausgehend von einer Aussage Johannes Pauls II. bei seiner ersten Polenreise, über die Bedeutung der Kultur für sein Land. Kaplan Jerzy selbst ist zwar kein Akademiker, aber er ist ein gebildeter Mann mit einem Sinn für die Geschichte, weil man „keine Geschichte ohne die vergangene Geschichte schaffen" kann:

> Die polnische Kultur bedeutet ein Gut, auf das sich der seelische Reichtum der Polen stützt. Sie bestimmt die Geschichte des Vaterlandes stärker als die materielle Macht und die politischen Grenzen. Dank dieser Kultur ist sich das Volk treu geblieben, obwohl es seine Unabhängigkeit über viele Jahre verloren hatte. Es bewahrte immer seine geistige Unabhängigkeit. Von Anfang an trägt die polnische Kultur deutliche christliche Merkmale. [...] Dank des Christentums sind wir mit der westlichen Kultur verbunden, und deswegen konnten wir uns im Laufe der Geschichte gegen alle anderen Kulturen der barbarischen Völker wehren. [...] In der Nachkriegszeit wurde entschieden, dass Gott und das Evangelium aus dem Leben der Nation ausgeschlossen werden und die junge Generation ohne Gott erzogen werden sollte. Man hat vergessen, dass Gott nicht verpflichtet ist, irgendwelche Gesetze zu beachten. Heute wollen wir mutig für das Volk das Recht auf Gott, die Liebe, Gewissensfreiheit, Kultur und das nationale Erbe fordern. Man kann keine Geschichte ohne die vergangene Geschichte schaffen. Der christliche Weg unseres Volkes darf nicht vergessen werden.[204]

---

204 *Predigt für die Heimat* vom 25. September 1983, in: J. Popiełuszko, *An das Volk*, op. cit., S. 51.

Popiełuszko bereitet seine Predigten für die Heimat sorgfältig vor. Wenn er es einrichten kann, zieht er sich einige Tage vorher zum Nachdenken und Schreiben aufs Land zurück, im Gepäck ein Buch mit Predigten von Kardinal Wojtyła, die Enzykliken und zahlreiche Ansprachen Johannes Pauls II., diverse Publikationen mit Texten aus den Predigten und Ansprachen des verstorbenen Primas Wyszyński, ferner die Bibel sowie weitere Texte der geistlichen und der polnischen Literatur. Einer der Laien, die mit ihm zusammenarbeiten, Jacek Żakowski, erzählt, Kaplan Jerzy habe „lange und intensiv an der Vorbereitung der Predigten gearbeitet. Er recherchierte, machte sich Notizen, verfasste Entwürfe. Dann las er sie Bekannten vor – den Arbeitern meist – und fragte sie, ob sie alles verstanden. Wenn ein Arbeiter es versteht, dann versteht es auch ein Professor. Seine Leichtigkeit und Eindeutigkeit waren hart erarbeitet."[205]

Auch die Liturgie, die mit Liedern und Gebeten aus der polnischen Volksfrömmigkeit beginnt und endet, feiert er mit großer Sorgfalt. Die Schriftstellen wählt er bedachtsam und mit der Hilfe seines Pfarrers aus. Zur Bereicherung des Gottesdiensts tragen mit Kaplan Jerzy befreundete Dichter und Künstler Gedichte und Passagen aus den Werken polnischer Autoren vor. „Die heilige Messe ist die vollkommenste Form des Gebets, das die Gläubigen an den göttlichen Vater der Völker und Nationen richten", erklärt der junge Priester in einer seiner Predigten. „Mit unserem Gebet wollen wir Gott und den Menschen dienen. Wir wollen Gott in die schwierigen und schmerzlichen Probleme unserer Heimat einbeziehen."[206] Und in einem Interview fügt er hinzu:

---

205 *Positio*, S. 70.
206 *Predigt für die Heimat* vom 27. März 1983, op. cit., S. 32.

Das eigentliche Ziel ist, dass das, was die Menschen Tag für Tag bei der Arbeit, in den Gefängnissen und auf der Straße erleiden, nicht verlorengeht. Das ist die Rolle des Priesters: durch das Opfer der heiligen Messe die Leiden des Volkes Gott so darzubringen, dass Er sie in Gnade verwandeln kann, die notwendig ist, um die Hoffnung der Menschen und ihre Beharrlichkeit in den guten Werken zu stärken und die Brüderlichkeit und Solidarität unter ihnen zu fördern.[207]

Eine Malerin, die die Messen für die Heimat besuchte, erinnert sich: „Ich kannte Kaplan Jerzy ziemlich gut, aber am Altar war er ein völlig anderer Mensch. Er zelebrierte die heilige Messe sehr feierlich und mit allergrößter Gottesfurcht. Die Art, wie Kaplan Jerzy die heilige Messe feierte, rief in mir und vermutlich auch in den anderen innere Sammlung und eine angemessene Haltung hervor."[208]

Alarm bei den Geheimdiensten

Vor dem Hintergrund der Spannungen zwischen Kirche und Regime rufen die Messen für die Heimat, die mit den Monaten immer beliebter werden, bei den Geheimdiensten wachsende Besorgnis hervor, zumal sie in einem traditionell „roten", hauptsächlich von Arbeitern bewohnten Viertel der Hauptstadt stattfinden. Der jüngste von Popiełuszkos Mördern, Waldemar Chmielewski, der von den Sicherheitsdiensten den Auftrag hatte, sowohl Primas Glemp als auch den jungen Kaplan von Żoliborz auszuspionieren, berichtet, dass er seine Aktivität im Sommer 1983 aufgenommen habe. Kaplan Jerzy argwöhnt

---

[207] J. Popiełuszko, „*Jestem gotowy na wszystko*", in: G. Bartoszewski, *Zapiski*, op. cit., S. 117.
[208] Aussage von Teresa Chromy-Gąsiorowska, in: *Summarium*, S. 156.

jedoch schon im November 1982, dass sein Telefon abgehört wird: Einem kanadischen Journalisten verweigert er das Interview mit der Begründung, dass an den Telefonleitungen „fremde Ohren hängen". Jedenfalls wird Popiełuszko schon seit Herbst 1982 überwacht. Der Polizist zeichnet die Predigten und Telefonate des Priesters auf, streift durch das Viertel und notiert sämtliche Vorkommnisse und sammelt Informationen über Personen, die zu Kaplan Jerzy Kontakt haben. Seit den Sommermonaten des Jahres 1983 gilt Kaplan Jerzy bei der Abteilung IV des Innenministeriums, die mit der Kontrolle der Kirche betraut ist, als „Subjekt von besonderem Interesse".

Einem Memorandum zufolge, das das Büro für religiöse Angelegenheiten an die Bischöfe verschickt, gelten 69 Priester als „antisozialistisch". Zu diesen müssen laut den Berechnungen der Hüter der nationalen Sicherheit weitere 500 Kleriker – von insgesamt etwa 20.000 aktiven Priestern – hinzugezählt werden, die im Verdacht stehen, mit Solidarność zu sympathisieren. Ein Bericht des Ministeriums für religiöse Angelegenheiten, der im Vorfeld von Wojtyłas zweiter Polenreise verfasst worden ist, spricht von „einer gewissen Anzahl an Bischöfen und etwa 13–15% der Priester, die unserem System gegenüber positiv eingestellt sind. Sie erkennen die Werte und die Errungenschaften unserer Gesellschaft an. Diese Einstellungen finden wir insbesondere unter den Ordensfrauen mit entschieden größerer Häufigkeit. Neben einer großen Zahl von Klerikern, die sich nur mit der Seelsorge beschäftigen, waren und sind noch immer 5–10% der Priester und 13 Bischöfe Gegner unseres Systems. Sie stellen sich gegen die Regierung und ihre Politik und leugnen alle Werte des sozialistischen Systems."[209] Im

---

[209] Eine deutsche Übersetzung befindet sich im Bundesarchiv in Berlin: „Auszüge aus der Rede des Ministers Łopatka, Adam, vom 10. März 1983", in: GK Wrocław, S. 86–107.

weiteren Verlauf seines Berichts zeigt Minister Łopatka auf, mit welcher Strategie das System der Problematik beikommen will, und bewertet die „Wende in der Politik" der Kirche, die nach Ansicht des Generals unter Wyszyńskis Nachfolger Glemp eingetreten ist, als Chance: „Wir konzentrieren uns nach der Wende in der Politik, die die Kirche seit Anfang November 1982 eingeleitet hat, auf die vollständige Liquidierung der antisozialistischen Kräfte unter den Priestern. Das heißt: keinerlei Verbindungen zur Opposition und zu Solidarność. Dieses Ziel ist heute realistischer denn je."

Der Minister fährt fort: „Wir beobachten Tendenzen eines klerikalen Extremismus. In der Kirche gibt es Kundgebungen, die keinen religiösen Charakter haben, sondern politische Kundgebungen sind. Es gibt Ausstellungen von Künstlern, die nicht bereit sind, ins Fernsehen zu gehen, aber von der Kirche üppige Honorare beziehen. Mit diesen und ähnlichen Verhaltensweisen verletzt die Kirche eine Grundlage der Verfassung." Der implizite Bezug auf die „Predigten für die Heimat" ist unverkennbar.

Diese „Aufmerksamkeit" vonseiten der Geheimdienste entgeht Popiełuszko nicht, der sich in seinem Tagebuch ausführlich dazu äußert: „Heute Nacht haben bekannte Urheber Don Enricos weißes Auto mit Lack besprüht. Sie haben das falsche Auto erwischt, denn ich bin mir sicher, dass eigentlich mein Zastava das Ziel war. Es sind die alten Methoden ...", notiert er am 3. November 1982. Und am 11. November schreibt er:

> Am Morgen bin ich in die Kurie gegangen. Der Kanzler hat mir mitgeteilt, dass die Abteilung für religiöse Angelegenheiten, wahrscheinlich Herr Sliwinski, mit der Form meiner Messen für die Heimat nicht einverstanden ist. Bischof Dąbrowski hat der Minister Łopatka wissen lassen, dass sie in Warschau sehr bald drei Priester (Hochw. Kantorski, Hochw. Prus, Hochw. Małkowski) verhaften und in erster Linie, dass sie mich internieren müssen.

Ich habe die Neuigkeit zur Kenntnis genommen. Am Abend ist Bischof Miziołek [Generalvikar und Weihbischof von Warschau, A.d.R.] aus Tschenstochau zurückgekehrt und hat sich gewundert, dass ich noch frei herumlaufe.[210]

Der Druck auf den Priester wächst. Die Polizei verhört seine Verwandten. Seine betagten Eltern, die noch in Popiełuszkos Geburtsort weit entfernt von der Hauptstadt leben, sind äußerst besorgt. Auch Freunde und Bekannte von Kaplan Jerzy werden verhört und festgehalten. „Heute war ich in der Kurie. Ich habe erfahren, dass gestern beim Generalkommando Anklage gegen mich erhoben worden ist: Darin heißt es, dass ich bereits mehrere Male gewarnt worden sei und dass sie, wenn ich mein Verhalten nicht ändere, entsprechend mit mir verfahren werden, wie es das Kriegsrecht vorsieht."[211] Doch, so fügt der Priester hinzu, „was könnte sich an meinem Verhalten ändern? Ich kann ganz sicher nicht aufhören, den Menschen zuzuhören." Dem jungen Geistlichen ist bewusst, welches Risiko er eingeht: „Ich halte es für möglich, dass sie mich internieren, verhaften und einen Skandal provozieren, aber ich kann diese Tätigkeit, die einen Dienst an der Kirche und an der Heimat darstellt, dennoch nicht aufgeben."

Die Kraft zum Weitermachen erwächst ihm auch aus der Zuneigung, die nicht nur seine Gemeindemitglieder ihm in zunehmendem Maße entgegenbringen: „Vorgestern habe ich über 40 Dankesbriefe für die Messe im Anliegen der Heimat erhalten. Einige dieser Schreiben sind wirklich bewegend." Marco, der die technische Schule in Warschau besucht, schreibt im Namen seiner Mitschüler:

---

210 Tagebucheintrag von Kaplan Jerzy im sogenannten „Blauen Heft" (3. November 1982 bis 21. Mai 1983).
211 J. Popiełuszko, „Blaues Heft", Eintrag vom 18. November 1982, in: *Summarium*, S. 458 f.

Lieber Kaplan Jerzy, verzeihen Sie mir, wenn ich mich auf diesem Weg an Sie wende. Wir sind Schüler an der technischen Schule. Wir haben einen beliebten Lehrer verloren, der am 13. Dezember des letzten Jahres verhaftet worden ist. Jetzt können wir in der Schule nicht mehr über die Dinge reden, die uns interessieren; es werden keine Zeitungen mehr gelesen und kein Fernsehen mehr geschaut. Unsere einzige Verbindung zu den Erwachsenen, denen wir für Solidarność dankbar sind, sind die Priester mit ihren tröstenden und helfenden Worten. Es tut uns sehr leid, dass wir erst im April von den Messen erfahren haben, die Sie für die Heimat feiern. Jetzt besuchen wir sie jeden Monat, und wie sehr würden wir uns wünschen, dass sie häufiger stattfinden. Nachdem ich die Messe im Mai auf Tonband aufgezeichnet und sie den anderen Schülern vorgespielt habe, kommen jetzt mehr von uns, einige sogar mit ihren Eltern. Dank dieser Messen haben wir die religiöse und patriotische Dichtung entdeckt, die an der Schule verboten ist. Wir verstehen jetzt immer besser, dass die großen menschlichen Werte wie die Wahrheit und der Glaube stärker sind als die Brutalität und die Lüge. Möge der Herr Ihnen das alles vergelten und möge Ihnen die Dankbarkeit der vielen Kraft geben, die genauso empfinden wie wir.[212]

Als immer mehr Jugendliche an seinen Kursen teilnehmen, schreibt Kaplan Jerzy: „Dank sei dem allmächtigen Gott, dass er es mir gewährt, derjenige zu sein, der den Jugendlichen hilft, ihm näherzukommen [...]. Maciek ist noch lange geblieben. Er wollte mir sagen, dass seine Mutter täglich für mich betet und dass er glücklich ist, weil er dank der Messen für die Heimat nach einigen Jahren wieder in die Gemeinschaft der Kirche zurückgekehrt ist."[213] Es sind Seiten, die von der pastoralen Hingabe des jungen Priesters zeugen. Sein damaliger Pfarrer erinnert

---

212 Zitiert nach P. Raina, *Ks. Jerzy Popiełuszko*, London 1986, Bd. 1, S. 58.
213 J. Popiełuszko, „Blaues Heft", in: *Summarium*, S. 457.

sich, dass die Jugendlichen immer zahlreicher wurden, sodass Kaplan Jerzy schließlich zwei große Räume für die Versammlungen mit ihnen organisieren musste, die „vom Lachen der Schüler widerhallten; ihre Herzen sprudelten über vor Freude".

Doch es fehlt auch nicht an Angriffen. Einer der Leiter des Krankenhauses, an dem Kaplan Jerzy als Seelsorger des medizinischen Personals tätig ist, wirft dem Priester öffentlich vor, den Staat zu verraten.

Immer schwerer wiegen die Drohungen, die gegen den Priester ausgestoßen werden. Im November verbietet ihm sein Pfarrer, der um Leib und Leben des jungen Geistlichen fürchtet, die Messe für die Heimat zu zelebrieren und die Predigt zu halten. Der Warschauer Weihbischof Kraszewski, mit dem er seit der Zeit im Seminar befreundet ist, informiert Kaplan Jerzy, dass der Befehl erteilt worden sei, ihn sofort nach der Messe zu verhaften. In der Nacht vom 13. auf den 14. Dezember 1982 wird das erste Attentat auf den Geistlichen verübt. Jemand klingelt an seiner Haustür, und gleich darauf explodiert ein mit Sprengstoff präparierter Backstein, der zwei Fensterscheiben zu Bruch gehen lässt. Wenige Tage später umkreisen zwei Wagen von der Staatssicherheit mit Vollgas das Pfarrhaus, sodass er nicht schlafen kann. Jemand stellt sich vor das Haus des Priesters und schießt ein Foto nach dem anderen. Die Arbeiter beschließen, abwechselnd vor Kaplan Jerzys Haus Wache zu halten, um ihn zu beschützen.

Die Dezemberpredigt ist mit Zitaten von Johannes Paul II., dem „beste[n] Sohn unseres Volkes", gespickt. Der Papst dient dem jungen Prediger in seinen Predigten und seinem Wirken als fester Bezugspunkt. Während der Wortgefechte in den Verhören, in denen er sich nicht viel später für die Inhalte seiner Predigten rechtfertigen muss, lässt Kaplan Jerzy sich einmal zu der scherzhaften Bemerkung hinreißen, dass sie eigentlich den Papst verhaften müssten.

Popiełuszko trifft Johannes Paul II. nie persönlich, obwohl er bei beiden Papstbesuchen in Warschau, 1979 und 1983, organisatorische Aufgaben übernimmt. Gleichwohl kommt die Geschichte des Kaplans von St. Stanisław Kostka dem Heiligen Vater zu Ohren. Vor allem der Chefredakteur der polnischen Ausgabe der Vatikanzeitung „L'Osservatore Romano", Adam Boniecki, erzählt Wojtyła von ihm. Boniecki begegnet Popiełuszko zweimal und setzt sich dafür ein, dass die Texte der Predigten für die Heimat von einem polnischen Verleger in Paris veröffentlicht werden. Kaplan Jerzy selbst schreibt darüber in seinem Tagebuch: „Die Begegnung mit Pater Boniecki, der aus dem Vatikan hergekommen ist, war eine große Freude. Er hat sich sehr herzlich erkundigt, wie es mir nach alledem geht, um den Heiligen Vater genaustens darüber zu informieren. Er war voll des Lobes über die Texte der Messen: Er hat die meisten davon gelesen."[214]

Sein Freund, Bischof Zbigniew Kraszewski, berichtet dem Papst während einer Audienz, Kaplan Jerzy sei ein „Mann Gottes und kein Politiker" und erhält im Gegenzug ermutigende Worte und einen Rosenkranz für den jungen Priester. Am 16. April 1984 schreibt Popiełuszko: „Am 11. Februar war ich zum Mittagessen bei Bischof Kraszewski, der mir einen Rosenkranz vom Heiligen Vater überreicht hat." Und am 8. Mai desselben Jahres schreibt er: „Wojtek ist aus Rom zurückgekehrt. Er hat Pater Boniecki alle Texte der Messe für die Heimat übergeben. Boniecki war überglücklich. Er hat gesagt, dass wir im Vatikan sehr großes Ansehen genießen und dass wir sie ganz bald veröffentlichen können."[215]

---

214 J. Popiełuszko, *Tagebuch,* Eintrag vom 11. Januar 1984, in: *Summarium,* S. 478.
215 Das Buch erscheint nach Popiełuszkos Tod in Frankreich in einer ersten Auflage von 500 Exemplaren.

Der Chefredakteur der polnischen Ausgabe von „L'Osservatore Romano" erinnert sich an eine Begegnung mit dem Papst im Jahr 1984:

> Ich habe dem Heiligen Vater von den Messen für die Heimat erzählt, die Kaplan Jerzy von der Pfarrei St. Stanisław in Żoliborz feiert. Ich habe gemerkt, dass ihn mein Bericht bewegt hat. Von da an hat er den Pilgern aus Żoliborz immer Grüße an Kaplan Popiełuszko aufgetragen. Kurz danach ist der Weihbischof des Erzbistums Warschau Zbigniew Kraszewski nach Rom gekommen. Er hat mir im Vertrauen erzählt, dass der Heilige Vater ihm aufgetragen habe, sich um Kaplan Jerzy zu kümmern. Der Bischof sagte das mit Stolz. Dann fügte er hinzu: Das ist einer meiner Schüler.[216]

Der Sekretär Johannes Pauls II., Stanisław Dziwisz, erzählt Jahre später, dass Johannes Paul II. Kaplan Jerzy als eine „Gestalt des Evangeliums" betrachtet habe.[217] Über Ordensleute, die zwischen Rom und Warschau pendeln, übermittelt der Papst Botschaften der Ermutigung. Diese Signale sind dem jungen Priester in den letzten Monaten seines Lebens ein großer Trost.

In der oben bereits erwähnten Predigt vom Dezember 1982, ein Jahr nach Verhängung des Kriegsrechts, erklärt Kaplan Jerzy, nachdem er mehrfach aus den Reden des Papstes zitiert hat:

> Lange noch und mit der größten Verehrung hätten wir den Worten des Heiligen Vaters, gesprochen mit Sorge um die Heimat und das Volk, zuhören können. Wir erinnern daran nicht deswegen,

---

216 A Boniecki, *Popiełuszko z daleka i z bliska [Popiełuszko aus der Ferne und aus der Nähe]*, in: Tygodnik Powszechny 44 (1991). Vgl. auch *Positio*, S. 76.
217 Vgl. M. Signifredi, *Giovanni Paolo II e la fine del comunismo*, op. cit., S. 360.

um mit den menschlichen Gefühlen zu spielen. Wir erinnern an die Ereignisse des vergangenen Jahres, um daraus eine Lehre zu ziehen. Das Korn der Sorge um das Vaterland, geworfen auf die polnische Erde im August 1980, begossen mit dem Schmerz unserer Brüder und Schwestern im vergangenen Jahr, muss gute Ernte bringen. Es muss zum riesigen Baum der Freiheit und Gerechtigkeit erwachsen. Diese Hoffnung dürfen wir nicht verlieren. Denn im Volk gibt es genügend Kraft für gemeinsames Handeln und gemeinsame Arbeit zum Wohle der Heimat. Das Volk, das seine schmerzlichen Erfahrungen als Gabe für den Herrn durch die Worte des Heiligen Vaters niederlegt, ist zu vielen Opfern bereit, aber es verlangt ein echtes Abkommen. Das Volk will garantiert wissen, dass seine Bemühungen nicht vergeudet werden. Heute versteht das Volk die Worte Norwids besser: „Man darf sich nicht den Begleitumständen beugen und dafür die Wahrheit vor der Tür stehenlassen."[218]

Der geistliche Kampf

In der Predigt vom Oktober 1982, in der er über die Gestalt Maximilian Kolbes nachdenkt, befasst sich Kaplan Jerzy, ausgehend von dem polnischen Dichter der Romantik Cyprian Norwid, mit dem Begriff der Wahrheit. Das ist ein ganz wesentlicher Punkt in der Regimekritik des jungen Priesters. Seine Opposition ist nicht in erster Linie politisch, auch wenn es nicht an konkreten Forderungen und Protesten mangelt. Diesen Aspekt stellt er in einer seiner Predigten klar: „Das, was ich jetzt erzähle, ist kein Einmischen in die Politik. Dahin-

---

[218] Predigt für die Heimat vom 26. Dezember 1982, in: J. Popiełuszko, *An das Volk*, op. cit., S. 24 f.

ter verbirgt sich die Sorge des Vaters um die materielle Existenz seiner mehrköpfigen Familie."[219]

Es lohnt sich, an dieser Stelle an die Worte zu erinnern, die Primas Wyszyński 1975 zum Gedenktag des Martyriums des heiligen Stanislaus gesprochen hat und die als eine Bestätigung der Äußerungen des jungen Warschauer Priesters gelesen werden können:

> Wenn ein Bischof oder ein Priester Position bezieht, um die Menschenrechte zu verteidigen, dann ist der Konflikt mit der Macht – das liegt auf der Hand – für gewöhnlich unausweichlich; mithin kann jeder Bischof oder Priester leicht zum Feind oder Verräter erklärt werden. In einem solchen Konflikt mit der Macht des Königs befand sich Bischof Stanislaus, als er vor 1000 Jahren, nach der Christianisierung Polens, nicht nur für die Freiheit der Kirche, sondern auch für das Sittengesetz und die Menschenrechte eintrat […]. Man muss die Dinge klarstellen: Stanislaus kämpfte nicht gegen die Macht, sondern gegen ihren Missbrauch: Der Bischof, der die grundlegenden Rechte des Menschen verteidigt, kann nicht als Feind betrachtet werden. Seit Jahrhunderten verteidigt die Kirche in unserer Heimat die Menschen gegen die Übergriffe der Zivilmacht und handelt mithin zum Schutz der nationalen Räson, die die Grundlage des Staates ist: Und diese ist wichtiger als die politische Räson des Staates.[220]

Wie viele Märtyrer totalitärer Ideologien sieht Popiełuszko die Notwendigkeit eines geistlichen Kampfs, den er vor allem mit zwei Waffen führen muss: seinem Leben und seinem Zeugnis. Seine Predigten sind kein Aufruf zur politischen oder bewaff-

---

219 Predigt für die Heimat vom 27. März 1983, in: J. Popiełuszko, *An das Volk*, op. cit., S. 34.
220 D. Morawski, *La Polonia è cristiana*, op. cit., S. 143.

neten Gewalt, sondern ein Appell an die Gewissen, damit sie sich nicht aus Furcht oder Resignation dem Diktat des Regimes unterwerfen, sondern in der Solidarität mit den Betroffenen die Kraft zum Widerstand finden:[221]

> Der Teufel wird auch in unserer Heimat sein Reich auf Erden festigen. Sein Reich der Verlogenheit, des Hasses und der Furcht, wenn wir uns alle nicht in Gott und seiner Gnade täglich stärken; wenn wir uns nicht mit Fürsorge und Liebe unserer in Gefängnissen unschuldig leidenden Brüder und ihrer besorgten Familien annehmen."[222]

Seine Worte verweisen mit Nachdruck auf den Weg der vor allem inneren Freiheit des Gläubigen – das Geheimnis des Widerstandes, den die Kirche in Situationen der Verfolgung und Unterdrückung zu leisten vermag:

> Um seelisch frei zu bleiben, muss man in Wahrheit leben. Ein Leben in Wahrheit bedeutet, die Wahrheit äußerlich zu bezeugen, sich zu ihr zu bekennen und in jeder Situation nach ihr zu verlangen. Die Wahrheit ist unveränderlich. Die Wahrheit lässt sich nicht durch die eine oder andere Entscheidung oder durch Gesetze vernichten. Unsere Gefangenschaft beruht darauf, dass wir uns der Herrschaft der Lüge ergeben statt sie zu demaskieren oder gegen sie täglich zu protestieren. Wir protestieren nicht gegen sie, wir schweigen oder geben an, an sie zu glauben. Wir leben in der Verlogenheit. Das mu-

---

[221] Vgl. das Leben des seligen Franz Jägerstätter, eines österreichischen Bauern, der nur mit den Waffen seines Glaubens Widerstand gegen den Nationalsozialismus leistet, in meinem Buch *Christus oder Hitler? Das Leben des seligen Franz Jägerstätter*, Würzburg 2011. Zu den „neuen Märtyrern" vgl. A. Riccardi, *Salz der Erde, Licht der Welt. Glaubenszeugnis und Christenverfolgung im 20. Jahrhundert*, Freiburg i. Br. (et al.) 2002.

[222] *Predigt für die Heimat* vom 27. Februar 1983, in: J. Popiełuszko, *An das Volk*, op. cit., S. 31.

tige Zugeben der Wahrheit ist der unmittelbare Weg in die Freiheit. Ein Mensch, der die Wahrheit bezeugt, ist frei, auch wenn er sich im Gefängnis oder im Lager befindet. Wenn die Mehrheit der Polen in der augenblicklichen Situation den Weg der Wahrheit gewählt hätte, hätte diese Mehrheit nicht vergessen, was für sie die Wahrheit noch vor einem halben Jahr hieß, wären wir heute eine seelisch freie Nation. Die äußere oder politische Freiheit müsste früher oder später als Folge der inneren Freiheit und der Wahrheitstreue eintreten. Die grundsätzliche Bedingung der Befreiung des Menschen oder der Nation ist die Überwindung der Angst. Die Angst ist die Folge der Bedrohung. Wir haben Angst vor dem drohenden Leiden, vor dem Verlust unseres Eigentums, unserer Freiheit, unserer Gesundheit und unseres Arbeitsplatzes. In diesem Moment handeln wir gegen unser Gewissen, das doch ein Maßstab der Wahrheit ist. Erst dann überwinden wir die Angst, wenn wir Leiden oder Verlust auf uns nehmen im Namen höherer Werte. Wenn die Wahrheit für uns den Wert darstellt, für den es sich lohnt zu leiden, ein Risiko zu tragen, dann erst überwinden wir die Angst, die eine unmittelbare Ursache unserer Gefangenschaft ist. Christus sagte öfter zu seinen Jüngern: „Habt keine Angst. Habt keine Angst vor denen, die nur das Fleisch töten und sonst nichts anderes tun können" (vgl. Lk 12,4) [...].[223]

An diese Worte wird Johannes Paul II. in der Generalaudienz am 31. Oktober 1990 erinnern, in der er Popiełuszko als „Schlussstein [...] für alle, die ihr Leben für die Wahrheit, Freiheit und Gerechtigkeit hingegeben haben", bezeichnet. „Möge das Zeugnis dieses Priesters zu uns sprechen" – so Wojtyłas mahnende Worte –, „das immer aktuell bleibt, das nicht nur gestern gültig war, sondern es auch heute ist. Heute vielleicht noch mehr."[224]

---

223 *Predigt für die Heimat* vom 31. Oktober 1982, in: J. Popiełuszko, *An das Volk*, op. cit., S. 18f.
224 Zitiert nach: Der Apostolische Stuhl 1990, S. 204.

In einer anderen Predigt kommt Kaplan Jerzy auf das Thema der Angst zurück und spricht von der „Tugend der Tapferkeit": „Die Tugend der Tapferkeit bedeutet die Überwindung der menschlichen Schwächen, besonders der Angst. Ängstigen sollte man sich nur vor dem Verrat an Christus, für ein paar Silberlinge des inhaltslosen Friedens." Der Christ, so erklärt der Priester, darf sich nicht für ein „Linsengericht" oder „ein paar Silberlinge" mit seinem eigenen kleinen Frieden begnügen, sondern ist gewissermaßen Hüter der ganzen Gemeinschaft und für diese verantwortlich. Das gilt umso mehr für den Seelsorger:

> Alleine eine Verurteilung des Bösen, der Lüge, der Feigheit, des Hasses und der Gewalt darf dem Christen nicht ausreichen. Aber der Christ soll der wahre Zeuge, Vertreter und Verteidiger der Gerechtigkeit, der Güte, der Wahrheit, Freiheit und Liebe sein. Für diese Werte sollte er sich mutig, für sich und die anderen, einsetzen. „Nur ein mutiger Mensch kann wahrhaftig gescheit und gerecht sein" (Joh. Paul II.) [...].[225]

Das ist Popiełuszkos Selbstverständnis: Für ihn ist die christliche Religion keine Resignation, Unterwerfung, Ergebenheit, nichts Süßlich-Frömmelndes und letztlich Bedeutungsloses ... Es gibt einen „christlichen Heroismus", der den Lauf der Geschichte, das Schicksal einer Nation zu verändern und dem Bösen allein mit der Kraft des Glaubens und des Wortes zu widerstehen vermag.

Kaplan Jerzy hat ein Beispiel für diesen Widerstand vor Augen: den „Primas des Jahrtausends", den verstorbenen Kardinal Wyszyński, der 53 Jahre lang gegen das Regime

---

[225] *Predigt für die Heimat* vom 27. Mai 1984, in: J. Popiełuszko, *An das Volk*, op. cit., S. 79f.

gekämpft, die Räume und die Autonomie der Kirche nicht zuletzt mit dem Mittel des Dialogs bewahrt und damit die breite Unterstützung des Volkes gefunden hatte. Wie wir wissen, hatte Popiełuszko den Kardinal schon während seiner Studienzeit im Seminar kennengelernt. In der oben zitierten Predigt vom 31. Oktober 1982 greift Kaplan Jerzy Worte auf, die der Primas während der Zeit seiner Gefangenschaft notiert hatte. Wir schreiben das Jahr 1954, in Polen herrscht der Stalinismus:

> Die Angst ist der größte Makel des Apostels. Sie schnürt das Herz ein und drückt den Hals zu. Jeder, der gegenüber den Feinden seiner gerechten Sache schweigt, ermutigt sie. Zum Schweigen durch die Angst zu zwingen ist die erste Aufgabe einer gottlosen Strategie. Das Schweigen hat erst dann seine apostolische Aussage, wenn ich mein Gesicht vor Schlagenden nicht abwende.

Wyszyński ist für Popiełuszko sowohl in seiner Predigttätigkeit als auch in seiner priesterlichen Arbeit eine Quelle der Inspiration und Orientierung, wenngleich er sich auf ganz andere Art mit dem kommunistischen Regime auseinandersetzt als der Kardinal. Der verstorbene Primas hatte sich abwechselnd gesprächsbereit und unnachgiebig gezeigt, während Kaplan Jerzy den Weg der Anklage geht.

Doch wie soll man reagieren, wie gegen die Unterdrücker kämpfen? Die Botschaft des jungen Priesters ist frei von Gewalt:

> Kämpfe nicht mit Gewalt. Die Gewalt ist nicht ein Zeichen der Stärke, sondern der Schwäche. Wenn es nicht gelingt, mit dem Herzen oder dem Verstand zu gewinnen, wird es mit der Gewalt versucht. Jedes Anzeichen der Gewalt zeugt von einer moralischen Unfähigkeit. Die herrlichsten und dauerhaftesten Kämpfe, welche

der Menschheit und der Geschichte bekannt sind, sind die Kämpfe des menschlichen Geistes. Die erbärmlichsten und grässlichsten sind die Kämpfe der Gewalt. Eine Idee, welche Waffen benötigt, um zu überleben, stirbt. Eine Idee, die nur mit Gewalt existieren kann, ist deformiert. Eine existenzfähige Idee erobert mit ihrer eigenen Überzeugung. Ihr folgen spontan Millionen.[226]

Diese wenigen Sätze scheinen Popiełuszkos eigenes Leben zusammenzufassen, das mit einem unerhörten Gewaltakt an einem wehrlosen Menschen und dennoch siegreich endet – mit einem Triumph, der nicht nur darin besteht, dass das System, gegen das er protestierte, inzwischen zusammengebrochen ist. Einer seiner Mörder, Grzegorz Piotrowski, erklärt viele Jahre später in einem Gespräch: „Kaplan Jerzy warf dieser Macht Sand in die Augen […]. Beständig warf er der Macht Sand in die Augen, in ihr Getriebe. Oder, anders gesagt: Er hielt der Macht den Spiegel vor […]. Er ist der Größere: wegen seiner Klarsicht, seines Anstands und seiner unermesslichen Güte."[227]

Piotr Nowina-Konopka, von 2013 bis 2016 polnischer Botschafter am Heiligen Stuhl und Anfang der 1980er Jahre ein enger Vertrauter Wałęsas in Danzig, betont den großen Anteil, den Kaplan Jerzy daran hatte, allen immer wieder die Strategie der Gewaltlosigkeit einzuschärfen.[228] Der Botschafter erinnert an die zahlreichen Besuche des Priesters in Danzig und an seine kraftvollen Predigten, die gleichwohl alle, angefangen bei den Mitgliedern von Solidarność, dazu aufriefen, keine Gewalt anzuwenden. Andere verweisen auf Popiełuszkos Interesse an

---

226 *Predigt für die Heimat* vom 26. Dezember 1982, in: J. Popiełuszko, *An das Volk*, op. cit., S. 23.
227 Aussage von Grzegorz Piotrowski, in: *Summarium*, S. 603–625.
228 Interview des Autors mit dem polnischen Botschafter beim Heiligen Stuhl Piotr Nowina-Konopka, Mai 2015.

Gandhi.[229] Und tatsächlich sind seine Mahnungen am Ende der Messen für die Heimat ein immer wiederkehrender Aufruf, die Ruhe zu bewahren und sich nicht von den Polizisten provozieren zu lassen. Am Ende jeder Messe mahnt er die Gläubigen und besagte Polizisten mit Worten wie den folgenden:

> Ich wende mich an die Gläubigen, damit sie nicht auf die Provokateure hören, die mitten unter uns leben und die Leute zu politischen Protesten oder Sprechgesängen anzustacheln versuchen. Sorgen wir dafür, dass es nur die Provokateure sind, die nach der Messe außerhalb der Kirche Sprechgesänge skandieren und Parolen schreien. Wenn wir Ruhe bewahren und uns beherrschen, werden wir sehen, wer und wie viele sie sind. Wir wollen also unsere Reife beweisen, damit die Provokateure enttäuscht werden. Und ihr, Brüder, die ihr auf Befehl der anderen hergekommen seid, lasst [uns] ungestört heimkehren, wenn ihr der Wahrheit dienen und auch eure Würde respektieren wollt.[230]

Am 10. November 1982 stirbt Breschnew. Das Politbüro der KPdSU wählt Andropow zu seinem Nachfolger, und im selben Augenblick wird Wałęsa freigelassen. Am 19. Dezember wird der Ausnahmezustand in Polen aufgehoben – allerdings nur formal, denn die Maßnahme geht mit einer Beschränkung der Bürgerrechte und einer Verschärfung der Strafen für Streiks und „antisozialistische Aktivitäten" einher. Vonseiten der KPdSU macht man keinen Hehl aus dem Befremden angesichts der Linie, die Jaruzelski gegenüber Wałęsa und Solidarność verfolgt und die man als zu weich betrachtet. Der General, der nach einem Treffen mit Andropow den Eindruck hat,

---

229 In seinen letzten Lebenstagen sieht sich der Kaplan von St. Stanisław Kostka mehrere Male ein kurzes Video von der Ermordung Mahatma Gandhis an.
230 *Positio*, S. 96. Mit der hier zitierten Mahnung endet die „Messe für die Heimat" vom 27. März 1983.

die sowjetische Linie sei toleranter geworden als unter der alten Breschnew-Führung, erklärt Moskau seine Strategie wie folgt:

> Wir können das Kriegsrecht nicht aufrechterhalten, als ob wir in einem Bunker leben würden. Wir wollen einen Dialog mit den Leuten voranbringen [...]. Wir spielen ein Spiel mit der katholischen Kirche: Unser Ziel ist es, ihren unheilvollen Einfluss auf die Bevölkerung zu neutralisieren. Die Ziele der Kirche und meine Ziele sind nach wie vor unterschiedlich. Dennoch müssen wir zum gegenwärtigen Zeitpunkt unser gemeinsames Interesse an einer Stabilisierung der Situation nutzen, um den Sozialismus und die Stellung der Partei zu stärken.[231]

Der Mord an Grzegorz Przemyk

Dennoch ist das Jahr 1983 von zunehmenden Spannungen zwischen dem Regime und der Kirche geprägt. Gesteigert wird die allgemeine Nervosität noch durch die Aussicht auf den für Juni angekündigten Papstbesuch, der Wojtyłas heikelste Reise in seine Heimat werden wird. Die Verhandlungen im Vorfeld der Papstreise sind zermürbend. Der kritischste und schwierigste Punkt ist die Absicht Johannes Pauls II., mit Wałęsa zusammenzutreffen. Am 3. Mai verwüsten Polizisten in Zivil den Sitz des „Piwna-Komitees", eines vom Primas geförderten Hilfszentrums für die Angehörigen der politischen Häftlinge und derer, die ihre Arbeit verloren haben, und verprügeln die anwesenden Freiwilligen. Der schlimmste Vorfall geschieht jedoch einen Tag später. Ein 18-jähriger Jugendlicher, der einzige Sohn der Dichterin Barbara Sadowska – auch sie eine Mitarbeiterin des „Piwna-Komitees" –, wird verhaftet, gefol-

---

231 C. Andrew, V. Mitrokhin, *L'archivio Mitrokhin*, op. cit., S. 621 f.

tert und zu Tode geprügelt.[232] Kaplan Jerzy, der die Mutter des Jungen gut kennt, schreibt in sein Tagebuch:

> Dies ist auch für mich insofern eine sehr kostbare Zeit, als ich vor allem seit den letzten Erlebnissen in Warschau vielleicht an der Grenze meiner physischen und psychischen Widerstandskraft bin. Gestern war ich auf der Jasna Góra. Ich habe die Predigt für die Heimatmesse am 29. Mai geschrieben. Dieser Schmerz, der ganz Warschau den gesamten Mai hindurch zugefügt worden ist, hat insbesondere die getroffen, die mir nahestehen, die ich kenne und schätze. Die Predigt wird also von Schmerz durchdrungen sein [...]. Das Begräbnis von Grzegorz Przemyk, den die Polizei in der Jezuicka-Straße auf bestialische Weise ermordet hat, war eine Tragödie, die ganz Warschau berührt hat. Das Begräbnis ist feierlich begangen worden [...]. Gott sei Dank ist es friedlich verlaufen. Ich hatte zu absoluter Stille geraten, und es war die größte und beredteste Kundgebung der Warschauer Gesellschaft. Gott, gib dieser schmerzhaften Mutter Kraft, die diesen Schlag auf heroische Weise hingenommen hat![233]

Als Johannes Paul II. im Juni 1983 nach Polen reist, trifft er in der Kapuzinerkirche in Warschau mit der Mutter des getöteten Jungen und einigen Mitgliedern des „Piwna-Komitees" zusammen, um ihnen seine Zuneigung und Solidarität zu bezeigen. Kaplan Jerzy zitiert in einer seiner Predigten aus dem Brief, den der Papst an die Mutter des ermordeten Schülers geschrieben hatte: „Liebe Frau. Ich glaube fest daran, dass gerade Sie, die Sie am tiefsten betroffen waren und den Schmerz um den Verlust des geliebten Sohnes kennen, helfen, den Kummer

---

232 Der Junge hieß Grzegorz Przemyk. Popiełuszko wollte, dass auf der Wiese gleich neben seiner Pfarrkirche – genau dort, wo sich heute sein Grab befindet – zum Gedenken an den getöteten Schüler ein Kreuz aufgestellt wurde.
233 J. Popiełuszko, „Blaues Heft", in: *Summarium*, S. 468.

anderer zu lindern."[234] Dem Brief ist ein Bild von der Muttergottes von Tschenstochau mit einem handschriftlichen Gruß Wojtyłas beigefügt.

In seiner Predigt vom 29. Mai erinnert Kaplan Jerzy an die vielen Gelegenheiten, bei denen Maria, die „Königin von Polen", im Laufe der Geschichte zugunsten der Polen eingegriffen hat, und betont ihre Rolle als die einer „Mutter […], die uns die Tränen abwischt, den Schmerz lindert, die uns nicht erlaubt, die Hoffnung zu verlieren". „Du", schreibt Popiełuszko, „bist uns heute mehr Mutter als Königin", denn „wie oft lässt diese Hoffnung nach, wenn das Böse in der Heimat sich straflos breitmacht". Die Predigt ist von einem tiefen Schmerz über den Tod jenes unschuldigen Jugendlichen gekennzeichnet:

> Vor einem Jahr, im Dir gewidmeten Monat Mai, sagten wir in dieser Kirche, dass eine neue Welle des Leidens, des Schmerzes und der Tränen unser Vaterland heimsucht. Wir hatten die Hoffnung, dass wir trotz allem eine bessere Zukunft zu erwarten hätten. Doch der Teufel hat uns durch die, die ihm dienen, neues Leid zugefügt. Es hat ihm nicht ausgereicht, dass viele unserer Brüder und Schwestern für 48 Stunden in den Gefängnissen eingesperrt waren, damit sie mit ihrem gradlinigen Denken die Stimmung des von der Regierung organisierten Arbeiterfestes nicht stören konnten. Es hat ihm nicht ausgereicht, dass man auf dem Platz Zamkowy die Wasserkanonen und die verhassten motorisierten Einheiten aufstellte. Am Abend des 3. Mai, am Festtag der Königin von Polen, wagte er mit Hilfe einer Verbrecherbande das Kloster der Franziskanerschwestern zu attackieren. Es gab Verletzte unter den Menschen, die ihre Zeit und ihre Kräfte für die am meisten Benachteiligten des Kriegszustands, für die Gefangenen, opferten.

---

234 *Predigt für die Heimat* vom 30. Oktober 1983, in: J. Popiełuszko, *An das Volk*, op. cit., S. 57.

Das alles war dem Teufel zu wenig. Er ging weiter bis zu diesem Verbrechen, das die ganze Stadt erschütterte. Er hat ein junges, unschuldiges Leben auf grausame Art ausgelöscht. Er nahm einer Mutter ihren einzigen Sohn. Es hat ihm nicht ausgereicht, dass am 1. Mai beide, die Mutter und der Sohn, der am nächsten Tag seine Abiturprüfung ablegen sollte, ohne jeden Grund festgehalten wurden. Es hat ihm nicht ausgereicht, dass sie am 3. Mai während des Überfalls auf das Kloster verletzt wurde. In der Hauptstadt herrschte ein solidarisches Schweigen, das Tausende Herzen im Schmerz und im Gebet vereinigte. Es ergoss sich eine Flut von Tränen, die aufs Neue den Boden der Solidarność bewässerte, der bei einigen vielleicht schon ausgetrocknet war. Wehe denen, die das Blut der unschuldigen Brüder vergießen. Das Blut der Unschuldigen wird nach der Gerechtigkeit Gottes rufen.[235]

Am Ende seiner Predigt nimmt Kaplan Jerzy noch einmal in besonderer Weise Bezug auf Johannes Paul II., der sich anschickt, zum zweiten Mal seine Heimat zu besuchen: „Auf den Besuch des Heiligen Vaters in unserer und seiner Heimat wartend, sind wir voll Vertrauen, dass mit ihm der Heilige Geist unser Vaterland aufsuchen wird, das Antlitz der polnischen Erde erneuert und unser Gebet der gequälten Herzen unter der Führung des Heiligen Vaters erfolgreich sein wird."

Der zweite Besuch Johannes Pauls II.

Der zweite Polenbesuch des Papstes führt innerhalb des Regimes zu lebhaften Kontroversen. Einige sind dagegen. Andere, angefangen bei Jaruzelski, denken pragmatischer: Man kann

---

[235] *Predigt für die Heimat* vom 29. Mai 1983, in: J. Popiełuszko, *An das Volk*, op. cit., S. 41.

den Besuch nicht verhindern, aber man sollte alles tun, um den Schaden in Grenzen zu halten oder sogar Vorteile daraus zu ziehen. Adam Łopatka, der neue Minister für religiöse Angelegenheiten, erläutert diesen pragmatischen Standpunkt in einer Rede, die er auf einer Versammlung von Parteiaktivisten hält:

> Den Grundsätzen des Marxismus-Leninismus zufolge müsste unsere Partei und müssten mithin die staatlichen Behörden auf die umfassende Laisierung der Gesellschaft hinarbeiten, denn wir stützen uns auf die materialistische Philosophie, deren Verbreitung und praktische Umsetzung wir anstreben […]. Heute kann sich der Staat keine derartigen Ziele setzen. Das wäre nicht nur unrealistisch, sondern würde überdies den Aufbau des Sozialismus in Polen behindern und wäre damit den Interessen des Systems abträglich. Deshalb setzen wir uns bescheidenere und mithin realistischere Ziele.[236]

In seiner langen Rede zählt der Minister die möglichen positiven und negativen Konsequenzen des zweiten Papstbesuchs auf: Zu ersteren zählt der Imagegewinn des Regimes auf nationaler und internationaler Ebene, auch wenn sich dies nicht unmittelbar in „neuen Darlehen, gemilderten Sanktionen" oder „veränderten Konditionen bei der Zahlung der Auslandsschulden" äußern werde. Das seit der Verhängung des Kriegsrechts isolierte Land könne im Westen einiges an Wohlwollen zurückgewinnen. Der Besuch müsse gut vorbereitet werden und zumindest ein Abkommen mit der polnischen Kirche über einen *Modus Vivendi et Operandi* ermöglichen, das auch für die Zukunft sozialen Frieden und Stabilität garantiere. Überdies soll

---

[236] Eine deutsche Übersetzung der weiter oben schon einmal zitierten Rede befindet sich im Bundesarchiv in Berlin: „Auszüge aus der Rede des Ministers Łopatka, Adam, vom 10. März 1983", in: GK Wroclaw, S. 86–107.

sich die Kirche, wenn es nach dem Willen des Regimes geht, als Gegenleistung für die kooperative Haltung des Staates bei der Organisation des Papstbesuchs bereit erklären, mit „kirchlichen Sanktionen" der Tätigkeit „jener Priester" ein Ende zu setzen, „die gegen die Inhalte der Verträge" über die Koexistenz von Kirche und Staat verstoßen, „nach Belieben sakrales Gerät zu feindlichen öffentlichen Kundgebungen (Erklärungen, Ansprachen von Laien u. a.) nutzen" und „zu einigen Personen von der Opposition und gefährlichen Initiativen (Terrorismus, Förderung von Flugblattkampagnen, Manifesten etc.) in Verbindung stehen". Wieder schwingt implizit der Bezug auf Popiełuszkos Predigten für die Heimat und die Solidarność-Unterstützung vonseiten einiger Kirchenmänner mit. Doch die polnische Kirche, die sich unübersehbar in einer Position der Stärke befindet, ist nicht zu besonderen Zugeständnissen bereit, sofern diese nicht notwendig sind, um während der Papstreise die Ordnung und den sozialen Frieden zu gewährleisten.

Der Besuch des Pontifex sollte dem Minister zufolge einen „ausschließlich religiösen Charakter" haben. Und doch ist er selbst der Erste, der in besagter Rede anerkennt, dass „politische Konsequenzen" des Besuchs angesichts der „diversen Faktoren, die im Spiel sind, […] unvermeidlich" seien. Man müsse wenigstens die Stationen der Reise auf ein Minimum beschränken (tatsächlich wird der Papst letztlich einen Mittelweg gehen und unter anderem auf den Besuch von Danzig verzichten) und die Möglichkeit erhalten, die päpstlichen Ansprachen vorab zu prüfen. Überdies gelte es, die Begegnungen mit den Jugendlichen zu verhindern, die als die „tückischsten" betrachtet werden (ein unmögliches Ansinnen, das dann auch keine Berücksichtigung findet: Es wird ein offizielles Treffen des Papstes mit den Jugendlichen auf der Jasna Góra und weitere spontane Begegnungen geben). „Der Besuch des Papstes", so der Minister zusammenfassend, „wird eine erhebliche Belastungsprobe für unsere Stabilisierung darstellen. Es ist ein sehr wichtiges, aber auch sehr riskantes Unterfangen [...]."[237]

Der Papst – so der Minister weiter – kennt die polnischen und internationalen Variablen seines Besuchs. Doch er betrachtet diesen Besuch als seine moralische Pflicht, als Erfüllung der „gegenüber dem Volk eingegangenen Verpflichtungen". Er rückt die religiösen Aspekte in den Vordergrund, will sich jedoch nicht auf diese beschränken, um die Hoffnungen nicht zu enttäuschen und sein Ansehen in den Kreisen der Opposition nicht zu verspielen. Ihm ist bewusst, dass sein Besuch nicht gegen das Regime verwendet werden kann. Gleichzeitig hat er jedoch nicht die Absicht, zu einer größeren Glaubwürdigkeit des Regimes beizutragen. Deshalb ist er der Auffassung, dass die Begegnungen mit Vertretern des Regimes auf das geringstmögliche Maß beschränkt werden müssen. Es ist zu vermuten, dass er sich mit seinen Erklärungen auf außerreligiöse Fragen, auf die internen Angelegenheiten des Landes konzentrieren wird, weil er dies für nötig hält, damit sich die Situation in Polen weiterentwickelt [...]. Es ist vorauszusehen, dass die 600-Jahr-Feier von Jasna Góra nur die formale Begründung seines Besuches liefert. Sein taktisches, außerreligiöses Ziel wird darin bestehen, die Bevölkerung davon zu überzeugen, dass es möglich ist, die Veränderungen voranzutreiben, die 1980 in Polen begonnen haben; und dies natürlich im Sinne der Kirche [...].

Die Sorge des Ministers und des Regimes richtet sich darauf, alle negativen Wendungen, die der Besuch nehmen könnte, vorherzusehen und nach Möglichkeit zu verhindern. In dem zitierten Bericht wird unter anderem das Anliegen deutlich, auch innerhalb der Partei die Reihen zu schließen, um Absplitterungen und Spaltungen zu verhindern. „Es gilt", erklärt

---

237 Aus der Rede von Minister Adam Łopatka, 10. März 1983.

Minister Łopatka, „im Vorfeld und während des Besuchs wie auch danach eine ideologische Interpretation zu liefern", an die sich alle in der Partei und in den staatlichen Einrichtungen zu halten haben. Die Besorgnisse und Bedenken der Regierung sind, kurz gesagt, offensichtlich.

Widerstände gegen die päpstliche Reise sind, wenn man den Analysen des Ministers Łopatka Glauben schenken darf, vonseiten der Führung der im Untergrund agierenden Solidarność und im Ausland, aber auch innerhalb der römischen Kurie selbst zu verzeichnen. Zwar krankten die Berichte der kommunistischen Geheimdienste – wie Morozzo della Rocca aufzeigt – an „chronischem Erkenntnis- und Objektivitätsmangel" und verrieten mehr über die „Vorurteile, die Mutmaßungen und die Befürchtungen" der östlichen Spione als über das tatsächliche Vorgehen des Heiligen Stuhls.[238] In diesem Fall jedoch erweist sich der Bericht des polnischen Ministers für religiöse Angelegenheiten vom März 1983, was seine Analyse der kurienintern über die Papstreise geführten Debatte betrifft, als glaubwürdig:

> In der römischen Kurie gehen die Ansichten über die Reise des Papstes zum vorgeschlagenen Zeitpunkt auseinander. Eine vergleichsweise realistische Position wird in dieser Hinsicht vom Staatssekretariat des Vatikans vertreten. Dort ist man der Ansicht, dass bereits entschieden ist, in welche Richtung sich die Situation in Polen weiterentwickeln wird. Das dürfte die außerreligiösen Aspekte des Besuchs einschränken und das Erreichen der vom Papst gewünschten Ziele unmöglich machen. Gleichzeitig fürchtet man, dass versucht wird, den Besuch im Zuge der Auseinandersetzung des Westens mit der UdSSR und den anderen sozialistischen Ländern auf Kosten der Perspektiven der vatikanischen Ostpolitik zu instrumentalisieren. Man ist der Auffassung, dass der Besuch unter diesen Umständen

---

238 R. Morozzo della Rocca, *Tra Est e Ovest*, op. cit., S. 188–198.

eine Chance sein kann, die Politik des Dialogs und den Willen zu korrekten Beziehungen mit den sozialistischen Ländern sowie die öffentliche Ordnung in Polen selbst zu stärken. Ferner gibt es in der römischen Kurie Kreise, die gegen den Besuch des Papstes sind, weil sie darin so etwas wie eine Anerkennung der aktuellen politischen Realität der Polnischen Volksrepublik, eine Unterstützung der angeblichen Versöhnungspolitik des Episkopats gegenüber der Regierung und einen Ansporn sehen, weitere Kompromisse einzugehen. Eine vorteilhafte Lösung dieses Dilemmas bestünde ihrer Ansicht nach darin, dass die Regierung den Papstbesuch ablehnt und die Partei und die Regierung auf diese Weise dem Volk und dem Westen gegenüber in eine schwierige Situation bringt.[239]

Der Papst trifft am 16. Juni auf dem Warschauer Flughafen ein und verbringt einige Tage in der Hauptstadt. Seine Predigt in der Kathedrale, am Grab des „Jahrtausend-Primas", lässt die Schwierigkeiten, mit denen seine Landsleute zu kämpfen haben, keineswegs unerwähnt:

> Zusammen mit allen meinen Landsleuten – besonders mit denen, die am schmerzlichsten den herben Geschmack der Enttäuschung, der Demütigung, des Leidens, des Freiheitsentzugs, des Unrechts, der niedergetretenen Menschenwürde spüren, trete ich unter das Kreuz Christi, um auf polnischem Boden das außerordentliche Jubiläumsjahr der Erlösung zu feiern. Ich stelle mich dort hin – und ich weiß, dass die Mutter Christi, wie einst auf dem Kalvarienberg, zu Füßen dieses Kreuzes steht.[240]

---

239 Aus der Rede von Minister Adam Łopatka, 10. März 1983. Zu den Meinungsverschiedenheiten innerhalb der römischen Kurie vgl. M. Signifredi, *Giovanni Paolo II e la fine del comunismo*, op. cit., S. 325.

240 Johannes Paul II., *Predigt während der Hl. Messe in der Kathedrale von Warschau* (16. Juni 1983), in: Verlautbarungen des Apostolischen Stuhls Nr. 48, S. 9.

Am 25. März hatte der Papst in Rom das Heilige Jahr der Erlösung eröffnet. Seine neuerliche Pilgerreise in die Heimat beginnt mit dem Gedenken an den zwei Jahre zuvor, wenige Tage nach dem Attentat auf dem Petersplatz, verstorbenen Kardinal Wyszyński. Wojtyła schöpft aus den Worten des „Jahrtausend-Primas", um sich in der Zeit der Prüfung an seine Landsleute zu wenden, und macht sich ein Gebet zu eigen, das der verstorbene Erzbischof von Warschau in der Haft verfasst hatte:

> […] Alle Deine Wege – sind Barmherzigkeit und Wahrheit! Leiden zerfließt in der Liebe, die man erfährt. Strafe hört auf, Vergeltung zu sein, denn sie ist eine Arznei, mit väterlichem Zartgefühl verabreicht. Trauer, die die Seele quält, ist wie Plackerei auf Brachland, zur Vorbereitung der neuen Aussaat. Einsamkeit heißt, Dich von nahem zu schauen. Menschliche Bösartigkeit ist eine Schule des Schweigens und der Demut. Seine Arbeit verlieren, das bedeutet ein Muster an Eifer und ist Hingabe des Herzens. Die Gefängniszelle ist die Wahrheit, dass wir hienieden keine ständige Wohnstatt haben […]. Auf dass also niemand schlecht von Dir, o Vater, denke, dass niemand wage, Dir Unrecht zu tun mit dem Vorwurf der Strenge und Härte – denn Du bist gut, denn Deine Barmherzigkeit ist ewig (18.1.1954).[241]

Offizieller Anlass der Papstreise ist der Besuch der Wallfahrtsstätte von Jasna Góra anlässlich ihres 600-jährigen Bestehens. Der Nachdruck, den Johannes Paul II. auf die Jubiläen legt, ist, wie schon gesagt, eine Botschaft an die Adresse der kommunistischen Macht, die angesichts der tausendjährigen Präsenz der christlichen Tradition – für den polnischen Papst die eigentliche Seele seines Heimatlandes – nur ein „vorübergehendes Gastspiel" gibt.

241 Ebd., S. 10 f.

Von Tschenstochau aus hält der Papst während des Treffens mit den Jugendlichen eine Ansprache, die den Weg des „Widerstands" gegen das Regime aufzeigt:

> Was bedeutet das: ich wache? Es bedeutet, dass ich mich bemühe, ein Mensch mit Gewissen zu sein. Dass ich dieses Gewissen nicht betäube, nicht umforme. Dass ich Gut und Bös beim Namen nenne, nicht aber verwische. Dass ich in mir das Gute herausarbeite und mich bemühe, vom Bösen loszukommen, indem ich es in mir überwinde. […] Ich wache, das bedeutet weiter: ich nehme den anderen wahr. Ich verschließe mich nicht in mir, nicht in dem engen Hinterhof meiner eigenen Interessen oder aber sogar der eigenen Werturteile. Ich wache – das bedeutet: Nächstenliebe; das bedeutet: grundlegende zwischenmenschliche Solidarität. […] Ich wache – das bedeutet auch: ich fühle mich verantwortlich für das große, gemeinsame Erbe, das den Namen Polen trägt. Dieser Name bestimmt uns alle. Dieser Name verpflichtet uns alle. Dieser Name fordert einen hohen Preis von uns. Vielleicht beneiden wir manchmal die Franzosen, die Deutschen oder die Amerikaner, weil ihr Name nicht an einen solchen Preis in der Geschichte geknüpft ist. Dass sie um vieles leichter frei sind. Während unsere polnische Freiheit einen so hohen Preis fordert.[242]

Der Papst beendet seine Ansprache an die Jugendlichen mit Worten, die den Zorn der Behörden entfachen: Die Schwarze Muttergottes, so seine Mahnung, wisse „vom Gefühl des erlittenen Unrechts und der Erniedrigung, von dem ach so häufig empfundenen Mangel an Zukunftsperspektiven – vielleicht von den Versuchungen, in irgendeine andere Welt zu

---

[242] Johannes Paul II., *An die Jugendlichen beim Appell von Jasna Gora* (18. Juni 1983), in: Verlautbarungen des Apostolischen Stuhls Nr. 48, S. 44 f.

fliehen"[243]. Jaruzelski tobt. Die Regierung lässt der polnischen Kirche eine Protestnote zukommen:

> Der Text für die Jugendlichen hat nichts Religiöses an sich, er hat einen ausgeprägt politischen Charakter. Er stiftet Verwirrung und Aufregung. Inhaltlich ist er falsch und ungerecht. Eine Vision ohne Hoffnung zu verbreiten hieße, einen Aufstand gegen die Behörden zu provozieren. Niemand hat mehr für die Leute und für die Jugendlichen in Polen getan als das derzeitige System. Die heutigen Schwierigkeiten als eine Niederlage und eine aussichtslose Situation darzustellen, statt zu Engagement und Arbeit aufzurufen, ist unmoralisch und schadet der Nation. Wir verstehen das gestrige Verhalten des Papstes als einseitigen Bruch der vereinbarten Bedingungen seines Besuchs [...]. Wir betrachten den Inhalt der Predigt an die Jugendlichen als einen Aufruf zur Revolte und zum Religionskrieg. Will die Kirche den Konflikt und den Religionskrieg in Polen? Die Behörden haben am 13. Dezember 1981 bewiesen, dass sie imstande sind, die Destabilisierung des Systems und des Staates wirkungsvoll zu unterbinden.[244]

Das Dokument wird dem Papst vorgelesen. Sein Sekretär erinnert sich, dass Dąbrowski die Aufgabe erhielt, Wojtyłas Antwort zu übermitteln: „Wenn er nicht sagen dürfe, was er denke", werde der Papst nach Rom zurückkehren.[245]

Kardinal Lustiger, der Erzbischof von Paris, der wie viele andere Prälaten und Bischöfe aus aller Welt den Papst in jenem Juni 1983 auf seiner Reise begleitete, erinnerte sich später – so ist bei George Weigel nachzulesen – an eine Szene, die symptomatisch für die angespannte Stimmung war, die in jenen pol-

---

243 Zitiert nach: Verlautbarungen des Apostolischen Stuhls Nr. 48, S. 45.
244 Zitiert nach M. Signifredi, *Giovanni Paolo II e la fine del comunismo*, op. cit. S. 305f.
245 S. Dziwisz, *Mein Leben mit dem Papst*, op. cit., S. 155.

nischen Tagen sogar innerhalb der vatikanischen Delegation geherrscht habe. Demnach soll Casaroli, der den Dialog mit dem Regime seit Jahren aufrechterhielt, seine sprichwörtliche Selbstbeherrschung verloren und während eines Abendessens im erzbischöflichen Palais von Krakau seine Besorgnis über Wojtyłas Verhalten zum Ausdruck gebracht haben. Als der Papst vom Tisch aufgestanden und zum Fenster gegangen sei, um einer Gruppe von Jugendlichen zuzuwinken, habe Casaroli offen seine Missbilligung geäußert: „Was will er eigentlich? Will er Blutvergießen? Will er Krieg? Möchte er die Regierung stürzen? Jeden Tag muss ich den Regierungsstellen erklären, dass es nichts damit auf sich hat."[246] Eine Episode, die durchaus nicht unwahrscheinlich ist, wenn man bedenkt, welche enorme Anspannung – durch das heftige Zittern, das General Jaruzelski während seiner Begrüßungsansprache an den Papst am Warschauer Flughafen befällt, plastisch veranschaulicht – damals in Polen und den übrigen Ostblockländern herrschte. Doch selbst wenn sich diese Episode wirklich so zugetragen hat, darf sie nicht als Beleg für einen grundlegenden Widerspruch zwischen der Ostpolitik Casarolis und der des Papstes bewertet werden. Roberto Morozzo della Rocca schreibt:

> Das Gefolge des Papstes hatte Zeiten unausgesetzter Anspannung durchlebt. In diesem Kontext ist die Reaktion Casarolis zu verstehen, die – angesichts des Charakters des Kardinals aus Piacenza, der allgemein unter dem Spitznamen Lagostina, Dampfdrucktopf, bekannt war – dem einen oder anderen überraschend erscheinen mag. Andererseits war es Wojtyła selbst, der Casaroli bat, die Behörden mit diplomatischen Mitteln zu besänftigen und zu gewähr-

---

246 G. Weigel, *Der Papst der Freiheit*, op. cit., S. 143. Zu Casaroli vgl. die neuere Arbeit von R. Morozzo della Rocca, *Tra Est e Ovest. Agostino Casaroli, diplomatico vaticano*, op. cit., S. 280.

leisten, dass die Reise so vonstattenging, wie er es wollte. Das war Casarolis Aufgabe. Ohne ihn wäre die Reise vielleicht gar nicht durchführbar gewesen. Und seine Ausrufe während des Abendessens bei Macharski sind, wenn sie denn echt sind, die Äußerungen eines Mannes, der Wojtyła in jener Situation emotional so nahe war wie kein anderer: so nahe, dass er sich nicht scheute, spontan zu sein.[247]

Es liegt nicht in der Absicht Johannes Pauls II., einen Krieg oder einen Konflikt zu provozieren, aber er kann den Polen auch nicht sagen, dass sie aufgeben sollen. Sein Appell ist ein Aufruf zum inneren Widerstand: „Ich bitte euch, dass ihr diese Schwächen, Sünden, Fehler und Situationen beim Namen nennt. Dass ihr immerzu mit ihnen ringt. Dass ihr euch nicht verschlingen lasst von der Woge der Demoralisierung und Gleichgültigkeit, vom Verfall des Geistes."[248]

Obwohl die Behörden dies wiederholt zu verhindern versuchen, gelingt es Johannes Paul II., mit Lech Wałęsa zusammenzutreffen. Die kurze Unterredung findet in der Tatra statt, einer Gebirgsregion, in der sich der junge Wojtyła oft und gerne aufgehalten hatte. Msgr. Stanisław, der damalige Sekretär des Papstes, erinnert sich: „In dem Moment war das, was gesagt wurde, waren die Worte nicht wichtig, sondern das Geschehen als solches, diese Geste. Es hatte seine Bedeutung, dass Johannes Paul II. dort war und sich mit Wałęsa traf. ‚Ich wollte Ihnen nur diese eine Sache sagen, dass ich jeden Tag für Sie bete.' Das heißt, er betete jeden Tag für Wałęsa und für alle Männer und Frauen der Solidarność.'[249]

---

247 R. Morozzo della Rocca, *Tra Est e Ovest*, op. cit., S. 281.
248 Johannes Paul II., *Predigt zur Seligsprechung von Pater Rafael Kalinowski und Bruder Albert Chmielowski in Krakau* (22. Juni 1983), in: Verlautbarungen des Apostolischen Stuhls Nr. 48, S. 113f.
249 S. Dziwisz, *Mein Leben mit dem Papst*, op. cit., S. 157.

Drei Tage nach seiner Abreise, am 26. Juni, hält Kaplan Jerzy eine „Predigt für die Heimat", die er gänzlich dem Papstbesuch widmet:

> In der schwarzen Nacht, die über unserer Heimat herrscht, leuchtete ein Licht der Gottesgnade in der Person des Heiligen Vaters Johannes Paul II. auf, der unsere Heimat als Friedensbote besuchte. Ein Licht leuchtete über der ermattenden Hoffnung auf, über dem menschlichen Leid, den tragischen und schmerzlichen Erlebnissen der vergangenen anderthalb Jahre, der Demütigung der menschlichen Würde, der Unruhe der Eltern um das Schicksal und die Zukunft der Kinder und über allem, was schwierig ist. […] [Wir möchten] mit unserem Gebet und unserem Glauben dem größten Polen in der tausendjährigen Geschichte unseres Landes huldigen. Wir möchten schon heute darüber nachdenken, welch reiches Erbe er uns zum Nachdenken hinterlassen hat.[250]

Die Predigt nimmt auf die zahlreichen Ansprachen Bezug, die Wojtyła im Verlauf seiner Reise gehalten hatte. Der junge Priester fasst die Botschaft dieser zweiten Pilgerreise des polnischen Papstes in seine Heimat in zwei Sätzen zusammen: „Wir möchten, dass die Regierung versteht, dass sie nur dann stark sein kann, wenn die Gesellschaft sie unterstützt. Und der Weg dorthin führt über die Achtung des Menschen, die Respektierung seiner Gesinnung und seines Gewissens."

> Wir werden uns noch lange an die Worte des Heiligen Vaters, die er in Krakau sprach, erinnern: „Seid stark in der Macht des Glaubens. Seid stark in der Macht der Hoffnung. Seid stark in der Macht der Liebe, der Liebe, die alles übersteht. Ein Volk, eine Menschengemeinschaft ist zum Sieg berufen worden, zum Sieg

---

250 J. Popiełuszko, *An das Volk*, op. cit., S. 43–46, hier S. 43.

in der Macht des Glaubens, der Hoffnung auf die Liebe, zum Sieg in der Macht der Wahrheit, der Freiheit und der Gerechtigkeit."

Und in Anlehnung an den 32. Psalm,[251] den der Papst während seiner Reise mehrfach erwähnt hatte, beendet Kaplan Jerzy seine Predigt mit den Worten: „Wir werden das Böse nicht fürchten, weil wir heute wissen, dass er, Johannes Paul II., mit ganzem Herzen und seiner ganzen Macht bei uns ist. Wir werden das Böse nicht fürchten, weil niemand sonst als der Herr selbst bei uns ist."

In seinem Tagebuch fasst der junge Priester den Papstbesuch folgendermaßen zusammen: „Es war ein großartiger Volksauflauf, ein Moment der nationalen, religiösen und patriotischen Befreiung. Er hat auch mich in meiner Arbeit und darin bestärkt, dass ihre Ziele berechtigt sind."[252]

Der ideologische Kampf

Am 22. Juli, einen Monat nach dem Ende der Papstreise, wird der Ausnahmezustand endgültig aufgehoben. Dennoch ist die Situation nicht so, wie sie vorher war: Die repressiven Maßnahmen gegen gewerkschaftliche, kulturelle und verlegerische Aktivitäten sind zahlreich. Solidarność bleibt verboten. Doch die Regierung gibt dem Drängen des Papstes und der polnischen Bischofskonferenz nach und erlässt eine Amnestie, die beinahe alle politischen Häftlinge – mit Ausnahme elf führender Solidarność-Mitglieder – wieder auf freien Fuß setzt. Popiełuszko

---

251 Psalm 23,4: „Auch wenn ich gehe im finsteren Tal, ich fürchte kein Unheil; denn du bist bei mir, dein Stock und dein Stab, sie trösten mich."
252 Aus dem Tagebuch von Jerzy Popiełuszko, dem sogenannten „Grünen Heft", Eintrag vom 29. Dezember 1983, in: *Summarium*, S. 469.

schildert die Situation in seiner Augustpredigt, die einer der Anklagepunkte im Prozess gegen den Priester sein wird:

> Nach der Periode der besonderen Begrenzung der persönlichen Freiheit in unserem Vaterland hatte das Volk ein Recht darauf zu erwarten, dass die Beendigung des Kriegszustands und die Amnestie den gegenseitigen Groll und das Unrecht vergessen lassen und das die Wiederherstellung jener vom Heiligen Vater mehrfach angesprochenen Subjektivität die Wiederaufnahme des Dialogs zwischen Regime und Volk ermöglichen würde, der im Dezember 1981 unterbrochen worden war. Das Volk hatte das Recht zu erwarten, dass die Zeit des gemeinsamen und einmütigen Aufbauens des Vaterlands beginnen würde. Um diesen Erwartungen gerecht zu werden, hätte der Weg der Wahrheit gewählt werden müssen. Wahrheit bedeutet eine Übereinstimmung zwischen dem, was man sagt, und dem, was man tut. Man kann Worte und Erklärungen über die wahre Verständigung nicht als Wahrheit annehmen, wenn die bürgerlichen Rechte gleichzeitig weiterhin eingeschränkt bleiben. Die letzten Bestimmungen des Sejm sind bestimmt nicht für das Wohl der Bevölkerung und im Interesse der Gesellschaft festgelegt worden. Sie drehen den Bereich der bürgerlichen Freiheit nicht nur vor das Jahr 1981, sondern sogar vor das Jahr 1956 zurück. [...] Sollte sich seit Jahrhunderten nichts geändert haben? Sollte Platon recht haben, wenn er sagte: „Jede Regierung beschließt die Gesetze im eigenen Interesse"?[253]

Auf internationaler Ebene kommt es im Herbst 1983 zu einer überaus gefährlichen Eskalation des Kalten Krieges. Man ist nur um Haaresbreite von einem Atomkrieg entfernt. Am 1. September schießt die Moskauer Luftwaffe im sowjeti-

---

253 *Predigt für die Heimat* vom 28. August 1983, in: J. Popiełuszko, *An das Volk*, op. cit., S. 47.

schen Luftraum ein südkoreanisches Passagierflugzeug ab. Eine Militärübung der NATO (Able Archer 83) wird von den Sowjets als Vorbereitung auf einen Angriff gedeutet. Heute zugängliche Dokumente von CIA und KGB belegen, dass Moskau damals nur einen Schritt von einem Nuklearschlag entfernt gewesen ist. Ronald Reagan, seit 1981 im Weißen Haus, vollzieht mit seiner Rhetorik vom „Reich des Bösen" einen Paradigmenwechsel, was das Verhältnis zu den Sowjets betrifft, und veranlasst diese durch die Stationierung ballistischer Mittelstreckenraketen in Großbritannien und Westdeutschland zum Abbruch der Abrüstungsverhandlungen. Johannes Paul II. appelliert an Reagan und Andropow, „auf Dialog und Verhandlungen zu setzen". Es sind Monate, in denen der ideologische Kampf in den Ländern des sozialistischen Raums mit Macht wiederaufflammt. In Moskau stirbt mit Andropow auch das Verständnis für die „polnische Anomalie". Bei einem Treffen mit führenden Funktionären der PVAP diktiert der Russe Simjanin, unter Breschnew Chefredakteur der „Prawda", den polnischen Kommunisten die Tagesordnung:

> Wo die antisozialistischen Kräfte eher aktiv sind [gemeint ist Polen, auch wenn dies nicht ausdrücklich gesagt wird], ist es unerlässlich, dass die Partei politisch geschlossen und in ihrer ideologischen Arbeit unnachgiebig ist. Um den Feind zu besiegen, muss man ihn vor allem klar benennen; sein Gesicht darf nicht verschwommen sein [...]. Mit dem Feind spricht man nicht, man kann ihn nicht überzeugen, man muss ihn besiegen. Der Kampf mit dem Feind muss einem einzigen, von der Partei erarbeiteten Plan folgen. Andernfalls werden unsere Leute nicht verstehen, was wir tun, und nicht sehen, gegen wen und wofür wir kämpfen. Die Hauptfront ist der Kampf gegen die Feinde des Sozialismus. Aber man darf auch die nicht unterschätzen, die den Kurs der Partei

nach Belieben korrigieren und die Gesichtszüge des Feindes verwischen.[254]

Die Sowjets beklagen sich insbesondere über die nachgiebige Haltung des von Jaruzelski regierten Polen gegenüber der Kirche, einer „mächtigen Kraft der antisozialistischen Opposition", die „als ein Beschützer der Illegalität und Verfechter der Idee von Solidarność auftrete".

Die Auswirkungen der zweiten Polenreise Johannes Pauls II. werden von Moskau äußerst negativ bewertet, auch wenn viele internationale Kommentatoren in der westlichen Presse die zweite, im Protokoll eigentlich nicht vorgesehene Begegnung zwischen dem Papst und Jaruzelski als „Rehabilitierung" des Generals durch den Pontifex bewerten.[255] Jaruzelski ist sich der Schwierigkeiten bewusst und macht daraus keinen Hehl, als er im August 1983 mit dem Deutschen Honecker, einem der schärfsten Kritiker der „anomalen" Linie der PVAP, zusammentrifft:

> Wir stehen vor einem umfangreichen, aktiven Wettstreit zwischen Partei und Kirche um den ideologischen Einfluss in der Gesellschaft. Dieser und auch der ökonomische Bereich ist jetzt und in Zukunft die grundlegende Linie für den Kampf um die Stärkung des Sozialismus in Polen. Die Krise, die wir durchlaufen haben und deren letzte Phase wir gerade jetzt durchlaufen, hat die Kirche in einem im Nachkriegspolen bislang ungekannten Ausmaß gestärkt.[256]

Im Stasi-Archiv wird ein langer Bericht aufbewahrt, der im Vorfeld des zweiten Heimatbesuchs Johannes Pauls II. entstan-

---

254 Zitiert nach M. Signifredi, *Giovanni Paolo II e la fine del comunismo*, op. cit., S. 339–347.
255 Ebd., S. 324f.
256 Ebd., S. 345.

den ist; er trägt den Titel „Der Apparat der 60.000" und zeugt von Honeckers Skepsis angesichts der Situation in Polen.[257] Es handelt sich um eine detaillierte Aufstellung der Dimensionen und der Stärke der polnischen katholischen Kirche, die „größer sei als die der Partei, der Gewerkschaften und anderer Vereinigungen". Die Zahl 60.000 bezieht sich auf die Summe aller Bischöfe, Priester, Ordensleute, Missionare und anderer Mitarbeiter der polnischen Kirche im In- und Ausland (die Gläubigen natürlich nicht mitgerechnet). „Die römisch-katholische Kirche", heißt es in dem Bericht, „ist eine hervorragend organisierte Institution mit klar ausgerichteten und effizienten Strukturen". Zu ihren „Milizen" müssten außerdem die zahlreichen Presseorgane (es ist von 91 polnischen Zeitungen und Zeitschriften die Rede) und die auch im Ausland verbreiteten Verlagshäuser gerechnet werden, die eine „inoffizielle Opposition" gegen das Regime und weiterhin in der Expansion begriffen seien. Sodann wird an die „staatlich geförderte" Zunahme der kirchlich genutzten Gebäude und Kapellen erinnert, deren Zahl zwischen 1937 und 1983 von 7.257 auf 14.000 angewachsen sei. Ein Wachstum, das, so der Bericht, vonseiten des Regimes nicht nur nicht gestört, sondern sogar unterstützt werde.

Nach der zweiten Papstreise nimmt die antireligiöse Offensive in Polen wieder Fahrt auf und Formen an, die an die Jahre des

---

257 Das Dokument befindet sich im Stasi-Archiv: Ministerium für Staatssicherheit (nachf. MfS) HA II Nr. 38067. Der Bericht vom 11. April 1983 trägt den Titel „Der Apparat der 60.000". Stellenweise lässt sich aus den Berichten das Unverständnis herauslesen, das die Haltung der polnischen Genossen gegenüber der Kirche bei den deutschen Kommunisten hervorruft. In einem Bericht vom 20. Dezember 1984 über den Besuch von Primas Glemp in Ostberlin ist davon die Rede, dass man in der polnischen Botschaft mit Erstaunen reagiert habe, als der Kardinal erwähnte, dass in Berlin elf Priester für die seelsorgliche Betreuung ihrer Landsleute zuständig seien. Am Rand des Berichts findet sich eine handschriftliche Notiz in deutscher Sprache: „Die sind aber auch wirklich dämlich!" (MfS HA XX/4 Nr. 1255).

Stalinismus und an die Zeit unter Bierut erinnern. Zwischen Juni und Dezember 1983 werden die Gespräche über die Anerkennung des rechtlichen Status der Kirche ausgesetzt und die Verhandlungen über die diplomatischen Beziehungen zwischen Polen und dem Heiligen Stuhl blockiert. Der Dialog zwischen dem Regime und der polnischen katholischen Kirche wird jedoch weitergeführt: In den darauffolgenden Monaten diskutiert man über das Schicksal der elf führenden Solidarność-Mitglieder – unter ihnen Gwiazda, Kuroń, Michnik und Modzelewski –, die noch in Haft sind. Außerdem wird über eine neue Amnestie verhandelt.

Die Schlinge zieht sich zu

Während sich die Kirche darüber beklagt, dass die antireligiöse Propaganda an Schärfe zunimmt, werfen die Kommunisten dem polnischen Episkopat vor, nicht gegen die Priester vorzugehen, die der „antisozialistischen Propaganda" beschuldigt werden. Einer dieser Priester ist Popiełuszko, der immer mehr ins Visier der Geheimdienste gerät. Das belegt das Tagebuch des jungen Geistlichen, der in jenen Monaten von diversen Nachstellungen berichtet. Als er mit einigen Freunden eine Reise unternimmt, wird sein Wagen von Polizisten angehalten und durchsucht. Ein anderes Mal wird Kaplan Jerzy kurz vor Kielce von einem braunen Fiat 125 verfolgt. Bald gesellt sich ein zweiter PKW hinzu. Der Priester und seine Freunde machen sich einen Spaß mit den Polizisten: Sie stoppen den Wagen hinter einer Kreuzung und zwingen die Verfolger so, aus der Deckung zu kommen. Einer von Kaplan Jerzys Begleitern steigt aus, geht zu ihnen hin und tut so, als wolle er sie nach dem Weg fragen. Erzürnt fordern die Männer ihn auf, wieder in den Wagen zu steigen. Popiełuszko wird demonstrativ beschattet, sobald er seine Wohnung verlässt. Daran erinnert sich auch der polnische Kardinal Stanisław Ryłko, der zwei Jahre älter war als Kaplan Jerzy und im August 1983 in Dębki, einem Ferienort an der Ostseeküste, beobachten konnte, wie der Warschauer Kaplan seinen Verfolgern zu entkommen versuchte.[258]

Je enger sich die Schlinge um den jungen Priester zuzieht, desto ausgeklügelter werden auch die Strategien, mit denen seine Freunde ihn zu beschützen versuchen. Seit Dezember schon halten sie abwechselnd vor dem Pfarrhaus Wache. An den Fenstern des Priesters werden Eisengitter angebracht. Einige Freunde schlagen ihm vor, für ein paar Tage zu verreisen, weil durchgesickert ist, dass die Geheimdienste es besonders auf den jungen Kaplan abgesehen haben. Kaplan Jerzy schreibt in seinem Tagebuch:

> Diese lieben Menschen! Sie sind so besorgt um mich. Sie schätzen mich wegen der Messe für die Heimat und wegen meiner Tätigkeit in der Welt der Arbeiter. Sie sehen nicht, dass diese Dinge auf Kosten der freundschaftlichen Kontakte und der Erholung gehen und dass ich mit schlaflosen Nächten dafür bezahle, weil ja trotz allem der medizinische Bereich und die Pfarrei, in der ich wohne, und nicht nur die Sorge um die Gesundheit meine hauptsächliche und eigentliche Aufgabe darstellt.[259]

Die Messen für die Heimat sind immer stärker besucht. Im August 1983 berichtet der Priester von 10.000 anwesenden Gläubigen: Die Messe muss auf dem Kirchenvorplatz gefeiert werden, und auch in den angrenzenden Straßen stehen die Menschen dicht an dicht. Schon im Februar erwähnt der Priester, dass die Zahl der Anwesenden trotz aller Tricks – die Polizei hatte Plakate mit dem Hinweis aufgehängt, die Messe sei abgesagt –

---

258 Gespräch des Autors mit dem polnischen Kardinal Stanisław Ryłko im Juni 2013. Ryłko war bis 2016 Vorsitzender des Päpstlichen Rats für die Laien.
259 J. Popiełuszko, Tagebuch, in: *Summarium*, S. 465.

extrem hoch gewesen sei. Die ZOMO, eine eigens für die Niederschlagung von Unruhen eingerichtete Miliz, umkreisen das Viertel Żoliborz, während Kaplan Jerzy in seiner Homilie einen Vers aus dem Lukasevangelium (Lk 4,18–19: „Der Geist des Herrn ruht auf mir [...]. Er hat mich gesandt, [...] damit ich den Gefangenen die Entlassung verkünde und den Blinden das Augenlicht; damit ich die Zerschlagenen in Freiheit setze [...].") kommentiert und mit allem Nachdruck erklärt:

> Woher kommen die Sklaverei und die Gefängnisse? Es gibt unsichtbare Gefängnisse, Gefängnisse, in denen geboren, gewachsen und gestorben wird. Es gibt Gefängnisse der Systeme und Gesellschaftsordnungen. Diese Gefängnisse vernichten nicht nur das Fleisch, sie reichen weiter, sie greifen nach der Seele, sie greifen tief nach der wahren Freiheit. [...]. Im Mai 1968 sagten die polnischen Bischöfe: „Aufgrund abweichender Gesinnung darf niemand als Feind verleumdet werden [...]." Diese Worte der Bischöfe klingen heute besonders aktuell [...].[260]

Nach der Messe erhält Kaplan Jerzy zum ersten Mal ein Kompliment von seinem betagten Pfarrer: „Sie haben gut gesprochen, deutlich, aber wahr." Ein Kommentar, der den jungen Priester glücklich macht; er schreibt in sein Tagebuch: „Das war für mich der größte Lohn für die Mühen, die ich auf die Vorbereitung verwendet hatte [...]." Und mit Bezug auf den Pfarrer, der die Sympathien seines Stellvertreters für Solidarność nicht ganz teilt, fügt er hinzu: „Er ist ein wunderbarer Mensch, ein großer Patriot, ein Priester Gottes."

Nach der Predigt bemüht sich Popiełuszko wie jedes Mal, Zusammenstöße mit den Ordnungskräften zu verhindern, und

---

[260] *Predigt für die Heimat* vom 27. Februar 1983, in: J. Popiełuszko, *An das Volk*, op. cit., S. 29.

fordert die Anwesenden auf, sich „würdevoll zu verhalten" und den Platz in aller Stille zu verlassen.

Keineswegs erfreut über die Worte des Priesters sind dagegen die Regierungsbehörden. Wenige Tage nach der Predigt wird Kaplan Jerzy von Bischof Romaniuk, einem Weihbischof der Diözese Warschau, einbestellt, der ihn von der Verstimmung des Präsidenten höchstpersönlich in Kenntnis setzt, welcher seine Pfarrei als einen „Stachel im Fleisch" der Beziehungen zwischen den Machthabern und der Kirche bezeichnet habe. Ein von Anna Jackowska, der stellvertretenden Staatsanwältin der Woiwodschaft Warschau, unterzeichnetes Informationsschreiben vom 14. September 1983 gibt die Mitschriften einiger Predigten wieder, die Kaplan Jerzy zwischen August 1982 und August 1983 gehalten hat, und kommt zu dem Schluss, dass „die Reden von Kaplan J. Popiełuszko insgesamt einen unbestreitbar staatsfeindlichen Charakter haben", wenngleich

> nach Analyse der Stenogramme, der Form und des Stils der von J. Popiełuszko zweifellos mit Bedacht gewählten Worte gesagt werden muss, dass die Anwendung irgendeiner in Untertitel XXXVI des Strafrechts und nachfolgenden Änderungen enthaltenen Norm nach Abschluss der Untersuchung dazu führen könnte, dass die Angelegenheit zu den Akten gelegt wird, weil die Sache an sich keinen Straftatbestand darstellt. Der allgemein gehaltene und mit religiösen Inhalten umkleidete Stil Kaplan Popiełuszkos lässt es nämlich nicht zu, mit Gewissheit zu sagen, dass er lügt oder die politische Ordnung und die höchsten Organe der Polnischen Volksrepublik beleidigt oder verhöhnt oder falsche Nachrichten in Umlauf bringt und zum Ungehorsam gegenüber den Behörden aufstachelt. Nichtsdestoweniger weisen die allgemeinen, aber wiederkehrenden Formeln darauf hin, dass Kaplan Popiełuszkos unmittelbare Absicht darin besteht, die Gesellschaft davon zu überzeugen, dass die Behörden des Staates antidemo-

kratisch und darauf bedacht seien, alle freiheitlichen Bestrebungen, die sich die unabhängige Gewerkschaft Solidarność und ihre führenden Vertreter auf die Fahnen geschrieben haben, zu ersticken. Überdies bestreitet er die Souveränität Polens und äußert antisowjetische politische Standpunkte. Ein solches Verhalten vonseiten eines Geistlichen, der damit die Freiheit des Gewissens und der Religionsausübung missbraucht, schadet den Interessen der Polnischen Volksrepublik und kann mithin als Straftat im Sinne von Art. 194 des Strafgesetzbuchs betrachtet werden [...]. Deshalb ist es gerechtfertigt, in dieser Sache eine Untersuchung einzuleiten, die den Sicherheitsdiensten anvertraut werden muss.[261]

Kurz vor dem Papstbesuch im Juni war bei der Kurie ein Brief der Behörden mit der Aufforderung eingegangen, Popiełuszkos Namen von der Liste der freiwilligen Helfer zu streichen. Doch die Bischöfe waren der Aufforderung nicht nachgekommen, sondern hatten den Namen des Priesters, der sich bereits 1979, bei Wojtyłas erster Polenreise, mit Erfolg um die Sanitätsdienste gekümmert hatte, stehenlassen.

In seinem Tagebuch schreibt Kaplan Jerzy: „Die staatlichen Behörden wollen nicht mit mir sprechen, weil sie mich für einen schlimmen Extremisten halten [...]. Ich fühle mich von ihnen zunehmend verfolgt, aber der liebe Gott verleiht mir große geistige und trotz meiner oft unruhigen Nächte auch eine wirklich hervorragende physische Kraft."[262] Auf die behördlichen Vorwürfe der „antisozialistischen Aktivität" und „Anstachelung zur Revolte" seitens des Priesters von Żoliborz reagieren die Bischöfe mit aller Entschiedenheit.

1983 spricht der Kanzler der Warschauer Kurie bei geistlichen Exerzitien über Popiełuszkos Arbeit, die, wie er betont,

---

261 Vgl. *Positio*, S. 119 f.
262 J. Popiełuszko, Tagebuch, in: *Summarium*, S. 468.

„Heroismus und Überlegung" erfordere. „Aussagen, die ich nicht verdient habe", notiert Kaplan Jerzy in seinem Tagebuch und fügt hinzu: „Das Ergebnis ist, dass die Leute mich kennen, denn nachdem ich meinen Nachnamen genannt hatte, habe ich stürmischen Beifall bekommen. Für besondere Heiterkeit hat die Aussage des Kanzlers gesorgt, wonach der Vorsitzende der Woiwodschaft von Warschau mit ihm über das ‚Begräbnis von Kaplan Popiełuszko' gesprochen habe. ‚Herr Vorsitzender', antwortete er, ‚Kaplan Popiełuszko ist am Leben!' Mit meinem Begräbnis meinte der Vorsitzende das von Grzegorz,[263] weil ich es organisiert hatte."

Kaplan Jerzy ist viel auf Reisen, weil man ihn einlädt, in verschiedenen polnischen Städten zu predigen. Am 30. August 1983 wird er auf dem Weg nach Gdingen (Gdynia), einer Stadt an der Ostsee, von der Polizei gestoppt und acht Stunden lang festgehalten. Mehrfach wird er angehalten und durchsucht. Die Staatsanwaltschaft der Woiwodschaft leitet eine Untersuchung gegen ihn ein, um dem Vorwurf des „Missbrauchs der Gewissens- und Kultfreiheit während der Abhaltung von Gottesdiensten in Warschau und andernorts [...] zulasten der Interessen der Polnischen Volksrepublik" nachzugehen. Für diesen Tatbestand kann, wenn sich der Vorwurf bestätigt, nach polnischem Recht eine ein- bis zehnjährige Haftstrafe verhängt werden.

Am 2. Dezember 1983 kommen sie, um Kaplan Jerzy zu verhaften. Den Besuchern der morgendlichen Neun-Uhr-Messe sagt der Pfarrer, sie sollten beten, „dass Gott die Herzen [der Polizisten] erweichen möge". Trotz der schneidenden Kälte versammeln sich die Menschen vor dem Pfarrhaus und beten

---

[263] Grzegorz Przemyk ist der Junge, der wenige Monate zuvor von der Polizei getötet worden war, vgl. den Abschnitt „Der Mord an Grzegorz Przemyk" in diesem Kapitel.

den Rosenkranz. Aus der erzbischöflichen Kurie kommt der Rat, der junge Priester solle das Haus nicht verlassen. Mehrere Male versuchen die Polizisten, die Vorladung der Staatsanwaltschaft zuzustellen, doch die Arbeiter, die das Pfarrhaus umstellt haben, hindern sie daran, es zu betreten. Popiełuszko schreibt in seinem Tagebuch: „Die Wertschätzung der Gläubigen war für uns ein kleiner Sieg. Doch Satan wurde nur umso wütender." Am Ende verständigt sich Bischof Dąbrowski, der Sekretär der Bischofskonferenz, der für die Beziehungen zu den Behörden zuständig ist, mit dem Minister für religiöse Angelegenheiten Łopatka darauf, dass Kaplan Jerzy am 12. Dezember zum Verhör erscheinen wird – unter der Bedingung, dass man ihn nach zwei Stunden wieder gehen lässt. Popiełuszko rast vor Zorn: Die Wahl des Termins unmittelbar vor dem zweiten Jahrestag der Verhängung des Kriegsrechts ist eine Falle, um den Priester von der Kirche fernzuhalten. „Der Erzbischof", notiert der junge Geistliche lapidar in seinem Tagebuch, „hatte vergessen, dass man mit dem Teufel keine Verträge schließen darf."[264]

Die Strategie der Verleumdung

Doch das Verhör dient noch einem weiteren Zweck. Während Kaplan Jerzy in der Staatsanwaltschaft festgehalten wird, begeben sich einige Polizisten in seine Privatwohnung, die seine amerikanische Tante für den Fall ihrer Rückkehr in die Heimat gekauft und ihrem Neffen überschrieben hatte. Die Wohnung wird – nicht sehr geschickt – mit „antisozialistischem" Material ausstaffiert: Flugblättern und anderen Dokumenten teils in französischer Sprache, Druckfarbe, aber auch Munition, Sprengstoff, Dynamit und Tränengas. Popiełuszko wird

---

[264] J. Popiełuszko, Tagebuch, in: *Summarium*, S. 473.

vom Staatsanwalt und von einigen Polizisten zu einer Durchsuchung in seine Wohnung begleitet. Die Verteidiger, die bei der Befragung des Priesters dabei gewesen waren, sind nicht mitgekommen, weil sie nichts Böses ahnen. Vor Ort warten bereits Fernsehreporter und Journalisten, die die Durchsuchung aufzeichnen. Nach wenigen Minuten haben die Polizisten zu Kaplan Jerzys großem Erstaunen alles gefunden, doch der Priester lässt sich nicht aus der Ruhe bringen und bemerkt ironisch: „Meine Herren, jetzt haben Sie es aber wirklich übertrieben!" Auf dem Protokoll, das angefertigt wird, ergänzt Popiełuszko: „Ich weise darauf hin, dass sich ein Beamter nach Betreten der Wohnung zielstrebig an diejenigen Plätze begeben hat, wo er gewisse belastende Materialien zutage förderte – als hätte er gewusst, dass er dort fündig werden würde."

Leszek Pękala, einer der Mörder des Priesters, der bei der Durchsuchung dabei war, erinnert sich: „Es machte einen guten Eindruck auf mich, wie ruhig und selbstbeherrscht er auf diese Provokation reagierte. Viel schlimmer verhielten sich dagegen die Polizisten, Profis, die eigens von der Polizeizentrale der Hauptstadt geschickt worden waren, um die Dinge zu finden, die sie zuvor dort versteckt hatten. Sie machten viele Fehler, sie waren sehr nervös, während er bei alledem stets Herr seiner selbst blieb."[265]

Zweck des Ganzen ist vor allem, den Priester in den Augen seiner Oberen und der Gläubigen in Verruf zu bringen.

Dasselbe versucht das Regime zur gleichen Zeit auch mit Wałęsa, über den ein montierter Film mit Schauspielern, die seine Stimme imitieren, in Umlauf gebracht wird; darin erscheint der Solidarność-Vorsitzende als korrupt und geldgierig. Diese Aktion veranlasst Wałęsa, das mit dem Friedensnobelpreis verbundene Preisgeld einem von der Kirche

---

265 Aussage von Leszek Pękala, in: *Summarium*, S. 626–641.

eingerichteten Fonds zur Förderung der privaten Landwirtschaft zu stiften.

Gefängnis und Verhöre

Popiełuszko wird aufs Polizeipräsidium gebracht und inhaftiert. Er schreibt in sein Tagebuch:

> In Zelle Nr. 6 befahl man mir, mich nackt auszuziehen. Der mit der Durchsuchung beauftragte Polizist (er war nicht älter als 20) schlug die Hände über dem Kopf zusammen und rief: „Dass das ausgerechnet mir passieren muss!" Dann brachten sie mich in Zelle Nr. 23. Dort waren fünf Personen (einer wurde beschuldigt, seine Frau ermordet und in die Weichsel geworfen, ein zweiter, vier Menschen mit einer Lokomotive überfahren zu haben; einem wurde Beihilfe zu einem Mord in Grodzisk Mazowiecki, einem weiteren Finanzbetrug und einem Spionage vorgeworfen). Ich bekam eine Matratze und zwei schäbige Decken und legte mich auf den Boden. Die Unglücklichen in meiner Zelle behandelten mich mit Wohlwollen, das uniformierte öffentliche Sicherheitspersonal ebenfalls. Hier gibt es nichts zu beanstanden. Wir hatten auch noch einen weiteren Zellenbewohner: eine niedliche Maus, die aus einem Loch herausschaute, um sich mit Brot füttern zu lassen. Vom 13. auf den 14. Dezember haben sie mich von drei Seiten fotografiert. Um 18 Uhr teilte man mir mit, dass ich mich dem Staatsanwalt vorstellen solle. Im größten Versammlungssaal traf ich den Staatsanwalt, denselben wie bei der Durchsuchung [...]. Mir wurde die auf der Grundlage der Durchsuchung erhobene Anklage präsentiert: Artikel, die sich zu insgesamt 21 Jahren Freiheitsstrafe aufaddierten, plus zehn Jahre auf der Grundlage von Artikel 194. Nach dem Anklageakt gab ich eine Erklärung ab: „Dass man ohne mein Wissen dafür gesorgt hat, dass in meiner

Wohnung belastendes Material gefunden wurde, betrachte ich als eine Provokation, die auch die Nation betrifft und die dem Zweck dient, soziale Unordnung zu stiften; zu diesem Zweck bedient man sich meiner Person, die schon seit geraumer Zeit keine private Person mehr ist."[266]

Auf Drängen der kirchlichen Behörden wird der Priester um 21:45 Uhr freigelassen. Man gibt ihm die Warnung mit auf den Weg, dass „alles davon abhängt, wie er sich in Zukunft verhalten wird".

In einem weiteren Tagebucheintrag schreibt Popiełuszko: „Die Sache war so wichtig, dass das polnische Radio und Fernsehen über die Freilassung berichteten." Der Priester macht sich auf den Weg nach Hause, wo ihm ein festlicher Empfang bereitet wird: „Von der Tür bis zum Gitter waren zu meiner Begrüßung Kerzen zu einem Kreuz und einem ‚V' zusammengestellt. Einige Menschen warteten vor dem Pfarrhaus. Am Fenster stand der Bischof, der mich mit Tränen in den Augen willkommen hieß. Mein Zimmer war voller Blumen."

Der Strom von Verleumdungen, den die polnischen Medien über Kaplan Jerzy ausgießen – dass er ein Doppelleben führe und andere schwerwiegende Unterstellungen –, zwingt den Priester dazu, eine Erklärung zu verfassen, die in den Messen in St. Stanisław Kostka verlesen wird; darin bezeichnet er die Geschichte mit dem gefundenen Beweismaterial als „eine Provokation" und erklärt, dass „die kirchlichen Behörden über die kleine Wohnung, die mir vor fünf Jahren von einer Tante geschenkt worden ist, informiert waren".

Die Medienkampagne ist gnadenlos. Die Waffe der Verleumdung wird eingesetzt, um das Wirken des Priesters zu diskreditieren. Die größte Hartnäckigkeit beweist Jerzy Urban,

---

266 Ebd., S. 474.

Journalist und Regierungssprecher, der unter dem Pseudonym Jan Rem zahlreiche Artikel verfasst – den letzten am Tag vor Popiełuszkos Entführung. Kaplan Jerzy wird vorgeworfen, er sei „ein politisch inspirierter Fanatiker", „ein Savonarola des Antikommunismus", „ein Organisator politischer Wutveranstaltungen und Politmagier", der in seiner Kirche „einen der renommiertesten politischen Clubs von ganz Polen" betreibe und Kundgebungen inszeniere, die als „Hass-Spektakel gegen die Macht" beschrieben werden. Einer von Urbans Artikeln endet mit einem Satz, der ahnen lässt, wie die Verfolgungen ausgehen werden: „Die Gespenster, die der Politmagier von Żoliborz aus der Unterwelt heraufbeschwört, werden von alleine verschwinden."[267] Auch die sowjetische Presse attackiert den Priester. In der Zeitung „Iswestija" schreibt der Warschauer Korrespondent Toporkow über „antisowjetische Provokationen" und „antisozialistischen Hass" und schließt mit den Worten: „Die Extremisten und antisowjetischen Provokateure, ihre Beschützer und die, die ihnen zustimmen, haben nichts gelernt", doch die Sicherheit des Landes sei „allzu kostbar, um erneut durch gefährliche Vorstöße aufs Spiel gesetzt zu werden."[268]

Der Zusammenstoß mit Glemp

Mehrere Male sucht Kaplan Jerzy Erzbischof Dąbrowski auf, um ihm für seine Unterstützung zu danken, und bringt ihm Blumen mit. In den Büros der Kurie wird der Priester herzlich

---

267 J. Rem, *Seanse nienawiści [Hass-Spektakel]*, „Tu i Teraz", 19. September 1984 (Nr. 38), S. 2.
268 L. Toporkow, *Nauka poszła w las. Korespondencja z Warszawy [Die Wissenschaft ist in den Wald gegangen. Korrespondenz aus Warschau]*, „Iswestija", 12. September 1984.

empfangen. Doch mit Primas Glemp kommt es zu einem Zusammenstoß, der Popiełuszko zutiefst verletzt:

> Ich ging ins Seminar und sprach dort in einem Raum in der Nähe der Pforte mit dem Kard. Primas. Wir gingen in den Raum hinein. Was ich dann zu hören bekam, übertraf meine schlimmsten Erwartungen. Natürlich war der Kardinal verärgert, weil ihn der Brief, den er in meiner Sache an Jaruzelski geschrieben hatte, viel gekostet hatte. Doch die Vorwürfe, die auf mich niederhagelten, machten mich fertig. Bei der Befragung durch den Geheimdienst hat man mich weit respektvoller behandelt. Das ist kein Vorwurf, sondern ein Schmerz, den ich als göttliche Gnade betrachte, um mich besser zu läutern und dazu beizutragen, dass meine Arbeit mehr Frucht bringt. Auf Einzelheiten dieser Unterredung will ich nicht eingehen. Mich hat vor allem der Vorwurf geschmerzt, ich hätte die pastorale Betreuung des medizinischen Personals vernachlässigt, für die ich mich in Wirklichkeit seit fünf Jahren mit Herz und Seele einsetze. In Anbetracht dieses Vorwurfs habe ich einen Brief an meine Oberen, Bischof Miziołek und Msgr. Król, geschrieben, die meine Arbeit in diesem Bereich genau kennen.[269]

Bitter schreibt Kaplan Jerzy in sein Tagebuch: „Gott, welch große Prüfung sendest du mir, aber gleichzeitig auch so viel Kraft und die Zuneigung der Menschen!"

Sein Freund und Chauffeur Waldemar Chrostowski, Augenzeuge der Entführung des Priesters, erzählt, dass er weinend nach Hause zurückgekehrt sei. Pater Boniecki, der wenige Wochen nach der Begegnung mit dem Primas mit dem Priester zusammentrifft, schreibt in einer Notiz aus dem Jahr 2008:

---

269 J. Popiełuszko, in: *Summarium*, S. 476.

[...] Er war tieftraurig, als er nach seiner Haftentlassung mit Blumen in der Hand zu Primas Glemp gegangen war, um ihm für sein Eingreifen zu danken [...]. Das Treffen fand nicht am Sitz des Primas statt [...], der ihn schon auf der Schwelle mit harschen Vorwürfen empfing, weil er seine Pflicht als Seelsorger der Krankenschwestern nicht ernst nehme usw. Das erzählte er mit Tränen in den Augen, er sagte, nicht einmal die Geheimdienstler hätten so mit ihm gesprochen. Er war sehr betroffen, weil er hingegangen war, um sich zu bedanken; er war betroffen, weil er sicher war, dass er seine seelsorgerischen Pflichten bestmöglich erfüllte. Er fragte mich, was er meiner Meinung nach hätte tun sollen. Und es war anrührend, dass er, der die Aufmerksamkeit von Hunderttausenden von Menschen zu fesseln vermochte, mir diese Frage stellte wie ein junger Priester einem älteren Mitbruder.[270]

Boniecki, der das Wohlwollen Johannes Pauls II. genießt, ist eine der Quellen, aus denen der junge Geistliche Trost schöpft. Zudem gibt es in jenen Monaten weitere Signale, die darauf hinweisen, dass der Papst Popiełuszkos Vorgehen unterstützt. Dass sich der Primas letztlich zu einer milderen Haltung durchringt, ist vermutlich nicht zuletzt diesen Botschaften aus dem Vatikan zu verdanken.

In seinem Brief an Miziołek und Król verteidigt sich Kaplan Jerzy gegen die Vorwürfe des Primas:

In der Unterredung vom 14. Dezember diesen Jahres erklärte S. E. der Kardinalprimas Józef Glemp, dass ich als Seelsorger für das medizinische Personal nichts zustande gebracht hätte und deshalb darüber nachdenken solle, den Tätigkeitsbereich zu wechseln. Bei den Arbeitern dagegen hätte ich nur nach meinem eigenen Ruhm und meiner eigenen Ehre getrachtet. Ich möchte hier alles vor-

---

270 Vgl. *Positio*, S. 451 f.

bringen, was mir mein Gewissen und mein Herz diktiert. Ich lege die Entscheidung über meine Person demütig in die Hände der kirchlichen Behörden [...]. Ich habe den Arbeitern als Priester an den Tagen des Triumphs gedient und bin auch in den Zeiten der Prüfung an ihrer Seite geblieben. Für diese Tätigkeit habe ich auf meine Freizeit und meine Ruhe verzichtet, aber niemals die Seelsorge für das medizinische Personal vernachlässigt.[271]

Es fehlt in der Folgezeit nicht an versöhnlichen Gesten zwischen dem Primas und dem jungen Geistlichen. Am 15. Februar schenkt der Primas dem Priester eine Biografie des Kardinals August Hlond mit einer persönlichen Widmung. Wenige Monate später versucht er Kaplan Jerzy in einem Gespräch davon zu überzeugen – ohne ihn jedoch unter Druck zu setzen –, dass er sich eine Zeitlang zu Studienzwecken nach Rom begibt, um der zunehmend schwierigen Situation in Polen für eine Weile zu entkommen. Bei einer Vergebungsbitte im Rahmen einer feierlichen Andacht im Heiligen Jahr 2000 erklärt Primas Glemp: „Noch immer liegt es mir wie eine Last auf dem Gewissen, dass es mir nicht gelungen ist, das Leben von Kaplan Jerzy Popiełuszko zu retten, auch wenn es nicht an Anstrengungen und Versuchen gefehlt hat, ihn zu beschützen. Möge Gott mir vergeben, vielleicht war es so Sein heiliger Wille."[272]

---

271 E. K. Czaczkowska, T. Wiścicki, *Don Jerzy Popiełuszko*, op. cit., S. 288.
272 „Rzeczpospolita", 22. Mai 2000. In der Predigt, mit der er am 19. Oktober 1994 in der Pfarrkirche St. Stanisław Kostka die Eröffnung von Don Jerzys Seligsprechungsprozess verkündet, erklärt Kardinal Glemp: „Was Kaplan Jerzy zweifellos von den anderen Opfern der Gewalt des Systems unterscheidet, ist seine gelebte Glaubenshingabe an den Dienst der Kirche. Die Arbeit von Kaplan Jerzy beschränkte sich nicht nur auf das Umfeld von ‚Solidarność' auch wenn er einen großen Teil seiner Empfindungen und Energien darauf verwandt hat, sondern auch auf die Menschen, die sich an den Priester wandten, weil sie in ihrem Kampf für eine neue Ordnung die

Die ständigen Beschwerden der Regierung über Popiełuszkos Arbeit sorgen selbst bei einigen Bischöfen und Priestern, die Kaplan Jerzys Haltung nicht teilen und ihm Geltungsdrang und Ungehorsam unterstellen, für einigen Unmut. Andere werfen ihm vor, die Spannungen zwischen Staat und Kirche zu schüren und Letztere in ernste Schwierigkeiten zu bringen. Bei einem Treffen mit einem Professor der katholischen Universität Lublin, der sich nach dem Priester aus Żoliborz erkundigt, weil er dem Papst Bericht erstatten will, platzt der Untersekretär der polnischen Bischofskonferenz, Alojzy Orszulik, heraus: „Ich habe das Problem mit Kaplan Jerzy satt. Jaruzelski persönlich muss seinetwegen mitten in der Nacht geweckt werden."

Mit Blick auf die Seligsprechung wird Orszulik seine Meinung später revidieren. Besonders kühl verhält sich Bischof Kazimierz Romaniuk, der seine Haltung auch viele Jahre nach dem Tod des jungen Priesters im Verlauf des Seligsprechungsprozesses nicht ändert. Und selbst ein den Kämpfen von Solidarność nicht abgeneigter Kirchenmann wie Gulbinowicz zeigt sich verärgert über Popiełuszkos Vorgehen. Einem Bericht der Geheimdienste zufolge soll der Erzbischof von Breslau dem Kaplan, nachdem dieser eine Ausstellung mit dem Titel „Von Katyn zum Kriegszustand" organisiert hatte, „existentielle und politische Unreife" bescheinigt haben.[273] Doch auch unter den

---

spirituelle Kraft des Gebetes suchten. Kaplan Jerzy fühlte sich auch für das medizinische Personal verantwortlich, das heißt, er ging zu den Krankenschwestern, zu jenen, denen der Schutz der ungeborenen Kinder am Herzen lag, er liebte die Jugendlichen, er liebte die Menschen. Er hatte etwas Anziehendes, die unterschiedlichsten gesellschaftlichen Gruppen fassten Zuneigung zu ihm, weil er so einfach, so normal war. Diese Normalität war es, die den Kirchenmann so außergewöhnlich machte. Er nahm die Stimmungen wahr und sagte mit erhobenem Finger: Wir sind und bleiben wir selbst, wir wollen hier bleiben und eine bessere und freie Heimat aufbauen", in: *Positio*, S. 165.

273 Vgl. M. Signifredi, *Giovanni Paolo II e la fine del comunismo*, op. cit., S. 359.

Priestern fehlt es nicht an kritischen Stimmen. Es herrscht die verbreitete Meinung, dass Kaplan Jerzy der Kirche nur Schwierigkeiten bereite und von Geltungssucht und Eitelkeit getrieben sei.

Nach dem Tod des Priesters rekonstruiert Bischof Miziołek die Situation wie folgt:

> Grundsätzlich war die Metropolitankurie auf der Seite des Dieners Gottes und wollte ihn vor den zivilen Behörden beschützen. Dasselbe gilt für den Sekretär des Episkopats, Erzbischof Dąbrowski, der mit dem Einverständnis des Kardinals Józef Glemp handelte. Andererseits wurde der Kardinal Józef Glemp von den staatlichen Behörden unter Druck gesetzt, die der ganzen polnischen Kirche mit Repressalien drohten. Deshalb galt seine Sorge sowohl Kaplan Jerzy als auch einer zunehmend gefährlichen Situation. Der Primas führte auch Gespräche mit dem Diener Gottes, er sprach mit ihm über die drohenden Gefahren und wollte gleichzeitig verstehen, wie er ihn beschützen könne.[274]

Wahrscheinlich ist das die zutreffende Erklärung für die vieldiskutierten Spannungen zwischen dem Primas und dem Priester. Primas Glemp, der nicht das historische Format und auch nicht die Autorität seines Vorgängers besitzt, muss mit einer Situation umgehen, die auf der Kippe steht und jederzeit außer Kontrolle geraten kann.

In den Monaten nach dem zweiten Polenbesuch Johannes Pauls II. gewinnt der ideologische Konflikt an Schärfe. Den führenden polnischen Politikern ist bewusst, dass nicht einzelne Priester, die Stellung beziehen und dafür berühmt geworden sind, sondern die Kraft und Popularität der Kirche selbst – der man „geistlichen Imperialismus" vorwirft – das eigentliche

---

274 Ebd.

Problem darstellen. Dennoch versucht man einige eher öffentliche Gestalten aus dem Klerus zu „benutzen", um die Kirche zu spalten und in ihrem Inneren Spannungen und Reibungen hervorzurufen. Popiełuszko ist sich dessen bewusst, und er notiert in sein Tagebuch: „Was für eine teuflische Perfidie! Man versucht sogar zwischen dem Primas und mir Zwietracht zu säen."[275] Trotz ihrer Meinungsverschiedenheit ist Kaplan Jerzy seinem Bischof treu ergeben: Vor allem anderen ist er ein Mann der Kirche. Das bezeugt auch der Schauspieler Leon Jan Łochowski, den der junge Priester mit der musikalischen Gestaltung der Messen für die Heimat betraut hatte:

> In Kaplan Jerzys Umfeld gab es Personen, die sehr daran interessiert waren, zwischen dem Diener Gottes und seinem Bischof, Józef Kardinal Glemp, Zwietracht zu säen. Sie versuchten Kaplan Jerzy glauben zu machen, dass der Primas nicht von der Sorge um seine Sicherheit getrieben sei, sondern in Zusammenarbeit mit den machthabenden staatlichen Behörden nur seiner seelsorgerischen Tätigkeit ein Ende bereiten und die heilige Messe für die Heimat abschaffen wolle. Natürlich handelte es sich hierbei um Unterstellungen im Hinblick auf den Primas. Kaplan Jerzy Popiełuszko distanzierte sich entschieden von derartigen Ratschlägen. Einmal habe ich selbst gesehen, wie er mit der Faust auf den Tisch schlug und sagte: „Ich werde niemals glauben, dass der Primas solche Absichten hegt, und ich werde ihn niemals in Frage stellen. Ich bin ein Mann der Kirche, ich bin ein Priester, der ihrem Willen gehorsam ist. Hört auf damit!"[276]

Eine Instruktion, die ein Beamter des Innenministeriums in Umlauf bringt, gibt Aufschluss über die Strategie, die das Re-

---

275 J. Popiełuszko, *Summarium*, S. 479.
276 M. Signifredi, *Giovanni Paolo II e la fine del comunismo*, op. cit., S. 359.

gime gegenüber der Kirche verfolgt: Die Devise ist, alles zu tun, um die Kirche innerlich zu spalten und somit zu schwächen. In einer Notiz, die Oberst Tadeusz Grunwald von der Abteilung IV des Innenministeriums an alle ihm landesweit unterstellten Zellen ausgibt, heißt es:

> [...] Unmittelbare Initiativen in Bezug auf die Kirche ergreifen, damit diese sich im Rahmen des geltenden Rechts mit der Religionsproblematik befasst. Ihre Aufmerksamkeit auf innere Angelegenheiten konzentrieren, damit sie nicht die Zeit hat, sich politisch zu betätigen (z.B. Konflikte und internes Unverständnis entfachen und schüren; in verschiedenen Bereichen in Bezug auf diverse Probleme Zwietracht säen; die Geschlossenheit des Vorgehens zu untergraben). [...] Weiter darauf hinarbeiten, dass jedweder Unterstützung von Untergrundaktivitäten unter dem Vorwand der seelsorglichen Betreuung insbesondere der Inhaftierten ein Ende bereitet wird; die kirchlichen Pläne einer Reaktivierung von Solidarność bekämpfen.[277]

Mit den Jahren gelingt es den polnischen Sicherheitsdiensten, ein Netz zu spinnen, um die Kirche zu kontrollieren, und Kanäle zu aktivieren, um vertrauliche Informationen zu beschaffen.

An der Weihnachtsmesse in der Pfarrkirche St. Stanisław Kostka nehmen dieses Mal trotz strömenden Regens über 20.000 Menschen teil. Die Predigt, die Kaplan Jerzy an seinem letzten Weihnachtsfest hält, wählt die Enzyklika *Pacem in ter-*

---

277 In: *Summarium*. Die Instruktion stammt aus dem Juli des Jahres 1982, ist aber auch für die spätere Politik der Regierung gegenüber der polnischen Kirche bezeichnend. Im Januar 1984 findet Popiełuszko in seiner Wohnung Fotomontagen von Glemp in Häftlingskleidung und weiteres belastendes Material, das dort deponiert worden ist, um bei einer künftigen Hausdurchsuchung gefunden zu werden.

ris von Papst Roncalli zum Ausgangs- und Endpunkt.[278] Es ist ein wunderschöner Text, in dem sich der junge Geistliche wieder einmal gramerfüllt mit der Situation seines Landes auseinandersetzt:

> Der Heilige Vater Johannes XXIII. sagte in seiner Enzyklika *Pacem in terris*: „Friede muss auf Freiheit basieren, aufgebaut nach den Prinzipien der Gerechtigkeit, belebt und erfüllt durch die Liebe und verwirklicht im Klima der Freiheit." [...]. Der Heilige Vater Johannes Paul II. verkündete in seiner Botschaft zum Tag des Friedens diese von seinem Vorgänger genannte Wahrheit [...]: „Der Friede muss auf Wahrheit basieren. [...] Das Evangelium weist auf einen Zusammenhang zwischen Lüge und blutiger Gewalt hin: ‚Jetzt versucht ihr, mich zu töten, einen Menschen, der euch von aus Gott erfahrener Wahrheit berichtet. Ihr übt die Taten eures Vaters aus ... Ihr habt den Teufel zum Vater [...].'"

Er ruft zu einem aufrichtigen Dialog auf, denn dieser bietet in seinen Augen den bestmöglichen Ausweg aus einer kriegsähnlichen Situation, wie sie in Polen herrscht. Das Geheimnis einer jeden gelungenen Konfliktlösung liegt im Dialog. Im weiteren Verlauf seiner Predigt greift Kaplan Jerzy Abschnitte aus der Botschaft Johannes Pauls II. zum Weltfriedenstag am 1. Januar 1983 auf, die er mit eigenen Gedanken ergänzt[279]:

> „Der Dialog – ein echter Dialog – [ist] eine wesentliche Bedingung für einen solchen Frieden[280] [...]. Solange schließlich heute

---

278 *Predigt für die Heimat* vom 25. Dezember 1983, in: J. Popiełuszko, op. cit., S. 63–66.
279 http://w2.vatican.va/content/john-paul-ii/it/messages/peace/documents/hf_jp-ii_mes_19821208_xvi-world-day-for-peace.html
280 Johannes Paul II., *Botschaft zum XVI. Weltfriedenstag*, #1; nicht in *An das Volk* enthalten; zitiert nach DAS 1983, S. 665.

manche Beteiligten von Ideologien leben, die allen Bekundungen zum Trotz im Widerspruch stehen zur Würde der menschlichen Person, zu ihren gerechten Ansprüchen nach den gesunden Prinzipien der Vernunft, des Naturrechts und des ewigen Gesetzes, von Ideologien, die im Kampf die Triebhaftigkeit der Geschichte sehen, in der Gewalt die Quelle des Rechts, in Feindbildern das Abc der Politik, so lange verläuft der Dialog stockend und steril oder ist, wenn er überhaupt noch stattfindet, in Wirklichkeit nur äußerlich und sinnentleert.[281] Nur ein offener Dialog und die demokratische Achtung der Freiheit können zur friedlichen Lösung der Probleme führen. „Wenn der Dialog zwischen der Regierung und dem Volk nicht vorhanden ist, dann ist der gesellschaftliche Friede gefährdet, und somit entsteht die Situation des Kriegszustands." Das geschieht genauso zwischen den einzelnen Menschen wie zwischen den gesellschaftlichen Gruppen und den Völkern. „Man darf den Dialog nicht ablehnen, um eine Lösung des Konflikts mit Waffengewalt zu suchen."

In jedem Menschen ist eine Spur Gottes

Die Reaktionen seiner Gegner lassen nicht auf sich warten. Schon am 27. und 28. Dezember 1983 erscheint in einigen Zeitungen ein Artikel mit dem Titel „Die Wohnung des Bürgers Popiełuszko", der bei den nationalen Fernseh- und Radiosendern ein breites Echo findet. Kaplan Jerzy schreibt in sein Tagebuch: „Es wäre unter meiner Würde, auf diesen Artikel zu reagieren." Die Hass- und Lügenkampagne gegen den Priester wird immer aggressiver. Voller Besorgnis schicken seine betagten Eltern ihren ältesten Sohn Józef nach Warschau, damit er sich einen Eindruck von der Situation verschafft. „Er hat ge-

---

281 Ebd., #7; nicht in *An das Volk* enthalten; zitiert nach DAS 1983, S. 670.

sehen, wie groß die menschliche Zuneigung und wie groß die Entrüstung ist […]. Er ist beruhigt wieder nach Hause gefahren", schreibt Kaplan Jerzy, der seine Eltern im Januar besuchen wird. In jenen Tagen notiert er auch, dass der Primas der Heimsuchungskirche anlässlich einer Feier mit dem medizinischen Personal einen Besuch abgestattet habe. Die Kirche ist brechend voll, und viele, angefangen bei Kardinal Glemp, machen dem Priester Komplimente für seine hervorragende Arbeit. Diese Anerkennung ist wichtig für Popiełuszko, dem vorgeworfen worden war, seine Arbeit als Seelsorger der Ärzte und des Pflegepersonals aus Geltungsdrang vernachlässigt zu haben.

Gleich nach Weihnachten 1983 gönnt sich Kaplan Jerzy einige Tage Erholung, über die er in seinem Tagebuch schreibt: „Gott, ich danke dir für diese Zeit der geistlichen Einkehr, die du mir schenkst. Für die Möglichkeit, in dir Kraft zu schöpfen, und für alles andere, auch dafür, dass du in dem, was ich tue und was wir tun, zugegen bist. Dein Name sei gepriesen!"[282] Diese Worte verdeutlichen das Gebets- und Glaubensleben des jungen Priesters, der sieht, wie sich die Schlinge derer, die ihn zum Schweigen bringen wollen, immer mehr zuzieht:

> Heute bin ich um 12 vor dem Mittagessen in die Kirche gegangen, um im Chorraum den Rosenkranz zu beten. Gesegnete Ruhe! Über dem Ambo hängt das goldene Kreuz. Hin und wieder kam ein kleiner Sonnenstrahl, der das Kreuz in warmem, goldenem Licht erstrahlen ließ. Dann kam wieder der Schatten. Wie ähnlich, o Gott, ist das menschliche Leben: grau, schwierig, zuweilen düster; und oft wäre es für die Menschen unerträglich, wenn es nicht einen kleinen Strahl der Freude gäbe, einen Strahl deiner Gegenwart, ein Zeichen, dass du bei uns und immer derselbe bist: gütig und voller Liebe![283]

---

282 J. Popiełuszko, *Summarium*, S. 477.
283 Ebd.

Im Januar 1984 beginnt eine lange Reihe von Verhören. Bis Ende April muss sich der Priester insgesamt zwölf Befragungen bei der Staatsanwaltschaft unterziehen, und die „Qual" setzt sich bis in den Sommer hinein fort. Kaplan Jerzy schreibt: „Es ist schwierig, sich zu konzentrieren, weil ich ständig unter psychologischem Druck stehe [...]. Die letzten Tage waren sehr angespannt, aber Gott gibt mir die nötige Kraft. Wie leicht ist es, Anfeindungen zu ertragen und sich durch sie zu läutern, wenn man die Sicherheit hat, dass Gott mit uns ist!"[284] Und er fügt hinzu: „Ich widme dem Gebet jetzt mehr Zeit und fühle mich vollständig erholt." In jenen Tagen erhält der Priester durch Bischof Kraszewski einen Rosenkranz von Johannes Paul II.

„Das Leben muss gut gelebt werden, denn man hat nur dieses eine", schreibt Kaplan Jerzy, der die Zuhörer in seiner Januarpredigt[285] mit dem Thema der Würde konfrontiert: „Die Würde des Menschen zu bewahren bedeutet, innerlich frei zu bleiben, auch bei einer äußeren Gefangenschaft." Genau diese Frage beschäftigt ihn angesichts der zahllosen Verhöre, denen er sich unterziehen, und angesichts der Drohungen, der Hasskampagnen und der Brutalitäten, die er erleben muss: wie er sich als Mensch und Priester seine Würde bewahren kann. Kaplan Jerzy lässt sich nicht einschüchtern: Die Kraft zum Widerstand schöpft er aus dem Glauben – und aus dem Beispiel der großen Polen, die allen Übergriffen und Gewalttaten zum Trotz standgehalten haben: „Die Laufbahn eines jeden Menschen auf dieser Welt", so die Worte des verstorbenen Primas, „beginnt in der Windel, auch wenn er heute Botschafter- oder Generaluniform trägt, und sie endet in der Windel, vielleicht in einer etwas größeren, aber sie endet doch."

---

284 Ebd.
285 *Predigt für die Heimat* vom 29. Januar 1984, in: J. Popiełuszko, op. cit., S. 66–70.

„Deswegen reicht es nicht aus, als Mensch geboren zu sein, man muss auch Mensch bleiben", fügt Popiełuszko hinzu, und seine Worte erinnern an die des großen jüdischen Lehrmeisters Hillel: „An einem Ort, wo es keine Menschen gibt, bemühe dich, ein Mensch zu sein."[286]

Einer seiner Mörder wird Kaplan Jerzys Haltung gegenüber den Schikanen und Ungerechtigkeiten und in seinen letzten Stunden als „königlich" bezeichnen.[287] Diese Definition bringt die Würde, die der junge Kaplan ausstrahlt, treffend zum Ausdruck. Alle seine Mörder heben in ihrer Beschreibung der Tat die Würde des Priesters hervor, der es sich nicht nehmen lässt, seine Peiniger, die ihn mit Stöcken schlagen, mit „meine Herren" anzureden.

In der zitierten Predigt vom Januar 1984 ruft Popiełuszko seine Landsleute dazu auf, in ihrem Leben eine Entscheidung zu treffen, denn

> man kann Würde nicht bewahren, wenn man in der einen Tasche den Rosenkranz und in der anderen das Parteibuch trägt. Man kann nicht gleichzeitig Gott und dem Mammon dienen. Erst nach einer gründlichen Überlegung sollte man die Wahl treffen. In jedem Menschen ist eine Spur Gottes. Schau, Bruder, ob du sie in dir nicht verwischt hast. Ohne Rücksicht darauf, welchen Beruf du ausübst, bist du ein Mensch.

Er appelliert an das Gewissen aller: auch an das der Polizisten, die seine Predigten hören, und derer, die ihn verfolgen, ihm frei erfundene Verbrechen vorwerfen oder ihn auf immer zum Schweigen bringen wollen:

---

286 Hillel, im Mischnatraktat *Sprüche der Väter*.
287 Aussage von Grzegorz Piotrowski, in: *Summarium*, S. 603–625.

Gott verzichtet niemals auf seine Kinder, auch nicht auf diejenigen, die ihm den Rücken zeigen. Deswegen hat ein jeder die Chance, auch wenn er nicht mehr menschlich handelt, die Würde verliert und sich gänzlich verkauft, und doch hat er noch Zeit. Nimm dich zusammen, erhebe dich, fange von neuem an, versuche, darauf zu bauen, was in dir Göttliches ist. Versuche es, denn du hast nur ein Leben.

Lässt man einige der Äußerungen seiner Mörder, insbesondere Leszek Pękalas, noch einmal Revue passieren, sieht man, dass diese Mahnung nicht auf taube Ohren gestoßen ist. Kaplan Jerzys Worte sind auf fruchtbaren Boden gefallen. Pękala erinnert sich:

> Ich hatte mich schon vorher [vor dem Eintritt in den Sicherheitsdienst, A.d.R.] von der Religion abgewandt, aber ich hatte meine Gründe dazu gehabt. Es war eben passiert. Es gab etwas, das mir die Lust genommen hatte, am religiösen Leben teilzunehmen. Meine Mutter war von Anfang an nicht damit einverstanden, dass ich bei der Polizei arbeitete und mich von der Kirche entfernt hatte. Sie litt sehr darunter, und ihr habe ich es auch zu verdanken, dass ich zur Kirche zurückgefunden habe. Das ist die Wahrheit. Mein Vater, der viele Jahre lang ein treues Mitglied der kommunistischen Partei usw. war, hat sich inzwischen geändert. Er ist sehr gläubig; er hat zum Glauben zurückgefunden. So hat diese tragische Geschichte paradoxerweise dazu geführt, dass meine Eltern und ich jetzt gläubig sind. Das ist heute die Wahrheit.[288]

Kaplan Jerzy verurteilt niemanden: „Gott zu dienen heißt zu den menschlichen Herzen einen Weg suchen. Gott zu dienen bedeutet, über das Böse so wie über eine Krankheit zu reden. Eine Krankheit, die man offenbaren soll, um sie zu heilen. Gott

---

288 Ebd.

zu dienen bedeutet, das Böse und alle seine Anzeichen anzuprangern." In seinen Worten findet sich keinerlei Gewalt, Groll oder Hass gegen seine Verfolger und Feinde; vielmehr unterscheidet er klar zwischen dem Irrtum und dem Irrenden:

> Seien wir nun stark in der Liebe und beten wir für die verirrten Brüder. Verurteilen wir keine Personen, sondern verurteilen und demaskieren wir das Böse. Bitten wir mit dem Wort Jesu als seine Gläubigen, mit den Worten, die er vom Kreuz herab gesprochen hat: ‚Gott, Vater, vergib ihnen, denn sie wissen nicht, was sie tun.'[289]

Diese Worte schlagen sich auch in Kaplan Jerzys Gesten und Initiativen nieder: etwa darin, dass er den Soldaten, die in den Monaten des Kriegszustands erstarrt vor Kälte an den Kreuzungen Wache halten, den „Opłatek", ein Weihnachtsbrot, bringt oder die Geheimdienstagenten vor dem Pfarrhaus, die ihn überwachen sollen, mit heißen Getränken versorgt.

Seid wie die Adler

Auch das Jahr 1984 ist von der ideologischen Auseinandersetzung mit dem Regime geprägt, das einerseits im Ausland gut dastehen will und daher für den Juni Kommunalwahlen ansetzt, andererseits jedoch die Kontrolle im Land und den ideologischen Konflikt mit der Kirche – etwa im Hinblick auf die Schulbildung oder die rigide Zensur der katholischen Presse – zunehmend verschärft. Dem Problem des schulischen Religionsunterrichts widmet Kaplan Jerzy seine Predigten im Februar und im März, und seine konkreten, mit Gelassenheit,

---

289 *Predigt für die Heimat* vom 27. März 1983, in: J. Popiełuszko, *An das Volk*, op. cit., S. 32–35.

aber auch mit Festigkeit vorgetragenen Argumente wirken wie ein über die Distanz geführter Dialog mit all jenen, die die Religion aus der Schule verbannen wollen:

> Die Zeit nach dem Zweiten Weltkrieg ist eine Zeit des Kampfes um eine staatliche atheistische Erziehung, eine Erziehung ohne Gott, und um die Entfernung Gottes aus den Herzen der Kinder und der Jugend. [...] Es wird so viel über die menschlichen Rechte gesprochen, und dabei wird das Grundrecht, das Recht auf die Glaubens- und Erziehungsfreiheit vergessen. Das alles vergisst der Staat und erfindet einen eigenen Gott, den er Atheismus oder Laizismus nennt, und lässt das Volk sich vor ihm verneigen. Der Staat vergisst, dass ein jeder Mensch das Recht auf die Bewahrung des eigenen Glaubens und der Weltanschauung hat.[290]

Popiełuszko geht auch das Thema der Wahlen an und verliest in der Messe für die Heimat am letzten Sonntag im Mai sieben Punkte aus der Erklärung „Der katholische Pole gegenüber den Regierenden und dem Unterricht", die der polnische Episkopat am 10. September 1946 veröffentlicht hat. „Katholiken können lediglich für solche Personen, Listen und Wahlprogramme votieren, die der katholischen Lehre und Moral nicht widersprechen"[291], heißt es in Punkt 6. Die Hinweise der polnischen Bischöfe im Vorfeld der Wahlen von 1946, die die Kommunisten mithilfe von Bestechung und Einschüchterung für sich entschieden hatten, sind in den Augen des jungen

---

290 *Predigt für die Heimat* vom 26. Februar 1983, in: J. Popiełuszko, *An das Volk*, op. cit., S. 70–74.
291 Deutscher Wortlaut zitiert nach: Überlebensstrategien der katholischen Gruppierungen im kommunistischen Polen in den Jahren 1945–1970 am Beispiel der Tygodnik-Powszechny-Gruppe, in: Forum für osteuropäische Ideen- und Zeitgeschichte, 19. Jahrgang (2015), Heft 2: *Die Kirchen im Sozialismus*, S. 51–96, hier S. 58f.

Priesters auch 1984 noch aktuell. Und Popiełuszko steht mit seinem Protest nicht alleine da: Die polnischen Bischöfe boykottieren die Wahlen ebenfalls.

Popiełuszkos Worte sind jedoch nicht nur eine Reaktion auf die Initiativen des Regimes. Seine Botschaft trachtet nach Höherem und ist für alle, die sie hören, eine eindringliche Mahnung, sich auf ihre eigene Freiheit zu besinnen:

> Und ihr, meine lieben jungen Freunde, müsst die Eigenschaften eines Adlers haben. Ein Adlerherz und einen Adlerblick, wie der verstorbene Primas sagte. Ihr müsst eure Seelen abhärten und euch in die Lüfte erheben, um wie die Adler über dem übrigen Volk in die Zukunft des Vaterlandes zu segeln. Nur als Adler könnt ihr durch die Stürme, Winde und Krisen kommen und der Gefangenschaft entfliehen. Denkt daran, Adler sind freie Vögel, die hoch oben segeln und nicht über den Boden kriechen.[292]

Diese kraftvollen Worte vermögen Tausende von Menschen zu begeistern. 30.000 Menschen besuchen die Messe für die Heimat im April 1984, bei der Zbigniew Kraszewski, der mit Kaplan Jerzy befreundete Bischof, Hauptzelebrant ist. Doch die Predigten des Priesters erreichen eine weit größere Zahl von Menschen, denn sie werden gedruckt, vervielfältigt und in verschiedenen polnischen Städten verteilt. Bald ist er in ganz Polen und auch im Ausland bekannt. Aus den Vereinigten Staaten und anderen Ländern kommen Priester, um mit ihm zu konzelebrieren. Ausländische Journalisten führen Interviews mit ihm. Kaplan Jerzy selbst notiert am 8. Juni 1984 in seinem Tagebuch: „Es ist schwierig, mich in der Öffentlichkeit zu zeigen, denn es gibt sofort Ovationen, ich muss Bilder und Bücher signieren. Das mag ich nicht.

---

[292] Predigt für die Heimat vom 26. Februar 1983, in: J. Popiełuszko, *An das Volk*, op. cit., S. 70–74, hier S. 74.

Ich bin lieber allein, um konzentriert arbeiten zu können, aber hier ist man von morgens bis abends in der Mühle."[293]

Kaplan Jerzy ist die übertriebene Aufmerksamkeit für seine Person geradezu lästig. Er sucht die Popularität nicht, aber er will sich der Sendung, zu der er sich berufen fühlt, auch nicht entziehen.

Die Polizei sperrt die Zugangswege zur Pfarrkirche, hindert die Pilgerbusse an der Weiterfahrt, versucht die Gläubigen mit Wasserwerfern auseinanderzutreiben, fühlt sich jedoch angesichts der wachsenden Beliebtheit dieses Priesters zunehmend machtlos. Popiełuszkos Kommentar trifft ins Schwarze: „Es tut ihnen offenbar weh, denn in diesen Wochen ist in sämtlichen Zeitungen überall im Land ein Artikel erschienen und wird täglich und den ganzen Tag über im Radio die Meldung gebracht, dass ‚die Meinungen von Kaplan Popiełuszko seine Privatangelegenheit sind'."[294] Und in einer Predigt fügt er hinzu: „Seit der Auflösung der Solidarność als Gewerkschaft ist sie im Volk zu einer Idee geworden. Der Kampf gegen die Idee des Volkes bedeutet, gegen Windmühlen zu kämpfen."[295]

Die aufreibenden Verhöre, denen der Priester unterzogen wird, das drohende Gefängnis, die unzähligen Einschüchterungsversuche auch zulasten seiner Freunde und Helfer und die Hetzkampagnen der Medien lassen die Aufmerksamkeit für Kaplan Jerzy und seine Beliebtheit nur umso größer werden. In einigen Regierungskreisen macht sich Zorn auf den jungen Kaplan und ein Gefühl der Ohnmacht breit. Eine Amnestie, die im Juli zum vierzigjährigen Bestehen der Volksrepublik Polen ausgerufen wird, kommt auch Popiełuszko zugute, der dadurch einer Inhaftierung entgeht. Was soll man tun? Wie

---

293 J. Popiełuszko, in: *Summarium*, S. 483.
294 Ebd.
295 Aus der bereits zitierten Predigt vom 25. März 1984, in: J. Popiełuszko, *An das Volk,* op. cit., S. 76

soll man seiner habhaft werden? Womöglich ist dieses Gefühl der Ohnmacht der Grund dafür, dass einige auf die Idee verfallen, Gewalt anzuwenden oder den Geistlichen sogar zu eliminieren. Einer – der hochrangigste – seiner Mörder, Grzegorz Piotrowski, gesteht Jahre später:

> Ich betrachtete ihn schon seit geraumer Zeit als Feind. Ich weiß nicht warum ... Es gab keinen Grund, der in mir eine feindselige Haltung hätte hervorrufen können ... vielleicht lag es an der Unmöglichkeit, eine Situation zu beherrschen ..., die sämtliche Erwartungen meiner Vorgesetzten und auch meine eigenen Handlungsmöglichkeiten überstieg. Und auf der anderen Seite stand Kaplan Jerzy, ein Mensch, der sich nicht auf Kompromisse einließ, der mutig war und den einmal eingeschlagenen Weg entschlossen fortsetzte.[296]

Vielleicht aber stehen hinter Popiełuszkos Ermordung auch komplexere Fragen, die auf einen Konflikt innerhalb des Regimes hindeuten.

---

296 Aussage von Grzegorz Piotrowski in: *Summarium*, S. 605.

VII. Kapitel:
Martyrium eines Priesters

Ein „entschlossenes Vorgehen"

Seit September 1984 entwickelt sich der „Fall Popiełuszko" für die Angehörigen der für die Kontrolle der Kirche zuständigen Abteilung IV des Innenministeriums immer mehr zu einem Alptraum. Verschiedene Versammlungen werden abgehalten, um die weiteren Schritte zu beschließen, da die bislang verfolgte Strategie offenbar nicht zum Erfolg führt. Ein „entschlossenes Vorgehen" ist gefragt, so die Einschätzung der Abteilung und möglicherweise auch anderer Vertreter des Regimes. Zunächst ist an eine letzte Warnung gedacht: Man will den Priester entführen, verprügeln, betrunken machen und zu der Aussage verleiten, er habe Solidarność-Gelder veruntreut. Anschließend soll Kaplan Jerzy in einer für einen Geistlichen kompromittierenden Situation zurückgelassen werden, um ihn öffentlich in Verruf zu bringen. Popiełuszko ist nicht die einzige Zielperson, aber man beschließt, mit ihm zu beginnen, weil er aufgrund seiner Popularität das härteste Stück Arbeit ist.[297] Später dann, in einer Versammlung, die am 25. Septem-

---

[297] Im *Summarium* (S. 70) ist ein schriftlicher Text von Popiełuszkos Mutter dokumentiert, die die Strategie der Geheimdienste Jahre später auf ihre eigene, einfache und treffende Weise charakterisiert: „Meiner Meinung nach haben die öffentlichen Sicherheitsbehörden meinen Sohn, Kaplan Jerzy, drangsaliert, weil sie davon überzeugt waren, dass, wenn es ihnen gelang, einem bekannten Priester Angst zu machen, dann auch die anderen Angst bekommen würden. Es ist ein Beispiel für einen Angriff auf die Kirche. In der Heiligen Schrift habe ich gelesen, dass sich die Schafe zerstreuen, wenn man den Hirten schlägt."

ber unter dem Vorsitz von General Zenon Płatek, dem Leiter der Abteilung IV, stattfindet, erhält Hauptmann Grzegorz Piotrowski die Anweisung, einen Plan auszuarbeiten, der auch die physische Eliminierung des Priesters nicht ausschließt. Man überlegt unter anderem, ihn aus einem fahrenden Zug zu werfen. In einer weiteren Versammlung am 9. Oktober wird über den Plan diskutiert und das Team zusammengestellt, das den Priester zehn Tage später entführen und töten wird: Hauptmann Grzegorz Piotrowski und die Oberleutnants Waldemar Chmielewski und Leszek Pękala.

Schon am 13. Oktober wird ein erster Versuch unternommen, der jedoch dank der besonnenen Reaktion von Kaplan Jerzys Freund und Chauffeur Waldemar Chrostowski ins Leere geht. Popiełuszko ist auf dem Rückweg von Danzig, wo er an einem Treffen in der Brigittenkirche teilgenommen hat. Die Geheimdienstler postieren sich in einem waldigen und dunklen Abschnitt; sie wollen den Wagen des Priesters von der Straße abbringen. Chrostowski selbst, in dessen Wohnung man wenige Tage zuvor einen Brand gelegt hatte, schildert die Episode einige Zeit später wie folgt:

> Auf dem Rückweg von Danzig (ich war am Steuer), abends, ehe wir Olsztyn erreichten, sah ich plötzlich einen Mann auf die Straße laufen. Ich hatte den Eindruck, dass er uns dazu bringen wollte, anzuhalten. Da es schon spät am Abend war (gegen 22 Uhr) und da wir gerade durch eine einsame und waldige Gegend fuhren, konnte ich der Sicherheit des Dieners Gottes zuliebe nicht anhalten. Deshalb steuerte ich in seine Richtung, damit er von der Straße wegging, und wich erst im allerletzten Moment aus. Einige Kilometer weiter blieb ich stehen und schlug dem Diener Gottes vor, dass wir das gefährliche Verhalten dieser Person zur Anzeige bringen sollten. Der Diener Gottes brachte mich davon ab. Beim Prozess von Thorn erfuhr ich, dass die Person auf der

Straße Grzegorz Piotrowski gewesen war. Wie er selbst zugab, hatte er versucht, einen Stein auf den fahrenden Wagen zu werfen, um einen Unfall zu provozieren. Danach wollte er das Fahrzeug in Brand stecken.[298]

Das Ereignis verstört die Insassen des Wagens, doch das Leben des Priesters läuft weiter wie zuvor. Am 15. Oktober begibt sich Kaplan Jerzy an die Gnadenstätte von Tschenstochau, um für seinen früheren Pfarrer Teofil Bogucki, der im Krankenhaus liegt, eine Messe in besonderer Meinung zu feiern. Am 18. Oktober, dem Fest des heiligen Lukas, nimmt er in seiner Eigenschaft als Diözesanverantwortlicher für die Pastoral des medizinischen Personals an der traditionellen Feier in der Kirche der Schwestern von der Heimsuchung teil; Hauptzelebrant ist sein Freund, Bischof Zbigniew Kraszewski. Es ist das letzte Mal, dass die beiden Männer einander begegnen. Kaplan Jerzy fühlt sich nicht wohl, er hat eine heftige Grippe und Fieber, entscheidet sich aber aus Pflichtgefühl dennoch, am nächsten Tag eine Messe in der Kirche zu den heiligen polnischen Märtyrern im etwa 300 Kilometer nordwestlich der Hauptstadt gelegenen Bydgoszcz (Bromberg) zu feiern. Es ist Popiełuszkos letzte Reise. Nach einer mehrstündigen Fahrt – wieder sitzt sein Freund Chrostowski am Steuer – erreicht er den Zielort ohne Zwischenfälle. Niemand hält ihn unterwegs an, und auch von den üblichen Beschattern ist nichts zu sehen. Angesichts seines Gesundheitszustands schlägt ihm der Pfarrer, Jerzy Osiński, vor, sich im Pfarrhaus ein wenig auszuruhen. Um 18 Uhr beginnt der Gottesdienst, an dem zahlreiche Arbeiter und Gemeindemitglieder teilnehmen. Es ist seine letzte Messe. Kaplan Jerzy beschließt, keine Predigt zu halten, sondern die einzelnen Geheimnisse des Rosenkranzgebets zu kommentieren, das der

---

298 Aussage von Waldemar Chrostowski, in: *Summarium*, S. 92.

polnische Priester sehr liebt. Diese Betrachtung stellt in gewisser Weise das geistliche Testament des Märtyrers und Seligen Popiełuszko dar: ein kostbarer Text und ein Destillat aus den über 30 „Predigten für die Heimat", die er in Warschau gehalten hat. Die Anwesenden lauschen mit großer Andacht, nachdem sie den Priester mit begeistertem Beifall begrüßt haben:

> Der Heilige Vater Johannes Paul II. wandte sich am 23. Juni 1982 an die Mutter Gottes von Jasna Góra mit folgenden Worten: [...] „Ich danke Dir, Mutter, [...] für alle, die ihrem Gewissen treu bleiben, die, selbst mit der Schwäche kämpfend, die anderen zu stärken versuchen. Ich danke Dir für alle, die sich dem Bösen widersetzen und es mit dem Guten besiegen."[299] Nur derjenige kann das Böse besiegen, der selbst reich an Gutem ist, der sich um die Entwicklung der Eigenschaften sorgt, welche ihm die Würde des Kindes Gottes verleihen. Das Gute zu mehren und das Böse zu bekämpfen bedeutet, die eigene menschliche Würde zu pflegen. Das Leben soll würdig gestaltet werden, denn schließlich gibt es nur ein Leben. [...] Als Kinder Gottes dürfen wir keine Sklaven sein. Gottes Sohn zu sein bedeutet, das Erbe der Freiheit in sich zu tragen. [...] Sie wurde nicht nur uns von Gott geschenkt, sondern auch unseren Brüdern. Daraus ergibt sich die Pflicht, sie dort zu fordern, wo sie ungerecht eingeschränkt wird. [...].[300]

Noch einmal prangert der Priester in seiner Ansprache die antikatholische Politik des polnischen Regimes mit scharfen Worten an:

---

299 Johannes Paul II., Grußwort an die polnischen Pilger während der Generalaudienz (23. Juni 1982), vgl. die amtliche deutsche Übersetzung in: „L'Osservatore Romano, Wochenausgabe in deutscher Sprache", 12. Jahrgang, Nr. 27, 2. Juli 1982, S. 3.
300 Der vollständige Text liegt vor in: *Summarium*, S. 578–583; deutsche Fassung zitiert nach: J. Popiełuszko, *An das Volk*, S. 89ff.

[…] Es ist schwer, über die Gerechtigkeit dort zu reden, wo es keinen Platz für Gott und seine Gebote gibt, wo das Wort Gott von Amts wegen aus dem Leben des Volkes eliminiert ist. An dieser Stelle sollen wir uns über das Unrecht bewusst werden, welches unserem Volk in seiner entscheidenden christlichen Mehrheit angetan wird, indem man es ebenfalls von Amts wegen atheisiert, und das mit dem Geld, welches auch der Christ erarbeitet hat. Wir sollten uns über die Vernichtung der christlichen Werte in den Seelen der Kinder und der Jugend, welche die Eltern ihnen schon von der Geburt an eingeprägt haben, bewusst werden. Diese Werte haben sich in der tausendjährigen Geschichte unseres Landes mehrmals bewährt. […].

Kaplan Jerzy beruft sich in seinen Überlegungen auch auf den „Jahrtausendprimas" und zitiert ihn mit einer Äußerung, die er schon einmal in einer „Predigt für die Heimat" aufgegriffen hat und an der sich ablesen lässt, wie Popiełuszko selbst seine Rolle in den polnischen Ereignissen jener Jahre sieht:

Der verstorbene Primas, Kardinal Wyszyński, sagte: „Es werden nicht viele Leute benötigt, um über die Wahrheit zu reden. Christus hatte nur einige für die Verkündigung der Wahrheit auserwählt. Nur die Lüge braucht viele Worte, weil sie detailliert und kleinkariert ist. Sie wechselt wie die Ware im Regal, muss immer aktuell sein und viele Diener haben, welche programmgemäß die Lüge erlernen müssen, für heute, morgen und den ganzen Monat. Nachher gibt es eine dringende Schulung, um eine neue Lüge zu erlernen. Um die Technik der vorprogrammierten Lüge zu beherrschen, werden viele Leute benötigt […]. Wir müssen lernen, die Lüge von der Wahrheit zu unterscheiden. Dies ist nicht leicht in der Zeit, in der wir leben […]. Es ist heute nicht einfach, wenn die Zensur in der katholischen Presse die Worte der Wahrheit und der mutigen Gedanken, sogar die Worte des Primas und des Heiligen Vaters streicht.[301]

Der letzte Teil der langen Ansprache, in dem Kaplan Jerzy die schmerzhaften Geheimnisse vor dem Hintergrund der schwierigen Situation seines Landes in jenen Jahren betrachtet, ist an die anwesenden Arbeiter gerichtet, unter denen sich auch einige führende Vertreter von Solidarność befinden:

> Solidarność hat deswegen so schnell die Welt erobert, weil sie nicht mit Hilfe der Gewalt kämpfte, sondern auf den Knien vor den Feldaltären mit einem Rosenkranz in der Hand. Sie forderte die Würde der menschlichen Arbeit, die Würde und die Achtung des Menschen. Nach diesen Werten verlangte sie mehr als nach dem täglichen Brot. Der verstorbene Primas sagte: „Die Arbeiterwelt erlebte in den letzten Jahrzehnten mehrere Enttäuschungen und Einschränkungen. Das arbeitende Volk, die ganze Gesellschaft erlebte in Polen eine Schinderei der menschlichen Grundrechte, die Einschränkung der Gerechtigkeit, der Weltanschauung, der Glaubensfreiheit, der Erziehung der jungen Generation. Dies alles war ungeheuerlich unterdrückt. Man schuf eine besondere Art von Menschen, die zum Schweigen und zu einer effektiven Arbeit gezwungen wurde. Als dieser Druck und Zwang die Menschen total ermüdete, kam die Zeit des Kampfes um die Freiheit. Es entstand Solidarność, ... und dies zeigte, dass es für einen gesellschaftlichen und wirtschaftlichen Wiederaufbau überhaupt nicht notwendig ist, die Bindungen zu Gott zu beenden […].

Popiełuszko mahnt in seiner letzten Ansprache, dass es nicht genügt, das Böse anzuprangern, dass es nicht genügt, sich zu entrüsten und zu empören.

---

301 *Der Rosenkranz*, in: J. Popiełuszko, *An das Volk*, op. cit., S. 100–105.

Dem Christen kann es nicht genügen, das Böse, die Lüge, die Feigheit, die Gewalt, den Hass und die Unterdrückung zu verurteilen. Er selbst muss ein wahrer Zeuge, Vertreter und Verteidiger von Gerechtigkeit, Güte, Wahrheit, Freiheit und Liebe sein. Er muss diese Werte mutig fordern, für sich und die anderen.

Das ist die Sendung des Priesters, der er sich nicht entziehen kann und will – selbst auf die Gefahr hin, sein Leben zu verlieren. Jahre später wird Johannes Paul II. mit Blick auf das Beispiel und das Opfer vieler Priester seiner Heimat vom polnischen Priester sprechen, „der die Geschicke seiner Nation teilte", und dabei wird er an das Beispiel und das Opfer Kaplan Jerzys und vieler anderer Priester seines Heimatlandes erinnern.[302, 303] Man muss „Mut" haben und jenen christlichen Heroismus leben, über den Albert Schweitzer im Nachwort zu

---

[302] In der Predigt, die Johannes Paul II. im Rahmen seiner dritten Reise in sein Heimatland am 10. Juni 1987 während der Vesper in Tarnów gehalten hat, heißt es über den priesterlichen Dienst: „Eine solche Haltung entspricht den Traditionen des polnischen Priesters und der polnischen Seelsorge in der Heimat, aber auch unter den zur Zeit der nationalen Sklaverei nach Sibirien Verbannten, in den Gefängnissen und Konzentrationslagern in der Zeit der letzten Okkupation; des Priesters, der die Geschicke seiner Nation teilte, des Priesters, der allen ihren Prüfungen nahe ist und ständig nahe bleibt. Wie viele müsste man hier in Erinnerung rufen, wie viele mit Namen nennen? […] Wohl bis hin zu diesem Priester Jerzy aus der Warschauer Pfarrei des hl. Stanislaus Kostka." Tatsächlich ist Popiełuszko einer in einer langen Reihe von Seelsorgern, die das Schicksal ihrer Nation geteilt haben. Im Museum des Warschauer Aufstandes (Ul. Grzybowska 79) werden dramatische Filmaufnahmen gezeigt, in denen zu sehen ist, wie Priester in schwarzer Soutane buchstäblich bis zum letzten Atemzug das entsetzliche Schicksal der von den Nazis niedergemetzelten Bevölkerung teilen (August bis Oktober 1944), während die nur wenige Kilometer von der Hauptstadt entfernt stationierten sowjetischen Truppen tatenlos zusehen.
[303] Vesper in Tarnów (10. Juni 1987), #9. Deutsche Fassung zitiert nach: Der Apostolische Stuhl. Ansprachen, Predigten und Botschaften des Papstes. Erklärungen der Kongregationen. Vollständige Dokumentation, Rom (Libreria Editrice Vaticana) / Köln (Bachem) 1987, S. 797

seiner 1901 erschienen Leben-Jesu-Skizze Folgendes schreibt: „Das Heroische geht unserer Weltanschauung, unserem Christentum und unserer Auffassung der Person Jesu ab."[304] Ohne „Mut", ohne persönliches Opfer und Heldentum – so die Überzeugung des Priesters – wird man den Lauf der Geschichte nicht ändern, sondern die Geschicke der Menschheit als unbedeutender, passiver und letztlich gleichgültiger Zuschauer verfolgen.

Tzvetan Todorov schreibt 1987, nachdem er Popiełuszkos Grab besucht hat:

> Aber was ist das Heldentum, fragte ich mich [...]. Hinsichtlich der großen Antinomie, die den menschlichen Verhaltensweisen zugrunde liegt, zwischen Notwendigkeit und Freiheit oder auch zwischen dem unpersönlichen Gesetz und dem individuellen Willen steht das Heldentum eindeutig auf der Seite der Freiheit und des Willens. Dort, wo es sich in den Augen gewöhnlicher Sterblicher um eine Situation handelt, die keine Wahl lässt und in der man sich ganz einfach den Umständen fügen muss, begehrt der Held auf, lässt sich vom äußeren Schein nicht blenden, und es gelingt ihm, durch eine Tat, die sich über das Gewöhnliche erhebt, das Schicksal zu bezwingen. Der Held ist das Gegenteil des Fatalisten.[305]

Solche Vorstellungen wirken obsolet wie rhetorische Relikte einer vergangenen Welt und Kultur. „Den Mut, den kann sich keiner geben", erklärt Don Abbondio, den Manzoni in *Die Verlobten* zum Inbegriff einer furchtsamen, ängstlichen und den Mächtigen hörigen Kirche stilisiert. Doch jener junge Priester hat seinen Mut gefunden, und sein Zeugnis und sein Martyrium sind ein wichtiger Impuls auf dem Weg zum Sturz des Systems.

---

304 A. Schweitzer, *Das Messianitäts- und Leidensgeheimnis. Eine Skizze des Lebens Jesu*, Tübingen ³1956, S. 109.
305 T. Todorov, *Angesichts des Äußersten*, München 1993, S. 11f.

Einer der Mörder des Priesters denkt einige Jahre später in einem Geständnis über Kaplan Jerzys letzte Augenblicke und über den Mut nach. Seine Worte sind eine indirekte Bestätigung dessen, was Popiełuszko mit seinen Predigten bewirkt hat:

> Es kommt der Moment, da wird einem klar, dass man sein Leben lang ein Feigling gewesen ist. Man bereut nicht die einzelnen Taten, aber eben diesen Mangel an Mut. Doch hier braucht es eine gewisse Würde, das ist wahr. Mir fehlte die Kraft, die Würde, um mich mir selbst in den Weg zu stellen. Der Mut anderen gegenüber ist ein Mut, mit dem man Aufmerksamkeit erregen will, und deshalb dachte ich, dass der echte Mut im Inneren ist und dass man ihn zutage fördern muss. Vielleicht so etwas wie [...] ein verborgenes, ein unter den Ruinen verschüttetes Gewissen. Ja, so war es. Das bedeutet, dass man jenen Funken Mut in sich selbst unterdrückt und ungenutzt lässt, ihn so klein hält, dass er nichts Bedeutendes mehr bewirken kann [...].[306]

Nach dem Rosenkranz trifft Kaplan Jerzy mit einigen Messbesuchern wie Rulewski und anderen Oppositionellen zusammen. Gemeinsam mit dem Pfarrer und einigen anderen nimmt er anschließend – es ist Freitag – ein karges Abendessen zu sich. Weil er gesundheitlich angeschlagen und die Fahrt durch die Nacht gefährlich ist, versucht man den Priester zum Bleiben zu bewegen. Doch Popiełuszko will noch nach Hause fahren, denn er soll am darauffolgenden Morgen in seiner Pfarrkirche die Messe zelebrieren. Als sein Gegenüber nicht lockerlässt, antwortet er: „Da sie mich nicht daran gehindert haben, die Betrachtungen zu halten, werden sie jetzt wohl nicht da sein und mich angreifen. Außerdem ziehe ich die Soutane an, die in diesem Land immer noch etwas zu be-

---

[306] Oberleutnant Waldemar Chmielewski, in: *Summarium*, S. 654.

deuten hat."[307] Kaplan Jerzy weiß nicht, dass ihm in wenigen Stunden seine eigene *Via Crucis* bevorsteht, die zu seinem Tod führen wird.

Mord an einem Priester

Gegen 21 Uhr macht sich Popiełuszko in seinem grünen Golf auf den Weg nach Warschau. Am Steuer sitzt sein Freund Chrostowski.[308] Einige Gemeindemitglieder eskortieren den Wagen bis zum Stadtrand. Bei der Fahrt von Warschau nach Bydgoszcz hatten sie es am Morgen genauso gemacht, doch dieses Mal wehrt sich Kaplan Jerzy entschieden gegen eine neuerliche Eskorte nach Żoliborz. Als sie die Stadt hinter sich gelassen haben und die nahe Ortschaft Górsk erreichen, nähert sich ihnen ein Wagen mit Lichthupe; neben dem Fahrer sitzt ein Mann in Polizeiuniform, der ihnen mit einer roten Handlampe bedeutet, an die Seite zu fahren. Chrostowski zögert, aber Kaplan Jerzy, der sich keinen Ärger einhandeln will, fordert ihn auf, anzuhalten. Der Uniformierte nähert sich Popiełuszkos Chauffeur, zieht mit einem raschen Handgriff den Schlüssel aus dem Zündschloss und zwingt ihn, sich auf den Beifahrersitz des anderen Wagens zu setzen, wo er von einem weiteren Mann geknebelt und mit Handschellen gefesselt wird. Sodann geht Piotrowski, der Anführer der Gruppe, zu Kaplan Jerzy zurück, der noch immer im Auto sitzt, und befiehlt ihm, mitzukommen.

Oberleutnant Waldemar Chmielewski, einer der Mörder, erinnert sich Jahre später wie folgt an die damaligen Ereignisse:

---

307 J. Popiełuszko, *Positio*, S. 129.
308 Zu den Ereignissen rund um Popiełuszkos Entführung und Ermordung vgl. auch K. Ruane, *To Kill a Priest. The Murder of Father Popiełuszko and the Fall of Communism*, London 2004.

[…] Kaplan Jerzy reagierte so ruhig, so beherrscht. Er stieg ganz gelassen aus dem Wagen aus und fragte mit ruhiger Stimme: „Sagen Sie, worum geht es denn?" Dann ging er mit Grzegorz. Ich blieb zurück und wusste nicht, was ich tun sollte. Also blieb ich bei Chrostowski. Irgendetwas lähmte mich. Ich dachte: „Oh Gott, er ist so ruhig …" Wenn er sich aggressiv verhalten hätte, wäre ein aggressives Verhalten meinerseits gerechtfertigt gewesen, aber nichts dergleichen. Das hat mich gelähmt. Dann sah ich ihn; er ging ganz ruhig zu Grzegorz hin, er ging auf das Auto zu, immer noch ruhig. Er machte kein Theater. Von diesem Augenblick an wurde meine Unsicherheit, meine Unruhe immer stärker, ich verlor die Selbstbeherrschung, es gelang mir nicht einmal mehr, die Scheinwerfer einzuschalten, ich war nicht imstande, den Motor zu starten, die Schlüssel zu finden […].[309]

Als Popiełuszko bemerkt, wie seltsam sich die vermeintlichen Polizisten verhalten, versucht er in den Wald zu fliehen, doch er wird verfolgt, festgehalten und mehrere Male mit einem Stock geschlagen, bis er betäubt zu Boden sinkt. Die Mörder schleppen den ohnmächtigen Priester zum Auto, sperren ihn in den Kofferraum und fahren in hohem Tempo davon. Nach wenigen Kilometern gelingt es Chrostowski, der neben dem Fahrer sitzt, die Tür zu öffnen und sich aus dem fahrenden Wagen zu stürzen. Trotz der hohen Geschwindigkeit und der Handschellen kommt er mit einigen Schürfwunden davon. Die Mörder haben nicht damit gerechnet; sie zögern, entschließen sich dann jedoch, weiterzufahren, weil auf derselben Straße noch weitere Autos und ein Motorrad unterwegs sind. Diese Aktion von Kaplan Jerzys Freund und Chauffeur hat ihm nicht nur das Leben gerettet, sondern war auch entscheidend dafür, dass die Mörder identifiziert werden konnten.

---

309 Vgl. *Summarium*, S. 651 f.

Nach einigen Kilometern hat der Wagen der Mörder eine Panne: Der Motor des Fiat 125p verliert Öl. In der Nähe von Thorn müssen sie auf einer Lichtung halten. Kaplan Jerzy kann den Kofferraumdeckel öffnen und fliehen, wird jedoch abermals eingeholt und mit Stöcken und Fäusten geschlagen. Als Piotrowski Jahre später diese Augenblicke rekonstruiert, erinnert er sich, dass Kaplan Jerzy sie angefleht habe: „Meine Herren, lassen Sie mich am Leben!" Die Schilderung des polnischen Geheimdiensthauptmanns ist dramatisch:

> Wenn ich etwas über ihn [Popiełuszko, A.d. R.] sagen soll, dann, dass das Typischste an seinem Verhalten – auch wenn ich nicht weiß, ob das wirklich das Typischste an ihm war –, also das, was sich mir am deutlichsten eingeprägt hat, seine ungewöhnliche Kraft war, sein Lebenswille. Ich würde es so nennen. Wenn ich mit solchen Operationen mehr Erfahrung gehabt hätte, hätte ich für so eine Aktion – für den Fall, dass man ihn betäuben musste – zweifellos keinen Holzstock, sondern ein Eisen, eine Brechstange genommen, mit der wir nur einmal hätten zuschlagen müssen, um unser Ziel zu erreichen. Da aber der Stock nicht so schwer war, mussten wir viele Male zuschlagen. Das hat sicherlich wehgetan. Was mir von alledem in Erinnerung geblieben ist, war sein Kampf ums Überleben, um die Freiheit [...].[310]

Erneut ohnmächtig geworden und blutend wird der Priester gefesselt, geknebelt und wieder in den Kofferraum gesperrt. Die Geheimdienstler fahren weiter, müssen jedoch an einer Tankstelle haltmachen, um Öl nachzufüllen. Wieder versucht der Priester, den Kofferraum zu öffnen. Daraufhin steuern seine Peiniger den Wagen in eine Seitenstraße, öffnen den Kofferraum und schlagen Kaplan Jerzy mit einem Stock, bis er

---

310 Ebd.

erneut das Bewusstsein verliert. Bei einem weiteren Stopp im Wald fesseln sie den Priester so, dass er sich nicht mehr rühren kann: Sie schlingen ihm das eine Ende des Seils um den Hals und das andere um die Füße, sodass er bei jeder Bewegung Gefahr läuft, sich selbst zu strangulieren. Außerdem stopfen sie ihm einen Fetzen Stoff in den Rachen und kleben ihm den Mund mit einem Pflaster zu. Dann fährt der Wagen weiter. Die Mörder sind unschlüssig, wohin sie fahren sollen. Offenbar gibt es keinen Plan. Hauptmann Piotrowski erinnert sich:

> Wir setzten die Fahrt fort, nun konnte nichts mehr passieren. Wahrscheinlich lag er auf der Seite. Irgendwann sagte Chmielewski zu uns – das klingt jetzt vielleicht merkwürdig, aber es war wirklich so –, dass sich sein Kopf unkontrolliert bewegte ... ihm musste also etwas zugestoßen sein. In der Zwischenzeit bemerkte ich, dass der Kofferraum so verzogen war, dass die Innenbeleuchtung sich nicht mehr abschaltete und wir hineinsehen konnten. Wir waren nicht mehr weit vom Staudamm bei Włocławek entfernt, und ich dachte – es war wie eine Art Eingebung –, dass wir es nicht nach Warschau schaffen würden, dass wir den Plan, nach Warschau zu fahren, aufgeben mussten. Ich dachte: Vor dem Staudamm ist eine Abzweigung, ein paar hundert Meter davor; wir sollten lieber nach Łódź fahren, das ich gut kenne, denn ich stamme ja von dort; dort werde ich mich sicherer fühlen und die Dinge werden anders laufen. An der Abzweigung sagte ich zu Leszek: „Nimm die Straße nach Łódź." Als wir uns dem Abzweig näherten, sahen wir eine Polizeistreife. Zuerst sah ich ein paar Mal nach hinten; ich sah das Gesicht von Kaplan Jerzy. Ich hatte noch nie zuvor das Gesicht eines Toten gesehen; oder vielleicht jemanden aus der Verwandtschaft. Aber ich hatte den Eindruck, dass er bereits tot war. Nachdem ich ihn angesehen hatte, sagte mir irgendetwas in meinem Inneren, dass Kaplan Jerzy nicht mehr lebte. Wir fuhren noch etwa 100 Meter Richtung Łódź, und dann sagte ich: „Es ist

zu Ende!" Kann sein, dass wir miteinander darüber gesprochen haben, dass Kaplan Jerzy womöglich schon tot war. Ich sagte zu Leszek: „Kehr um." Das tat er. Vielleicht kam der Vorschlag von mir, aber ich habe auf jeden Fall zugestimmt. Wir mussten ihn loswerden; wir mussten Kaplan Jerzys Leiche loswerden. Also fuhren wir wieder an dem Polizeifahrzeug vorbei und bogen dann Richtung Brücke ab. Vielleicht haben die Streifenpolizisten irgendwie reagiert – nein, das kann ich ausschließen –, aber wir haben ihnen den Passierschein gezeigt, ich weiß nicht. Jedenfalls sind wir in die Straße eingebogen, die zum Staudamm führt. Hinter der Brücke hielt Leszek an und machte kehrt, als wollten wir wieder nach Thorn fahren. Dann hielt er vor einem Geländer an. Er öffnete den Kofferraum. Dazu muss ich sagen, dass ich nicht überprüft habe, ob er schon tot war. Waldek [Chmielewski, A.d. R.] hatte das gemacht. Das hat er gesagt. Nachdem wir den Leichnam ins Wasser geworfen hatten, sagte er, dass er seinen Tod überprüft hätte.[311]

Die drei Männer binden Kaplan Jerzy einen Sack voller Steine an die Füße und werfen ihn aus einer Höhe von etwa 15 Metern in den Fluss. Dann entfernen sie sich eilends vom Tatort und kehren nach Warschau zurück. Bei der Autopsie wird man später nicht mehr feststellen können, ob der Priester bereits tot war, als er in den Fluss geworfen wurde.

In der Zwischenzeit erreicht sein Freund Chrostowski das nahegelegene „Regionalzentrum für landwirtschaftliche Entwicklung", von wo aus man einen Krankenwagen und eine Polizeistreife ruft. Kaplan Jerzys Chauffeur versucht vergeblich, die kirchlichen Behörden in Warschau zu kontaktieren. Dann bittet er, man möge ihn zum Pfarrhaus der nahegelegenen Kirche zur seligen Jungfrau Maria in Thorn bringen, damit er dem dortigen Pfarrer Józef Nowakowski, der mit Kaplan Jerzy be-

---

311 Ebd. Die Rekonstruktion stammt von 1993.

freundet ist, von dem Geschehen berichten kann. Anschließend wird Chrostowski zur medizinischen Versorgung in die Notaufnahme gebracht und drei Tage lang stationär im Krankenhaus des Innenministeriums in Thorn aufgenommen, wo er als der einzige Zeuge des Vorfalls vom Staatsanwalt befragt und engmaschig überwacht wird. Nach seiner Entlassung aus dem Krankenhaus wird Chrostowski von drei Sicherheitspolizisten in seine Warschauer Wohnung begleitet. Hier gelingt ihm in einem unbewachten Moment die Flucht. Er schlüpft im Pfarrhaus der Gemeinde St. Stanisław Kostka unter und bleibt dort, bis der Prozess beginnt.

In der Pfarrei St. Stanisław Kostka erfährt man gegen zehn Uhr am Morgen nach dem Verbrechen von Kaplan Jerzys Verschwinden. Der Anruf kommt von Bischof Kazimierz Romaniuk. Primas Glemp hält sich in jenen Tagen auf Einladung des deutschen Kardinals Joachim Meisner in Berlin auf.[312] Die Meldungen sind noch sehr wirr und bruchstückhaft: Es ist von einer Entführung die Rede, doch Einzelheiten sind nicht bekannt. Regierungssprecher Jerzy Urban bringt die Nachricht in Umlauf, man habe den Priester in Prag in Begleitung einer Frau gesehen. Andere sprechen allgemeiner von einer feigen Flucht ins Ausland. In einem Artikel, der in den Tagen von Kaplan Jerzys Entführung in der Parteizeitung „Argumenty"

---

312 Kardinal Joachim Meisner, der damalige Bischof von Berlin, erinnert sich in einem Interview mit dem Autor (im Februar 2015) an jene furchtbaren Augenblicke, die er gemeinsam mit Kardinal Glemp an seinem Amtssitz in Ostberlin durchlebte. Als die Nachricht von der Entführung eintrifft, versucht man verzweifelt in Warschau anzurufen, doch die DDR-Behörden hatten die Telefonleitung des Kardinals lahmgelegt. Meisner lässt seinen Sekretär bei den deutschen Behörden anrufen und mitteilen, dass er von seinem Recht, nach Westberlin zu reisen, Gebrauch machen und dort eine Pressekonferenz einberufen werde, um das Verhalten des DDR-Innenministeriums anzuprangern. Daraufhin wird die Telefonleitung wieder freigeschaltet.

erscheint, attackiert der ehemalige Kultusminister Kąkol auch den Vatikan und insbesondere die erste von der Kongregation für die Glaubenslehre veröffentlichte Instruktion über die Befreiungstheologie. Darin, so Kąkol, „lebt der Geist der Inquisition wieder auf und zeigt sich die Nähe zum militanten Antikommunismus à la Reagan". Der ehemalige Minister sieht einen Zusammenhang zwischen den vatikanischen Positionen zur Befreiungstheologie und dem Verhältnis zwischen Staat und Kirche in Polen. In seinem Artikel wirft er Kardinal Ratzinger vor, einen „antikommunistischen Kreuzzug" zu führen, während „die Bundesrepublik Deutschland Polen mit ihren revisionistischen Forderungen unter Beschuss nimmt". Abschließend schreibt Kąkol: „Wer wäre besser als der bayrische Kardinal Ratzinger dazu imstande, einen antikommunistischen Kreuzzug auszurufen, der die Bonner Gebietsrückforderungen unterstützt und die antikommunistische Avantgarde im Land in den polnischen Kirchen mit Messen befeuert, die im wahrsten Sinne des Wortes Hassversammlungen darstellen."[313]

József Popiełuszko, Kaplan Jerzys älterer Bruder, hält sich, als sein Bruder verschleppt wird, gerade beruflich in Deutschland auf. Als seine Verwandten ihn telefonisch erreichen, beschließt er, unverzüglich nach Hause zurückzukehren. Ein Beamter am Grenzübergang sagt im Scherz, er habe seinen Bruder wohl ins Ausland geschmuggelt und fahre nun ohne ihn zurück.

---

313 Guglielmo Folchi, der italienische Botschafter in Warschau, zitiert den Artikel in seinem Bericht an das italienische Außenministerium, in dem er die Affäre Popiełuszko als „echten Funken im Pulverfass der Normalisierung" bezeichnet, in: AsiLS, AGA, Fondo Europa, b.567.
Die Frage der revisionistischen Forderungen der Bundesrepublik Deutschland (aktueller Anlass ist vermutlich eine Rede, die Kanzler Kohl im September 1984 beim schlesischen Vertriebenenbund gehalten hat) ist ein Argument, das das Regime in schwierigen Zeiten gerne verwendet. Die Deutschlandfeindlichkeit zu schüren war im Nachkriegspolen ein bewährtes Mittel, die eigenen Reihen zu schließen.

Kaplan Jerzys Pfarrer liegt im Krankenhaus. Er wird von den anderen Geistlichen und von Schwester Katarzyna informiert, einer älteren Ordensfrau, die in der Pfarrei seelsorglich tätig ist und die Nachricht als Erste erhält. Man beschließt, die Gläubigen in Kenntnis zu setzen, die nach der Neun-Uhr-Messe noch in der Kirche sind, und beginnt mit einer Andacht, in der unablässig für die Heimkehr des Priesters gebetet wird. Je weiter sich die Nachricht verbreitet, desto mehr Menschen strömen in die Kirche, und aus ganz Polen treffen Telegramme, Briefe und Botschaften ein. In den Fernsehnachrichten um halb acht wird das Verschwinden gemeldet:

Am 19. dieses Monats ist gegen 22 Uhr in der Nähe der Ortschaft Przysiek bei Thorn der Hochw. Herr Jerzy Popiełuszko, geboren am 23. September 1947 und wohnhaft in Warschau, entführt worden. Mit Bezug auf die laufenden Ermittlungen werden alle Personen, die irgendwelche Informationen über das Geschehene liefern können, gebeten, sich unverzüglich zu melden oder den nächstgelegenen Sitz der Staatsanwaltschaft oder der Bürgermiliz zu verständigen. Gebeten werden insbesondere alle diejenigen, die Informationen über die Personen liefern können, deren Beschreibung wir veröffentlicht haben und die in einem Fiat 125p unterwegs sind, über Personen, die illegale KFZ-Kennzeichen herstellen oder verwenden sowie über Personen, die widerrechtlich Polizeiuniformen besitzen oder tragen oder Ausrüstungsgegenstände der Angehörigen der Bürgermiliz wie zum Beispiel Handschellen bei sich führen ...

Diese Meldung belegt, dass den Behörden bereits einige Informationen vorliegen, die sich später als zutreffend herausstellen werden. Weiß das Regime von Anfang an über die Fakten Bescheid, weil es selbst den Auftrag gegeben hat? Oder ist es von der Initiative einiger Funktionäre des Innenministeriums überrascht worden und liefert nun lediglich einige Informationen, die man zusammengetragen hat? Wer hat den Befehl erteilt, den Priester aus dem Weg zu räumen? Haben die Geheimdienste eigenmächtig oder auf einen präzisen Auftrag der Regierung hin gehandelt? Und wer genau hat dann diesen Auftrag erteilt? Die Angelegenheit im Sande verlaufen zu lassen, ist keine Option: Dazu ist der Priester zu populär, und außerdem gibt es Augenzeugen, an erster Stelle den Chauffeur des Geistlichen. Überdies sind Popiełuszkos Mörder ungeschickt und ziehen in der Nähe der Kirche zu den polnischen Märtyrern, wo Kaplan Jerzy predigt, die Aufmerksamkeit einiger Polizisten auf sich, als sie die Nummernschilder an ihrem Wagen austauschen und sich auch sonst verdächtig verhalten. Der ganze Anschlag ist denkbar schlecht geplant, und man hat, wie später aus den Prozessakten hervorgehen wird, viel zu viel dem Zufall überlassen. Diverse Hinweise, die im Innenministerium eingehen, kommen von der Polizei selbst.

Jerzys Eltern erfahren aus dem Fernsehen von seinem Verschwinden.

Da der Kardinal abwesend ist, verschicken die Weihbischöfe des Erzbistums Warschau am 22. Oktober ein Rundschreiben an die Pfarrer und Rektoren; darin heißt es:

> Kaplan Popiełuszko ist bis heute nicht nach Hause zurückgekehrt, und niemand hat etwas von ihm gehört. Der Vorfall hat die öffentliche Meinung in ganz Polen in Aufruhr versetzt, aber vor allem unter den Bischöfen, dem Klerus und allen Gläubigen des Erzbistums Warschau für angstvolle Unruhe gesorgt. Die Metropolitankurie von Warschau bringt ihre tiefe Bestürzung zum Ausdruck und empfiehlt das Schicksal von Kaplan Popiełuszko den Gebeten [...] des ganzen Volkes Gottes in der Hoffnung, dass die zuständigen Autoritäten mit allen Mitteln versuchen, den Verschwundenen wiederzufinden und diesen be-

fremdlichen und schändlichen Akt der Gewalt gegen Unschuldige aufzuklären [...].³¹⁴

Diesem Text war eine erste Mitteilung des Pressebüros der Bischofskonferenz vorangegangen, die gleich darauf wieder zurückgerufen worden war und in der es geheißen hatte, dass „die bislang über die Umstände der Entführung erhaltenen Informationen darauf hinweisen, dass seine Entführung politisch motiviert war". Diese unbesonnene Äußerung hätte als Bestätigung der Linie des Regimes aufgefasst werden können, das dem Priester vorwirft, Politik zu betreiben.

Johannes Paul II. liest in der Generalaudienz am Mittwoch, dem 24. Oktober, das Kommuniqué der Warschauer Metropolitankurie vor und fügt hinzu:

> Tiefbetroffen von diesem Geschehen, spreche ich meine Solidarität mit den Hirten und dem Volk Gottes der Kirche in Warschau aus. Ich teile die berechtigte Sorge der ganzen Gesellschaft angesichts dieser unmenschlichen Tat, die Ausdruck der Gewalt ist, die an einem Priester verübt wurde und eine Verletzung der Würde und der unveräußerlichen Rechte der menschlichen Person darstellt. [...] Euch, liebe Brüder und Schwestern, bitte ich, mit mir für die unverzügliche Freilassung von Jerzy Popiełuszko und für seine Rückkehr zur pastoralen Arbeit zu beten.³¹⁵

In allen Pfarrkirchen Polens werden Messen für Popiełuszkos Heimkehr gelesen. Kardinal Glemp, der inzwischen aus Ostberlin zurückgekehrt ist, ruft dazu auf, am Ende jeder Messe das alte Mariengebet „Unter deinen Schutz und Schirm" für

---

314 *Positio*, S. 142 f.
315 Zitiert nach: Der Apostolische Stuhl. Ansprachen, Predigten und Botschaften des Papstes. Erklärungen der Kongregationen. Vollständige Dokumentation, Rom (Libreria Editrice Vaticana) / Köln (Bachem) 1984, S. 214.

den entführten Priester zu beten. Der Primas schreibt einen gramerfüllten Brief an die Eltern des Priesters:

> Ich möchte Ihnen in Ihrem elterlichen Schmerz die tiefe Anteilnahme der ganzen polnischen Kirche bekunden. Ihr Sohn hatte in seiner Funktion als Priester nach Bydgoszcz fahren müssen und war nun auf dem Rückweg nach Warschau. Auf der Straße wurden er und sein Chauffeur Waldemar Opfer eines Gewaltverbrechens. Es war gut, dass Waldemar bei ihm war, denn er glaubt, dass der Priester vielleicht noch am Leben ist und irgendwo versteckt gehalten wird und dass er eines Tages zu uns zurückkehren könnte. Wir werden unablässig für sein Leben beten. Wir legen unsere Hoffnung in die Hände unserer Mutter Maria. Das Opfer des Leidens und gegebenenfalls des Todes ist ein Opfer der Kirche für die ganze Welt. Es bleibt ein Zeichen der Liebe im Dienst an den Gläubigen unseres Volkes [...].[316]

In der Zwischenzeit wird die Menge der Menschen, die in die Pfarrkirche St. Stanisław Kostka strömen, größer und größer. Ununterbrochen werden Messen gefeiert und wird in Anwesenheit zehntausender Gläubiger der Rosenkranz gebetet. Die Nachricht verbreitet sich auch im Ausland. Popiełuszko ist aufgrund seiner Nähe zu Nobelpreisträger Wałęsa und der Gewerkschaft Solidarność auch außerhalb von Polen eine bekannte Persönlichkeit.[317]

---

316 Brief vom 30. Oktober 1984. Der Brief ist Teil einer Dokumentation über den Mord an Popiełuszko, die im Stasi-Archiv aufbewahrt wird. Vgl. MfS – HAXX 14 1928.
317 Vgl. die Tageszeitung „L'Unità" vom 23. Oktober 1984. Auch die amerikanische Regierung interveniert in der Person von John Hughes, Sprecher des Außenministeriums, der die Warschauer Behörden auffordert, die unverzügliche Freilassung des Priesters zu erwirken.

Am Samstag, dem 27. Oktober, verkündet der Innenminister am Ende der Fernsehnachrichten, dass die Entführer des Priesters festgenommen worden seien: „Mit allergrößtem Bedauern muss ich feststellen, dass es sich um drei Funktionäre des Ministeriums für innere Angelegenheiten handelt." Nachdem er die Namen und Funktionen der Männer bekanntgegeben hat, fügt der Minister hinzu: „Der Initiator der Entführung [Hauptmann Grzegorz Piotrowski, A.d.R.] begründet seine Tat mit der provokativen politischen Tätigkeit von Kaplan Popiełuszko, gegen die die Regierung seiner Ansicht nach nicht mit wirksamen Maßnahmen vorgegangen ist." Abschließend erklärt der Minister, dass er nichts über das Schicksal des Priesters wisse, da die Aussagen der „Verdächtigen" „äußerst unterschiedlich" seien.

Zum ersten Mal in der Geschichte des Kalten Krieges gesteht ein Land des Warschauer Pakts die Beteiligung seiner Funktionäre an einem Verbrechen ein und ist sogar bereit, ihnen den Prozess zu machen. Das ist ein unerhörter Vorfall. Die große Beliebtheit des Priesters, die Flucht des Chauffeurs und die sofortige Reaktion der kirchlichen Behörden machen es unmöglich, die Affäre im Sande verlaufen zu lassen. Offenbar ist die Bestürzung auch in Regierungskreisen groß, und zudem fürchtet man sich vor einer breiten und unkontrollierbaren Reaktion der Bevölkerung. Also zieht man es vor, sich auf die Seite der Bürger und des Opfers zu stellen, die Zahl der beteiligten Funktionäre auf ein Minimum zu beschränken und vor allem Enthüllungen über die Verstrickung allzu hochgestellter Persönlichkeiten zu vermeiden – eine Frage, die bis heute nicht aufgeklärt ist.

Am Abend des 30. Oktober melden die Fernsehnachrichten, dass der Leichnam von Jerzy Popiełuszko im Weichselstaubecken unweit des Staudamms von Włocławek gefunden worden sei. Ein Priester von der Pfarrei St. Stanisław Kostka überbringt den versammelten Gläubigen die traurige Kunde. Alle brechen in Tränen aus. Die Emotionen sind groß, etliche der Anwesenden fallen sogar in Ohnmacht. Es herrscht Verzweiflung. Schwester Katarzyna erinnert sich wie folgt an jene tragischen Augenblicke:

> […] Die Menschen in der Kirche weinten so heftig, dass es nur Pater Feliks Folejewski, einem Pallottiner, gelang, die Gemüter zu beruhigen. Es dauerte etwa zehn Minuten, ein einziges, großes Weinen. Pater Feliks begann das Vaterunser zu beten, aber beim ersten Mal antwortete niemand. Die Menschen brachten die Bitte: „Vergib uns unsere Schuld, wie auch wir vergeben unseren Schuldigern", einfach nicht über die Lippen. Erst beim zweiten Vaterunser antwortete der eine oder andere. Beim dritten dann alle. Anschließend sagte Pater Feliks einige sehr beeindruckende Worte über diesen Mord, und der ehrwürdige Professor Lewek sagte sofort, dass er heilig werden würde. Das Martyrium hatte ihn zur Heiligkeit geführt.[318]

Auch Kaplan Jerzys jüngerer Bruder ist zu diesem Zeitpunkt in der Kirche; er setzt sich sofort mit seinen betagten Eltern in Verbindung, um ihnen die Nachricht zu übermitteln. Am Folgetag – demselben, an dem in Neu-Delhi Indira Gandhi ermordet wird – beginnt sich die Nachricht von dem Mord in der Welt zu verbreiten. Tief ergriffen erwähnt Johannes Paul II. den getöteten Priester während der Generalaudienz am Mittwoch, dem 31. Oktober, und erweist ihm „den letzten Gruß". Unmittelbar danach verleiht der Papst in einem Brief an den Primas seinem Wunsch Ausdruck, dass Popiełuszkos Tod in der Kirche Frucht bringen möge. Die Ermordung des Priesters Jerzy – schreibt der Papst – „ist ein Zeichen dafür, dass die

---

[318] Aussage von Schwester Katarzyna Józefa Uriga, in: *Summarium*, S. 54.

Kirche berufen ist, ihre pastorale Arbeit inmitten des Volkes fortzusetzen"[319].

Unterdessen werden die sterblichen Überreste des Priesters in die rechtsmedizinische Abteilung von Białystok gebracht. Dort wird auch die Autopsie durchgeführt. Das Erzbistum entsendet zwei Priester, die gemeinsam mit einem Anwalt und Kaplan Jerzys jüngerem Bruder den Leichnam identifizieren sollen. Einer der beiden Priester erinnert sich: „Der Körper des Dieners Gottes war von den Spuren der Schläge, von der Erstickung und von der langen Zeit, die er im Wasser gelegen hatte, derart entstellt, dass jemand, der ihn nicht genau kannte, womöglich Schwierigkeiten gehabt hätte, Kaplan Jerzy wiederzuerkennen."[320]

In dem kleinen Museum unter der Kirche St. Stanisław Kostka sind einige beeindruckende Fotografien vom gemarterten Körper des bedauernswerten Priesters ausgestellt. Kaplan Jerzy wird anhand seiner Zähne und einiger besonderer Kennzeichen auf der Brust eindeutig identifiziert. Auch die Eltern sind anwesend, betreten das Leichenschauhaus jedoch nicht, weil man ihnen den Anblick des geschundenen Körpers ihres Sohnes ersparen will. Die polnischen Bischöfe weigern sich, das Ergebnis der an Kaplan Jerzys Leiche vorgenommenen Autopsie zu veröffentlichen, weil sie fürchten, dass die Gläubigen sich in ihrer Empörung zu einer gewaltsamen Reaktion hinreißen lassen könnten. Während des Prozesses werden Filmaufnahmen der Polizei von der Auffindung des Leichnams gezeigt werden, die unter den Anwesenden allgemeines Entsetzen hervorrufen und auch einige der Mörder sichtlich erschüttern. Einige Schwestern richten den Leich-

---

319 Auszüge aus dem Brief Johannes Pauls II. an Glemp finden sich in dem bereits erwähnten Stasi-Bericht über die Ermordung Popiełuszkos, in: MfS – HAXX 14 1928, 2. Februar 1985.
320 Aussage von Edward Żmijewski, in: *Summarium*, S. 140.

nam her. Schon im Leichenschauhaus wird eine erste Messe gefeiert. Viele Menschen drängen sich vor der rechtsmedizinischen Abteilung. Einer der aus Warschau geschickten Priester erinnert sich an die anschließende Fahrt von Białystok nach Warschau:

> Das Erste, was mir auffiel, war die überaus große Anteilnahme der Einwohner von Białystok. Ich saß am Steuer des Wagens, der den Sarg transportierte, und konnte daher sehen, dass während der ganzen Fahrt durch die Stadt Menschen auf den Bürgersteigen niederknieten. Der Verkehr ruhte auf unserer Strecke, sodass wir die Kreuzungen auch bei Rot überqueren konnten. Hunderte von hupenden Taxis bahnten uns den Weg. Die ganze Stadt war in Trauer. Nachdem wir Białystok hinter uns gelassen hatten, machte der Geleitzug Halt in der Ortschaft Żółtki, wo Hochwürden Grzegorz Kalwarczyk ein Gebet für die Verstorbenen sprach und den Anwesenden für ihr Zeugnis, ihr Gebet und ihre Haltung dankte [...]. Von Żółtki aus fuhren wir mit zwei Autos weiter nach Warschau, ich am Steuer des ersten, dahinter das Fahrzeug mit dem Sarg. Hinzu kamen weitere drei oder vier Wagen mit den Eltern, den Verwandten und den Arbeitern. Auf der ganzen Strecke waren Polizeistreifen verteilt, um die jeweilige Position des Konvois durchzugeben. In Marki in der Nähe von Warschau sollten wir eigentlich eine Polizeieskorte bekommen, doch die Polizei bemerkte uns nicht (man hatte uns gesagt, dass wir die Warnblinkanlage anstellen sollten, aber das taten wir nicht), und so gesellte sich erst auf der Höhe von Plac Dzierżyńskiego eine Polizeistreife zu uns, um uns zur Kirche St. Stanisław Kostka in Żoliborz zu eskortieren. Hinter der Gdański-Brücke bog das Zivilfahrzeug der Miliz in die Gen.-Zajączka-Straße ein, doch entgegen der Anweisung fuhr ich geradeaus weiter, um mich der Kirche St. Stanisław Kostka über die Hauptstraße, die Krasińskiego-Straße, zu nähern. Vor der Kirche

hörte man nur Weinen und Beten. Tausende von Menschen erwarteten den Diener Gottes.[321]

Bei der Ankunft des Sarges beginnen die Glocken der Kirche von Żoliborz und gleich darauf sämtliche Glocken der Stadt zu läuten. Der Sarg wird auf einem mit Blumen geschmückten Podest vor dem Altar postiert.

In Abstimmung mit dem Primas und der Bischofskonferenz entscheiden die Behörden, dass Kaplan Jerzy auf dem monumentalen Powązki-Friedhof in Warschau, wo sich die Gräber verschiedener polnischer Berühmtheiten befinden, zur letzten Ruhe gebettet werden soll. An einem anderen Ort werde sein Grab, so die Befürchtung der Behörden, womöglich zu einer Wallfahrtsstätte und zum Denkmal eines „Märtyrers des Antisozialismus" werden. Doch die Eltern und viele Gläubige bestehen darauf, dass Kaplan Jerzy neben seiner Kirche beigesetzt wird. Am Ende beschließt man, den Wunsch der Eltern und der Gläubigen zu erfüllen. Und ebendort, im Garten der Kirche des heiligen Stanisław Kostka, befindet sich heute das Grab des seligen Jerzy Popiełuszko.

Ein „Begräbnis wie für einen König"

Das Begräbnis findet am Samstag, dem 3. November, statt. Seit den frühen Morgenstunden strömen aus ganz Polen Tausende von Menschen herbei. Die polnischen Behörden sprechen von 100.000 Personen. Andere Quellen gehen von bis zu einer halben Million Menschen aus, die aus der Hauptstadt, aus verschiedenen Gegenden Polens, aber auch aus dem Ausland gekommen sind. Die Geheimdienste verzeichnen die An-

---

321 Ebd., S. 141.

wesenheit zahlreicher Fahrzeuge mit ausländischen Kennzeichen. Viele klettern auf die Bäume oder postieren sich auf den Dächern der Wohnhäuser, um etwas zu sehen. Der Sarg wird vor der Kirche auf ein erhöhtes Podest gestellt. Das Sterbeamt beginnt um elf Uhr; mit dem Primas konzelebrieren zehn Bischöfe und Hunderte von Priestern im Beisein einer unübersehbaren Menschenmenge und in einer Atmosphäre tiefer Andacht. Viele halten Solidarność-Fahnen hoch, andere Fotos des Priesters, die polnische Flagge und Heiligenbilder.

Ganz anders liest sich natürlich der Bericht der Geheimdienste der Deutschen Demokratischen Republik, die die Begräbnisfeierlichkeiten mit großer Sorge verfolgen: „Aus der Beisetzung von P. vor der Kirche St. Stanisław Kostka in Warschau ist die größte antisozialistische Demonstration in Polen seit dem Papstbesuch 1983 geworden [...]. Die ganze Zeremonie hat sich in eine massive Anerkennung von Solidarność verwandelt."[322] In den Akten des Stasi-Archivs wird über jede Phase der Beisetzung berichtet – ein Beleg dafür, wie sehr man im „Bruderland" über die Ereignisse im benachbarten Polen besorgt ist. Vor allem in Ostdeutschland fürchtet man, dass die Spannungen, die nach dem Mord in Polen herrschen, übergreifen könnten. Die katholischen Pfarreien und die protestantischen Kirchen auf deutschem Gebiet werden ab sofort überwacht. Die Archive sind mit Zusammenfassungen von Predigten, die die Geistlichen am 3. November 1984 gehalten haben, und mit Informationen angefüllt, die von Mitarbeitern auch innerhalb des Klerus zusammengetragen worden sind. Die Bilanz der fieberhaften Abhöraktivitäten ist gleichwohl beruhigend: „Die Reaktionen unter den Christen in Ost-

---

[322] MfS AS 66/88; Berlin 05.11.1984: „Zur Situation in Warschau und der VR Polen im Zusammenhang mit der Beisetzung von Popiełuszko übermittelte die Operativgruppe Warschau folgende Informationen".

deutschland sind verhalten." „Der Popiełuszko-Mord scheint innerhalb der polnischen Grenzen zu bleiben", heißt es in den Schlussfolgerungen, sodass es nicht notwendig sei, „die katholische Kirche in unserem Land zu behelligen".

Bei der Beerdigung anwesend sind einige Vertreter der polnischen Behörden und zahlreiche Botschafter westlicher Länder. Letztere und insbesondere der amerikanische Botschafter werden genau wie die führenden Solidarność-Mitglieder mit stürmischem Beifall begrüßt. Die Lautsprecher verkünden unter allgemeinen Ovationen, dass die Beisetzungsfeierlichkeiten komplett live von einem amerikanischen Fernsehsender übertragen werden. Am selben Tag findet noch ein anderes feierliches Begräbnis statt: das von Indira Ghandi. Die Geheimdienste der DDR halten es für wahrscheinlich, dass auch ein Vertreter des Vatikans, mutmaßlich Casaroli oder Poggi,[323] teilnehmen wird. Doch der Vatikan schickt niemanden. Wahrscheinlich will man die Angelegenheit auf der nationalen Ebene belassen, um weitere Schwierigkeiten zu vermeiden.

Es sei ein „Begräbnis wie für einen König" gewesen, erinnert sich Schwester Katarzyna, und nur mit dem des Jahrtausendprimas vergleichbar. In seiner Predigt ruft Primas Glemp zur Vergebung auf – und dazu, den Dialog wiederaufzunehmen, „um gemeinsam den Weg des Friedens zu beschreiten":

[...] Vergeben wir den Schuldigern, die aus Überzeugung oder auf Befehl ihrem Nächsten Unrecht getan haben, alle ihre Taten. Vergeben wir den Mördern von Hochwürden Popiełuszko. Hegen wir keinen Hass gegen sie und beten wir zu Gott, dass er die unschuldigen Opfer der Gewalt zu sich nehmen, dass er die Reinheit unseres Herzens annehmen möge zugunsten jener Gerechtigkeit,

---

323 MfS HA XX Nr. 16926; Berlin, 1. November 1984.

die die Gesellschaft in unserer geliebten Heimat von aller Illegalität befreien wird [...]. Hier, am Sarg eines Priesters, der einem Anschlag zum Opfer gefallen ist, wollen wir unsere Trauer vor Gott hintragen und alles, was uns bewegt, im Gebet ausdrücken. Das Gebet lindert den Schmerz, den Kummer, die Bitterkeit. Wenn wir uns Gott nähern, kommen wir auch der Wahrheit über die Fragen des Menschseins näher. Wir sind, so könnte man sagen, was nationalen Schmerz angeht, inzwischen einiges gewohnt.[324]

Zum Abschluss seiner Predigt würdigt Glemp das Wirken des jungen Priesters: „Letztlich leben wir für den Herrn und seine Ehre, aber das Leben spielt sich an der Seite des Nächsten und für ihn ab [...]. Kaplan Jerzy war es in den zwölf Jahren als Priester gelungen, sein Leben so zu gestalten, dass er den anderen damit ein wunderbares Beispiel gegeben hat. Er war einfach für den Menschen da, der durch ihn Gott näherkam. Deshalb war er von einer so allgemeinen und spontanen Liebe umgeben."

Am Ende der Begräbnisfeier sprechen verschiedene Freunde des Priesters und Lech Wałęsa. Der Solidarność-Vorsitzende greift tiefbewegt die letzten Worte des Märtyrerpriesters auf: „Wir sagen dir Lebewohl, Diener Gottes, und beschwören dich, dass wir uns der Gewalt nie beugen, dass wir solidarisch der Heimat dienen, dass wir die Lüge mit der Wahrheit und das Böse mit dem Guten beantworten werden."

Laut Nowina-Konopka, der Wałęsa als Sprecher von Solidarność auch in dieser Situation nahe war, war die Ansprache des Gewerkschaftsvorsitzenden das Ergebnis einer heftigen und dramatischen Debatte zwischen einigen führenden Solidarność-Mitgliedern. Bei einer Versammlung, an der er selbst gemeinsam mit anderen Gewerkschaftsführern teilnahm, sei,

---

324 *Positio*, S. 146–151

so erinnert sich Botschafter Konopka, die Anspannung und Nervosität kurz vor dem Siedepunkt gewesen. Die Mehrheit der Anwesenden habe sich dafür ausgesprochen, den Priestermord – auch als Botschaft an die Basis – mit harschen Worten zu verurteilen, und Wałęsa selbst sei anfangs sogar der Meinung gewesen, dass man Gewalt anwenden müsse. Irgendwann, als die Debatte einen toten Punkt erreicht hatte, habe der Gewerkschaftsführer jeden der Anwesenden gebeten, sich zehn Minuten Zeit zu nehmen und aufzuschreiben, wie er sich eine solche Erklärung vorstelle; anschließend möge man ihn alleine lassen. Bei seiner Begräbnisansprache habe Wałęsa dann den Text vorgetragen, den Nowina Konopka aufgeschrieben hatte.[325]

Nach dem eigentlichen Sterbeamt dauert die Zeremonie noch mehrere Stunden. Der Sarg des Priesters wird mit einem Geleitzug von Tausenden von Menschen mehrere Male um seine Pfarrkirche herumgefahren und schließlich in dem kleinen Garten neben der Kirche in die Erde gesenkt. Dann beginnt eine nicht enden wollende Prozession von Menschen, die Kaplan Jerzy die letzte Ehre erweisen wollen: eine stille Wallfahrt, die sich in den darauffolgenden Wochen und Monaten fortsetzen wird. Schon bald wird das Grab zu einer Pilgerstätte, an der die Besucher Blumen, Kerzen und Briefe ablegen. Es herrscht eine Atmosphäre tiefster Ergriffenheit.

Johannes Paul II. übersendet dem Pfarrer einen Messkelch mit der Widmungsinschrift: „Johannes Paul II. im Gebet vereint für den Priester und Märtyrer Jerzy Popiełuszko, 19. X. – 3. XI. 1984".

---

325 Diese Information stammt aus dem weiter oben bereits zitierten Interview des Autors mit Piotr Nowina-Konopka (Mai 2015).

Die Reaktionen auf den Mord

Aus aller Welt treffen Kondolenzschreiben und Botschaften tiefempfundener Anteilnahme an den Geschehnissen ein. Ronald Reagan schickt eine besondere Botschaft:

> Ganz Amerika teilt die Trauer des polnischen Volkes über die Nachricht vom tragischen Tod von „Father Jerzy Popiełuszko". „Father Popiełuszko" war ein Unterstützer der christlichen Werte und ein mutiger Vorkämpfer für die Sache der Freiheit. Sein Leben war ein Beispiel der höchsten Ideale der Menschenwürde; sein Tod bestärkt alle freiheitsliebenden Völker in ihrer Entschlossenheit, nicht von ihren Überzeugungen abzurücken. Der Geist von „Father Popiełuszko" lebt fort. Das Gewissen der Welt wird keinen Frieden finden, solange die Verantwortlichen dieses ruchlosen Verbrechens nicht vor Gericht gebracht worden sind.[326]

Sandro Pertini schreibt unumwunden an Präsident Jabłoński, den er nicht lange zuvor anlässlich des 40. Jahrestags der Schlacht von Montecassino in Italien getroffen hatte:

> Die Ermordung des „Abate Jerzy Popiełuszko" hat mich und das gesamte italienische Volk zutiefst erschüttert. Ich bekunde Ihnen unsere tiefempfundene Anteilnahme am Schmerz des polnischen Volkes und den lebhaften Wunsch, dass die Verantwortlichkeiten im Zusammenhang mit diesem abscheulichen Gewaltverbrechen baldmöglichst geklärt sind und die Täter verfolgt werden. Das ist im Namen der Menschen- und Bürgerrechte unerlässlich, die auf so gravierende Weise verletzt worden sind und für die Hochwürden Popiełuszko so unermüdlich gekämpft hat.[327]

---

326 M. Kindziuk, *Popiełuszko,* op. cit, S. 302 f.
327 AsiLs, AGA, Fondo Europa, b.567: von Sandro Pertini unterzeichnetes Fernschreiben des Außenministers, 30. Oktober 1984.

Die gesamte politische Landschaft Italiens, von der KPI bis zur *Democrazia Cristiana*, den Republikanern und den Sozialisten, verurteilt die Mordtat mit Nachdruck und zeigt sich besorgt über die Entwicklungen in Polen. Ministerpräsident Bettino Craxi vergleicht die Ermordung des Priesters mit dem Fall Matteotti. Das ruft heftige Reaktionen seitens des polnischen Regierungssprechers hervor, der in der regimetreuen Presse sein Erstaunen zum Ausdruck bringt, dass Polen ausgerechnet „von einem terrorismusgeplagten Land" wie Italien so harsch kritisiert werde.[328] In Italien sind Polen und die dortigen Ereignisse (vor allem seit der Verhängung des Kriegsrechts 1981) wieder so populär wie im 19. Jahrhundert, als das italienische *Risorgimento* und die polnischen Aufstände ein beinahe identisches Anliegen verfolgten.

Die Bischöfe und die Behörden in Polen sind zutiefst besorgt, dass der Mord an Popiełuszko eine Protestwelle auslösen und schon seine Beerdigung den Bürgern zu womöglich gewalttätigen Demonstrationen Anlass geben werde. Während der Beisetzung gleicht die Hauptstadt einer Festung: 20.000 Mann sind aufmarschiert, alle Zufahrtswege werden kontrolliert. Bei einem Treffen mit dem Innenminister ordnet Jaruzelski an, dass Gewaltanwendung vonseiten des Militärs unter allen Umständen zu vermeiden sei. Die Anspannung ist nicht zu leugnen, aber sie ist verhalten, was nicht zuletzt dem Primas und den kirchlichen Amtsträgern zu verdanken ist, die beständig dazu aufrufen, die Ruhe zu bewahren. Aus einem Bericht der polnischen Geheimdienste in Rom ist Glemps Besorgnis herauszulesen, dass Jaruzelski gestürzt werden könnte, was womöglich „ernste Konsequenzen für die Kirche in Po-

---

328 Vgl. die Mitteilung des italienischen Botschafters in Warschau an das italienische Außenministerium vom 8. November 1984, in: AsiLs, AGA, Fondo Europa, b.567. Zum Fall Matteotti: der italienische Sozialist wurde 1924 auf Wunsch von Mussolini ermordet. Der Mord brachte das Ende der Demokratie in Italien mit sich.

len haben" werde. Der Primas, der von den guten Absichten des Generals überzeugt ist, soll in einer Unterredung mit dem Papst erklärt haben, dass Popiełuszko sich „unbesonnen verhalten" und „die Ratschläge und Empfehlungen des Episkopats" missachtet habe.[329] Im Stasi-Archiv finden sich Berichte, die die Haltung der polnischen Amtskirche in jenen Wochen positiv bewerten.

Auch Johannes Paul II. ruft, während er einerseits die Schwere der Tat anprangert, die Bevölkerung andererseits dazu auf, Ruhe zu bewahren. Jaruzelski hatte wenige Tage nach der Entführung des Priesters den stellvertretenden Premier Malinowski (der sich gerade in Italien aufhielt) zum Papst geschickt, um ihm zu versichern, dass die Regierung nichts mit jenem „terroristischen Akt" zu tun habe. Das überzeugt den Papst und sein Umfeld. Dennoch verlangt Johannes Paul II. einen gerechten Prozess, der die Verantwortlichkeiten ans Licht bringt.

In den Archiven der polnischen Geheimdienste lagern über 1000 inzwischen einsehbare Dokumente, die den Priester betreffen und in den zwei Jahren nach seinem Tod zusammengetragen worden sind. Dabei handelt es sich um Berichte der Sicherheitsdienste, Einschätzungen verschiedener Bevölkerungsgruppen, Artikel aus der nationalen und der ausländischen Presse, kurz: Zeichen einer fieberhaften Überwachungs- und Kontrollaktivität vonseiten eines Regimes, das angesichts der möglichen Konsequenzen einer so aufsehenerregenden Mordtat zutiefst beunruhigt ist. In einer Mitteilung des Büros des polnischen Innenministers vom 28. Dezember 1984 heißt es:

> Was die Eröffnung des Prozesses um den Tod von Kaplan Popiełuszko betrifft, sind folgende Bemerkungen gefallen: Unter den

---

329 M. Signifredi, *Giovanni Paolo II e la fine del comunismo*, op. cit., S. 368.

Arbeitern wird gesagt, dass sowohl Popiełuszko als auch die Mörder Opfer seien; Letztere, weil sie die Befehle der hohen Mitglieder des Parteiapparats ausführten, die hinter der Sache stehen. Es sind Gerüchte im Umlauf, wonach an der Parteispitze keine Einigkeit herrscht, das heißt, dass es eine Fraktion mit realistischen Anschauungen gibt, die durch die Gruppe um General Jaruzelski repräsentiert wird, und eine Hardliner-Gruppe unter Führung der Genossen Olszowski und Milewski, denen diese Provokation und die Absicht zugeschrieben werden, Jaruzelski zu entmachten. Oft ist zu hören, dass die Leute viele Punkte der Angelegenheit niemals erfahren werden, weil andernfalls die Schachzüge und Kämpfe innerhalb der Partei offengelegt werden müssten. Man glaubt jedoch, dass, wenn die Mörder zum Tode verurteilt werden, die Todesstrafe nicht vollzogen werden wird und die Angeklagten unter falschen Namen in der Sowjetunion untertauchen werden.[330]

Und wirklich trägt der Prozess gegen die Mörder, der für sich genommen durchaus ein außergewöhnliches Ereignis darstellt, nicht zur endgültigen Aufklärung der Tat bei. In diversen Kreisen kursiert die These, Popiełuszko sei nicht bloß einzelnen, übereifrigen und von der Hasskampagne gegen den Priester beeinflussten Funktionären, sondern einem regimeinternen Konflikt zum Opfer gefallen, der sich an der Frage entzündet hatte, welche politische Linie man der Kirche gegenüber verfolgen solle. In seinen 1992 veröffentlichten Memoiren schreibt Jaruzelski:

> Ich hätte so gerne gesagt, es handelte sich um ein Komplott, über dessen Hintergründe, Anstifter und Komplizen wir alles wissen. Leider kann ich das nicht, weil ich es nicht weiß. Was ich weiß, und

---

330 Ebd., S. 367 f.

wovon wir gleich überzeugt waren, ist, dass dieser Mord genauso auf uns zielte wie auf die Verständigungspolitik zwischen Staat und Kirche. Nur in diesem Sinne handelte es sich um ein Komplott.[331]

In Moskau wird über das Vorgefallene Stillschweigen bewahrt. In den Medien sickert nichts über das Verbrechen durch. Die „Prawda" veröffentlicht einen langen Kommentar zur letzten Plenarsitzung der PVAP, die wenige Tage vor dem Mord an Popiełuszko stattgefunden hat. Auf der Versammlung der polnischen kommunistischen Partei war die Ermordung des Priesters verurteilt worden, doch das Organ der sowjetischen kommunistischen Partei lässt darüber nichts verlauten; lediglich das schwierige Verhältnis zwischen Staat und Kirche in Polen wird des Langen und des Breiten erörtert. Die Aussage der „Prawda", wonach das Handeln der religiösen Kreise, die „die Analyse bezüglich der Notwendigkeit einer konstruktiven Koexistenz nicht teilen", „dem Staat jetzt und auch in Zukunft nicht gleichgültig sein kann", liest sich wie eine neuerliche Mahnung an Jaruzelski, der Kirche gegenüber hart zu bleiben. Weiter heißt es in der sowjetischen Zeitung: „Die Kultstätten und religiösen Symbole werden mit dem Einverständnis einiger Kirchenvertreter und auf ihre Initiative hin zu nichtreligiösen Zwecken verwendet."[332]

---

331 W. Jaruzelski, *Mein Leben für Polen. Erinnerungen*, op. cit., S. 320.
332 Interview mit Gaetano Zucconi (Juli 2014), der Mitte der 1980er Jahre *Ministre plénipotentiaire* der italienischen Botschaft in Moskau war und die überraschenden Entwicklungen in den Jahren der Perestrojka aufmerksam beobachtete. Über Wadim Sagladin, der zur Führungsriege der KPdSU gehörte und für die Beziehungen zu Italien und dem Vatikan zuständig war, trug Zucconi auch dazu bei, den Dialog zwischen Gorbatschows KPdSU und dem Heiligen Stuhl zu erleichtern. Vgl. auch *I fedeli proclamano il prete assassinato „Santo di Solidarność"* und *La stampa sovietica mantiene il silenzio* in: „La Repubblica" (Rubrik Außenpolitik) vom 1. November 1984. Und die „Prawda" vom 8. Februar 1985, in: Osteuropa Archiv, 1–2/1985.

Die Medien anderer sozialistischer Länder – vor allem solcher, die wie die Deutsche Demokratische Republik auf eine Präsenz von Katholiken oder polnischen Staatsbürgern in ihrem Land Rücksicht nehmen müssen – können die Nachricht nicht verschweigen, „die man ja ohnehin aus den westlichen Medien erfahren würde". Man beschränkt sich natürlich auf dürre Kommentare, kommt aber nicht umhin zu erwähnen, dass einige Mitglieder des polnischen Geheimdiensts in den Mord verwickelt waren.

In Polen heizt sich das politische und soziale Klima nach dem Mord an Popiełuszko immer mehr auf. Der Großteil der Bevölkerung ist erschüttert. Im Regime fürchtet man, dass die Kirche erheblich gestärkt aus der Sache hervorgehen und erneut die Funktion eines nationalen Schiedsrichters übernehmen wird. Groß ist auch die Angst, dass die Beziehungen des getöteten Kaplans zu den Arbeitern und einigen Solidarność-Vertretern der Gewerkschaft neue Kräfte verleihen könnten. Diese Befürchtungen schlagen sich in den Stasiberichten nieder, die Wałęsas Auftritt und die Solidarność-Fahnen bei der Beerdigung hervorheben. Die Beziehungen zwischen Staat und Kirche gestalten sich nicht nur in den Wochen des Prozesses gegen die Mörder des Priesters, sondern auch in den Monaten danach überaus schwierig.

In einem der Stasiberichte, der auf den 9. November 1984 datiert ist, wird in aller Ausführlichkeit die Befürchtung geäußert, dass die Situation in Polen wieder so werden könnte wie 1980: „Es ist ein Vulkan", so heißt es da, „der wieder zu brodeln beginnt."[333] „Zu dieser wohlüberlegten Wahl der Begräbnisstätte", so der Bericht weiter, „neben seiner Kirche und in Huta Warszawa […], damit sich daraus eine Pilgerstätte entwickelt, deren Bedeutung (so hätte man es gerne) nach der

---

333 Vgl. MfS, ZAIG 13442.

wahrscheinlichen Heiligsprechung des Toten durch den Papst der von Tschenstochau mit der Schwarzen Muttergottes gleichen wird, waren diejenigen gezwungen, die, wie Jaruzelski und Glemp, eine solche Quelle anhaltender Spannungen gerne vermieden hätten."

Dennoch entladen sich die erheblichen Spannungen zu keinem Zeitpunkt in Gewalttaten oder Aufständen.

Die „Andreotti-Formel"

Giulio Andreotti, damals Außenminister der Craxi-Regierung, reist wenige Wochen nach Popiełuszkos Ermordung nach Polen.[334] Er ist der erste Minister eines NATO-Mitgliedstaats, der Polen nach der Verhängung des Kriegsrechts Ende 1981 besucht – wenn man einmal von dem sozialistischen griechischen Premierminister Andreas Papandreou absieht, der unter den Ländern des Atlantikpakts die sowjetfreundlichste Haltung vertritt.

Andreotti ist davon überzeugt, dass man Warschau in seiner wirtschaftlichen und politischen Notlage unter die Arme greifen müsse. Die internationale Isolation des Landes führe zu nichts, so der Tenor einiger seiner Ansprachen, die er in jenen Monaten bei den Versammlungen der NATO und der Europäischen Gemeinschaft hält, sowie seiner Gespräche mit dem amerikanischen Außenminister George Shultz. Hier spielen natürlich die historischen bilateralen Verträge zwischen Italien und Polen eine Rolle: Warschau ist Italiens

---

334 Zu dieser Reise vgl. AsiLS, AGA, Fondo Europa, b.569. Vgl. auch den 2005 zum Tod von Johannes Paul II. in der *Enciclopedia Treccani* veröffentlichten Essay von Giulio Andreotti *Giovanni Paolo II. Luci di un lungo pontificato* und den ebenfalls von Andreotti verfassten Leitartikel *Non avere paura* in der Zeitschrift „30 Giorni" (03/2006).

zweitwichtigster Handelspartner im Ostblock. Doch es gibt auch noch einen weiteren Faktor, den man als eher strategisch beschreiben könnte. Die wirtschaftliche Krise, die nicht zuletzt dadurch bedingt ist, dass Warschau in Reaktion auf das von Jaruzelski verhängte Kriegsrecht international zunehmend isoliert ist, gibt Moskau die Gelegenheit, seine Solidarität mit dem slawischen Nachbarn unter Beweis zu stellen. Andreotti sieht, dass die Beziehungen zwischen dem Westen und Polen – das den westlichen Ländern seiner Meinung nach „von allen östlichen Ländern bei weitem am ähnlichsten ist" – auch und vor allem zu dem Zweck intensiviert werden müssen, dem sowjetischen Einfluss entgegenzuwirken. Also drängt er entschieden auf eine „Regelung" der polnischen Auslandsschulden und eine Rückkehr Polens in den Internationalen Währungsfonds. Diese Strategie deckt sich in gewisser Hinsicht mit der von Jaruzelski selbst, der während seines langen Gesprächs mit Andreotti in Warschau erklärt: „Die Zugehörigkeit und Treue zu einem von beiden Bündnissen erlaubt durchaus eine tatkräftige Pflege von Beziehungen der Freundschaft und Zusammenarbeit mit Ländern des anderen Bündnisses." Darüber hinaus verleiht er dem Wunsch Ausdruck, dass „die italienisch-polnische Zusammenarbeit in einer so schwierigen und gefährlichen Welt als Vorbild dient."[335]

Bei der Sitzung des Nordatlantikrats am 13. Dezember 1984 berichtet Andreotti von seiner beabsichtigten Polenreise. Aus einigen Notizen, die im Andreotti-Archiv aufbewahrt werden, geht der Wortlaut der Rede hervor, die der italienische Außenminister bei dieser Gelegenheit vor seinen Kollegen aus den NATO-Mitgliedstaaten gehalten hat:

---

335 Vgl. den Bericht des Botschafters Bottai vom 22. Dezember 1984, in: AsiLS, AGA, Fondo Europa, b. 569.

Ich glaube, dass der Westen angesichts einer Situation wie der in Polen und einer Psychologie wie der des polnischen Volkes große Aufmerksamkeit und Flexibilität an den Tag legen muss. Vier Jahre Militärregime haben nichts an der Zusammensetzung der polnischen Gesellschaft geändert, die uns von allen östlichen Ländern bei weitem am ähnlichsten ist. Entsprechend den ihnen eigenen historischen Traditionen fühlen sich die Polen nach wie vor stark zum Westen hingezogen, was für sie im Übrigen die einzige Möglichkeit ist, sich aus der Umklammerung des allzu mächtigen östlichen Nachbarn zu lösen. Wir dürfen dieses Gefühl nicht enttäuschen; und ich denke, dass es in dieser Phase notwendig ist, Kontakte herzustellen, über die wahrgenommen werden kann, wie wir diese Entwicklung, die wir uns für Polen wünschen, politisch beurteilen. Ich denke ferner an Formen der Unterstützung, die den weniger Begünstigten unter den Bürgern zugutekommen; und ich denke an die Unterstützung der Landwirte durch die Kirche, deren rechtliche Instrumente inzwischen so gut wie bereitstehen und um die sich Genscher mit solcher Sorgfalt kümmert. Solche Formen der Unterstützung werden die richtige Antwort auf die mehrfach von den wichtigsten Protagonisten derjenigen Kräfte geäußerten Anliegen sein, die für eine demokratischere Entwicklung der Situation in Polen kämpfen. Wałęsa selbst hat ein Ende der Sanktionen gefordert.[336]

Andreottis Absichten werden vom englischen und vom türkischen Außenminister nachdrücklich unterstützt; Letzterer berichtet über Beziehungen zwischen der Regierung in Ankara und der polnischen Opposition. Der niederländische und der norwegische Minister raten zur Vorsicht und zu einem schrittweisen Vorgehen, um nicht die Regierung gegenüber dem Volk zu begünstigen. Vorsicht legt auch der amerikanische Außen-

---

336 Ebd.

minister an den Tag, der Andreotti bei einer Unterredung am Rande der besagten Konferenz einige Inhalte des Dialogs zwischen Präsident Reagan und Johannes Paul II. mitteilt, der mit dem historischen Treffen 1982 im Vatikan begonnen hatte. Mehrfach spricht der Papst mit dem amerikanischen Präsidenten und seiner Regierung über die Isolation seines Geburtslandes und über die Notwendigkeit, den wirtschaftlichen und sozialen Bedürfnissen der polnischen Bevölkerung auch dadurch Rechnung zu tragen, dass man Polens Beitritt zum Internationalen Währungsfonds erleichtert.[337]

In der italienischen und in der polnischen Presse wird Andreottis Reise sehr positiv bewertet. Auch die französischen Medien (unter François Mitterrand hatte Frankreich seine historischen Beziehungen mit Polen nach dem Staatsstreich von 1981 eine Zeitlang ausgesetzt) sprechen von „Andreottis Überraschungscoup". Die Zeitungen heben zudem seinen Besuch an Popiełuszkos Grab und seine Begegnung mit einigen führenden Solidarność-Vertretern hervor.[338] Das sind die beiden Zutaten, die die „Andreotti-Formel" ausmachen: Dialog mit dem Regime bei gleichzeitiger Unterstützung der Opposition und der Kirche.

Die Polenreise des italienischen Außenministers dient noch einem weiteren, inoffiziellen Zweck. Wenige Tage vor seiner Abreise nach Warschau isst Andreotti mit Papst Johannes Paul II. zu Abend. Der Papst ist besorgt über die Lage, die unmittelbar nach Popiełuszkos Tod in seinem Heimatland herrscht. Die

---

337 Vgl. hierzu das aufschlussreiche Kapitel „Scandali italiani e aiuti internazionali" über das IOR und die finanzielle Unterstützung der polnischen Opposition in M. Signifredi, *Giovanni Paolo II e la fine del comunismo*, op. cit., S. 236–244.

338 Der „Nouvel Observateur" vom 28. Dezember 1984 titelt: *Varsovie: Le coup d'éclat d'Andreotti*; „Le Figaro" vom 22. Dezember desselben Jahres spricht in einem mit *Fin du séjour d'Andreotti en Pologne* überschriebenen Artikel von einem Besuch, der die Dynamik der „italienischen Ostpolitik" demonstriert habe.

barbarische Ermordung des Priesters durch Geheimdienstagenten könnte eine breite Reaktion vonseiten der Bevölkerung und diese wiederum ein gewaltsames Vorgehen vonseiten des Regimes hervorrufen. Die furchtbaren Bilder von Racheaktionen zulasten der Sikh-Gemeinschaft, die die Welt nach dem Mord an Indira Gandhi aus Indien erreichen, wecken auch im Apostolischen Palast eine nicht geringe Besorgnis. Andreotti überbringt Jaruzelski eine Botschaft von Johannes Paul II. und hat darüber hinaus den Auftrag, sich ein Bild von der Situation zu machen und dem Papst nach seiner Rückkehr Bericht zu erstatten.

Der italienische Außenminister knüpft seine Reise in den Vorgesprächen mit der polnischen Regierung an zwei Bedingungen: dass er das Grab des ermordeten Priesters besuchen und dass er während des Empfangs, der zu seinen Ehren in der italienischen Botschaft gegeben werden wird, mit einigen führenden Solidarność-Vertretern zusammentreffen kann. Jaruzelski, der dieselben Forderungen im Fall des deutschen Außenministers Hans-Dietrich Genscher abgelehnt hatte, beugt sich dem Willen des italienischen Ministers, der aus der Stadt des Papstes kommt – ein klares Signal dafür, dass der General zum Dialog nicht nur mit Italien, sondern auch mit seinem einflussreichen Landsmann im Vatikan bereit ist. Andreotti, der am Mittwoch, dem 12. Dezember, abends beim Papst gewesen ist, bricht eine Woche später nach Warschau auf. Unter den Dokumenten, die im Andreotti-Archiv aufbewahrt werden, befindet sich ein kurzes Schreiben des christdemokratischen Staatsmanns, das an den Sekretär des Papstes gerichtet ist und dem „lieben Don Stanislao" für das Treffen am Mittwochabend dankt. Dem kleinen Brief liegen einige Notizen des Ministers zur Lage in Polen bei.[339] Am 29. Dezember, also nach seiner Rückkehr nach Rom, findet

---

339 Das Schreiben (in: AsiLS, AGA, Fondo Europa, b.569) datiert vom 14. Dezember 1984. Andreotti ist gerade vom NATO-Gipfel in Brüssel zurückgekehrt.

sich in Andreottis Kalender ohne weiteren Kommentar der Vermerk: „beim Papst zum Abendessen".

Andreotti trifft am 21. Dezember in Polen ein. Der erste Programmpunkt seines Besuchs ist die Verleihung der Ehrendoktorwürde der Nikolaus-Kopernikus-Universität in Thorn, jener Stadt, in der wenige Tage später der Prozess gegen Popiełuszkos Mörder beginnen wird. In seinem Terminkalender notiert Andreotti für den 21. Dezember: „Feier an der Universität und Ansprache. An de Gasperi erinnert!" Anschließend finden weitere offizielle Treffen und das Abendessen in der Botschaft statt, wo er zu einer kurzen Unterredung mit einigen führenden Solidarność-Vertretern zusammenkommt: Geremek, Mazowiecki, Śliwiński und dem Vorsitzenden des Warschauer Klubs der katholischen Intelligenz (KIK)[340] Święcicki.

Es folgen Begegnungen mit verschiedenen hochrangigen Politikern wie Außenminister Olszowski, mit dem Andreotti schon einmal zusammengetroffen war, und ein langes Gespräch mit Premierminister Jaruzelski („2,5 Stunden", notiert Andreotti in seinem Terminkalender). Im Andreotti-Archiv wird die Mitschrift beider Treffen aufbewahrt, die von großer Herzlichkeit und von dem Willen gekennzeichnet ist, sich für eine Verbesserung der italienisch-polnischen Beziehungen und, allgemeiner, für die Entspannung zwischen Ost und West einzusetzen.[341] Der italienische Minister erweist sich als ein profunder Kenner der polnischen Mentalität: Er hebt den historischen Beitrag des slawischen Volkes zum Aufbau des europäischen Humanismus hervor und versäumt es auch nicht, Polen für seine Rolle bei der Befreiung Italiens vom Faschismus

---

340 Zu den Einzelheiten vgl. ebd. Der KIK ist eine Gruppe von Primas Glemp nahestehenden katholischen Intellektuellen.
341 Vgl. die Niederschrift beider Gespräche in: AsiLS, AGA, Fondo Europa, b.569.

zu danken.[342] Andreotti, dessen Tochter eine Zeitlang in Polen gelebt hatte, hatte das Land zuletzt 1982, wenige Monate nach Verhängung des Kriegsrechts, als Abgeordneter besucht, was in Italien einige Kritik ausgelöst hatte. Doch in den Gesprächen wird auch deutlich, dass Italien hinsichtlich der Ost-West-Beziehungen in jenen schwierigen Jahren eine bedeutende Rolle spielt (und nicht nur das: Ein beträchtlicher Teil der Gespräche handelt von der Situation im Nahen Osten und dem Einfluss Italiens). Außerdem schickt Rom sich an, im ersten Halbjahr 1985 die EG-Ratspräsidentschaft zu übernehmen.

Während des langen Gesprächs mit General Jaruzelski spricht Andreotti den Fall Popiełuszko an und äußert sich positiv über die Reaktion der polnischen Regierung auf den Priestermord:

> Angesichts des jüngsten, überaus traurigen Ereignisses, das Polen getroffen hat, ist es auf allgemeinen Beifall gestoßen, dass die Regierung sofort wirkungsvoll reagiert hat, um die Verantwortlichen für den Mord an „Padre Popiełuszko" zu überführen, und sodann unverzüglich dazu übergegangen ist, einen raschen Prozess zu eröffnen. Diejenigen, die die Regierung durch dieses Verbrechen in Schwierigkeiten bringen wollten, mussten zusehen, wie sich die Ereignisse aufgrund dieses Vorgehens gegen sie selbst richteten. Auch Ihnen gegenüber und im Hinblick auf Sie persönlich war das Urteil im Westen, was diese Episode betrifft, weitgehend positiv. Man hat Ihnen zugestanden, dass Sie sich für die Gerechtigkeit und zugunsten der polnischen Bevölkerung einsetzen.[343]

Einem Bericht zufolge, den Botschafter Bottai für das Außenministerium abgefasst hat, geht Jaruzelski nicht unmittelbar

---

342 Vgl. Andreottis Dankesrede am 21. Dezember 1984 an der Nikolaus-Kopernikus-Universität anlässlich der Verleihung der Ehrendoktorwürde in: ebd.
343 Ebd.

auf die Beobachtungen des Ministers ein, sondern spricht von der Präsenz einer „starken katholischen Kirche", die ein Zeichen für den Pluralismus der polnischen Gesellschaft sei. Gleichwohl bringt der General, was die Kirche betrifft, einige „Besorgnisse" zum Ausdruck, mit denen er sich, wenn auch indirekt, auf den Fall des getöteten Priesters bezieht. In Bottais Bericht vom 22. Dezember 1984 steht zu lesen:

> Zu diesem Punkt, das heißt zum Verhältnis zwischen Staat und Kirche, hat der polnische Premierminister versichert, dass zwischen dem Staat und den Gläubigen kein Konflikt bestehe. Es gelte jedoch einige Besorgnisse auszuräumen. Die Sache ist die, dass seiner Meinung nach die Partei vor 1980 zu einer Art „Staubsauger" geworden war, der nicht nur die Überzeugten, sondern auch diejenigen anzog, die einfach nur Karriere machen wollten. Und zurzeit werde diese gefährliche Funktion von der Kirche ausgeübt. Einige Gläubige seien erschüttert, weil die Kirchen sich aus Orten des Gebets zu Stätten der politischen Propaganda entwickelt hätten. Dieses Phänomen könne im Osten eine gewisse negative Vorbildwirkung haben und es sei wünschenswert, dass der Heilige Stuhl dies zur Kenntnis nehme, wenn er seinen politischen Kurs gegenüber den Ländern des Ostens insgesamt beibehalten wolle. Die Kirche solle in Polen lieber auf die Fakten schauen, auf den Bau religiöser Gebäude in einer Zahl, die die im gesamten Westen übersteige; auf die demographische Politik, die die Mutterschaft unterstütze und zu einem jährlichen „Überschuss" an 400.000 Neugeborenen führe. Doch der polnischen Kirche gelinge es nicht immer, auf diese Fakten zu blicken. Sie solle die Menschen zur Arbeit anspornen, zum Respekt vor dem Gemeinwohl. Es helfe niemandem, wenn die polnische Kirche als stark, die Wirtschaft des Landes hingegen als schwach angesehen werde.[344]

---

344 AsiLS, AGA, Fondo Europa, b.569.

Am Morgen war Andreotti auch mit Präsident Jabłoński zusammengetroffen, der zunächst auf die vielen positiven politischen Entwicklungen in seinem Land hingewiesen und sodann den Fall Popiełuszko (ohne ihn explizit zu erwähnen) mit der Bemerkung abgetan hatte, er finde es bedauerlich, dass „die westliche Presse einzelne negative Episoden derart aufbauscht, während sie [...] bedeutende grundlegende Veränderungen gar nicht zur Kenntnis nimmt"[345].

Das Ende des Gesprächs mit Jaruzelski wird in Bottais Bericht nicht erwähnt, von Andreotti jedoch mit Kugelschreiber unter dem Datum des 22. Dezember in seinen persönlichen Terminkalender eingetragen: „Messe am Grab von P. Popiełuszko; Besuch Kard. Glemp; Besuch Präsident der Abgeordnetenkammer; Besuch Präsident der Republik Jabłoński (das dritte Mal? Nein, das vierte): Ausstellung [...] italienischer Friedhof von Opfern der beiden Kriege; Besuch bei Jaruzelski (2,5 Stunden)". Über Jaruzelski notiert Andreotti: „Beim Abschied trägt er mir auf, [...] den Papst zu grüßen und ihm zu sagen, dass der Kardinal und er auf die beständige Unterstützung seiner Worte zählen. Man muss ein Klima schaffen, das Vorfälle wie diesen (abgesehen vom Prozess) unmöglich macht."[346] Das ist eine klare Botschaft an den Papst in der Sache Popiełuszko – die der italienische Minister dem Papst nach seiner Rückkehr aus Polen wohl zusammen mit seiner eigenen Einschätzung der polnischen Verhältnisse bei ihrem gemeinsamen Abendessen am 29. Dezember überbracht haben wird.

Nach einem kurzen Besuch in Krakau, wo er am 23. Dezember der Sonntagsmesse in der Marienkirche beiwohnt, trifft er sich mit Kardinal Macharski und besichtigt die Stadt. Dann reist er nach Rom ab, wo er Ministerpräsident Craxi die Ein-

---

345 Vgl. ebd.
346 Ebd. Einige Wörter in Andreottis Notizen sind unleserlich.

ladung der polnischen Behörden zu einem Staatsbesuch in Polen überbringt. Bettino Craxi wird dieser Einladung wenige Monate später nachkommen und auf dem Weg nach Moskau, wo er mit dem neuen Präsidenten Gorbatschow zusammentreffen wird, einen halben Tag lang in Warschau Station machen.

Der Popiełuszko-Prozess

Der Mord an Popiełuszko führt zu Konflikten innerhalb des Regimes. Die Deutung, wonach die „Parteidogmatiker" die Tat in Auftrag gegeben hätten, um Jaruzelskis Position zu untergraben, ist bis heute weder bewiesen noch widerlegt. Der Prozess kann oder will nicht alles ans Licht bringen, und obwohl die Dokumente der Geheimdienste inzwischen zugänglich sind, bleiben einige Aspekte des Falls bis heute im Dunkeln. Der westdeutsche Prozessbeobachter Siegfried Lammich berichtet zum Beispiel von einem sehr offensichtlichen Eingreifen des Richters Artur Kujawa während der Befragung von General Płatek, dem Verantwortlichen der Abteilung IV des Innenministeriums (der die Mörder angehören). Der Richter unterbricht den Prozess genau in dem Moment, als der General auf die Rolle des stellvertretenden Innenministers Ciastón zu sprechen kommt, um zu einem späteren Zeitpunkt weiterzumachen, als wäre nichts gewesen.[347]

---

347 Interview des Autors mit Siegfried Lammich (Freiburg, September 2009), einem Experten für internationales Recht der Bundesrepublik Deutschland, der den Prozess im Auftrag der „Internationalen Gesellschaft für Menschenrechte" (IGFM) als Beobachter verfolgt hat. Vgl. auch: S. Lammich, *Der „Popiełuszko-Prozess"*, in: Osteuropa, Sonderdruck 1985, herausgegeben von der Deutschen Gesellschaft für Osteuropakunde, Deutsche Verlags-Anstalt Stuttgart, S. 446–456, und die detailliertere Monographie S. Lammich, *Der „Popiełuszko-Prozess". Sicherheitspolizei und katholische Kirche in Polen*, Bielefeld 1985.

Hauptverdächtiger für die Verfechter der Theorie von einer Verschwörung gegen Jaruzelski ist General Milewski, der damalige Geheimdienstverantwortliche, der als Mann Moskaus gilt. Ein Anwalt von Solidarność, der beim Prozess dabei ist, Andrzej Mieczysław Grabiński, bezeugt, dass General Milewski dem Verein „Freunde von Lipsk" angehört habe; das kleine Dorf Lipsk im Osten von Polen ist der Geburtsort des Generals – und die vier Mörder des Priesters waren Mitglieder desselben Vereins.[348]

Jaruzelski will den direkten Konflikt mit einem so mächtigen Mann vermeiden, lässt sich jedoch bei der ersten Gelegenheit vom Politbüro der PVAP die Kontrolle über den Geheimdienst übertragen. Milewski wird anschließend entlassen. Außerdem ernennt der Premierminister Andrzej Gdula zum stellvertretenden Innenminister, einen jungen Mann ohne Militärvergangenheit, der den Auftrag erhält, eine neue Struktur zur politischen Kontrolle des Ministeriums zu organisieren. Dass ein Zivilist mit einer Aufgabe betraut wird, die bislang immer Geheimdienstoffizieren vorbehalten war, weist auf eine veränderte Herangehensweise vonseiten des Premierministers hin. Czesław Kiszczak, der Innenminister, der aus den Reihen des Militärs hervorgegangen ist, wird von Jaruzelski damit beauftragt, den Prozess gegen die Mörder des Priesters zu organisieren. Unterstützt Kiszczak die These vom eigenmächtigen Handeln der Geheimdienste und vom Konflikt innerhalb der Regimeführung vielleicht, um seine eigene Beteiligung zu verschleiern? In einem Polizeisystem, wo jeder jeden ausspioniert, scheint es kaum denkbar, dass die Parteispitzen von einer solchen persönlichen Initiative nichts gewusst haben sollten. In einem Bericht der in Warschau stationierten ostdeutschen Geheimdienste, der auch Albin Siwak, ein weiteres Mitglied

---

348 *Summarium*, S. 351.

des Politbüros, als mutmaßlichen Verantwortlichen benennt und davon spricht, dass das Unbehagen unter den Funktionären des Innenministeriums im Lauf des Verfahrens zugenommen habe, heißt es: „Von ‚Fred 501' kommt die Einschätzung, dass solche Aktionen nicht ohne Płateks oder Ciastońs Wissen möglich gewesen seien."[349]

Vielleicht hat der Innenminister das Verbrechen nicht angeordnet, doch er, sein Stellvertreter oder andere führende Mitarbeiter des Ministeriums haben auch nichts unternommen, um die Mörder aufzuhalten. Im Stasi-Archiv wird eine umfangreiche Akte zum Fall Popiełuszko aufbewahrt, in der sich die Kopie eines Telegramms von Minister Kiszczak an Erich Mielke, den ostdeutschen Minister für Staatssicherheit, befindet. In dem Schreiben, das vom 7. November 1984 datiert, wendet sich der polnische Minister mit der Bitte an den „Genossen Minister" in Deutschland, die „wahrscheinliche Hypothese" zu stützen, wonach Hauptman Piotrowski im „direkten oder indirekten Auftrag kapitalistischer Provokateure" gehandelt habe.[350]

1990, nach dem Sturz des Regimes, veröffentlicht eine polnische Zeitung einen Brief aus dem Jahr 1986, den der Hauptangeklagte Piotrowski an Minister Kiszczak geschrieben hat. Darin beklagt sich der Mörder, dass man ihn im Stich gelassen habe, und versteigt sich sogar dazu, dem Minister zu drohen: „Unsere Aktion war kein Akt des äußersten Ungehorsams, sondern im Gegenteil der ergebenen und gehorsamen Dienstbereitschaft, und das wissen Sie sehr genau [...]." Sodann betont der Hauptmann, dass ein Nichteingreifen vonseiten Kiszczaks ihn und die anderen Mörder dazu zwingen

---

[349] MfS HA II Nr. 38067. Bericht vom 15. Januar 1985. „Fred 501" ist ein polnischer Stasi-Informant.
[350] MfS AS 66/88 Telegramm Fu/Fs-Nr. 390, Warschau 07.11.1984. Absender: Warschau-Kiszczak; Empfänger: Berlin-Mielke.

könne, „andere Mittel der Verteidigung zu suchen" und dort um Hilfe zu bitten, wo „wir es lieber nicht täten".[351]

Massimiliano Signifredi schreibt über die Rolle des Innenministers:

> Erst in jüngeren Jahren ist mit Gewissheit festgestellt worden, dass am Tag von Popiełuszkos Entführung auf der Straße von Bydgoszcz nach Warschau Agenten der militärischen Spionageabwehr anwesend waren. Hatten sie den Auftrag, den Solidarność-Priester zu verfolgen? Oder seine Mörder? Auf jeden Fall waren Popiełuszko und den Geheimpolizisten Offiziere aus ebenjenem Armeekorps auf den Fersen, das Kiszczak vor seiner Ernennung zum Innenminister geleitet hatte. Kiszczak muss die Absichten der drei Mörder Popiełuszkos also zumindest gekannt haben – und er konnte oder wollte nichts tun, um sie aufzuhalten. Nach dem Verbrechen wurde er der entschiedenste Verfechter der These von der gegen Jaruzelski gerichteten politischen Provokation und hielt außerdem beim Prozess von Thorn die Zügel in der Hand.[352]

Wie von der Partei gefordert, wird der Prozess mit großer Eile abgewickelt. Das Verfahren, das am 27. Dezember 1984, kaum einen Monat nach dem Mord, in Thorn eröffnet wird, dauert bis zum 7. Februar 1985. Man hat es eilig, die Angelegenheit zu den Akten zu legen. Doch der Prozess bleibt trotz seiner Begrenztheit ein „sensationelles und einzigartiges" Ereignis in der Geschichte der kommunistischen Länder. Etwa einhundert Personen wohnen den Verhandlungen bei, darunter etliche Journalisten (fünf von ihnen aus dem Westen), ein knappes Dutzend Priester, die Angehörigen des Opfers und der Täter und Experten verschiedener Fachgebiete. Auch An-

---

351 Vgl. „L'Unità", 14. Juli 1990, S. 4.
352 M. Signifredi, *Giovanni Paolo II e la fine del comunismo*, op. cit., S. 367.

wälte aus den Reihen von Solidarność werden zugelassen. Die polnischen Medien berichten ausführlich über den Verlauf des Verfahrens, und einige Phasen werden live im nationalen Radio übertragen.

Der Prozess endet damit, dass Piotrowski und Pietruszka (ein direkter Vorgesetzter der Mörder und der „größte Fisch", dem man eine Beteiligung hat nachweisen können) zu 25, Chmielewski zu 15 und Pękala zu 14 Jahren Haft verurteilt werden. Von Pietruszka, der während des Verfahrens mehrere Male mit Piotrowski aneinandergerät, sollen die Mörder in jener Nacht einen Passierschein erhalten haben, um eventuelle Straßensperren durchfahren zu können; außerdem soll er sich später erkundigt haben, ob der Priester „noch unter uns" weile. Der direkte Vorgesetzte der Mörder leugnet beharrlich, dass noch weitere Vorgesetzte an der Angelegenheit beteiligt gewesen seien. Auch ihm werden Beziehungen zu Bürgern kapitalistischer Länder unterstellt: Die beiden großen ausländischen Wagen, die sich in seinem Besitz befinden (ein Audi und ein Fiat 132), seien sicherlich mit dem Geld gekauft, das er für die geleisteten Dienste bekommen habe. Der Eindruck, der vermittelt werden soll, ist der von einem faulen Apfel in einem ansonsten sauberen und rechtsstaatlichen System.

Die Todesstrafe ist damals noch Bestandteil des polnischen Strafrechts. Der Staatsanwalt fordert das Todesurteil für Pietruszka und strenge Haftstrafen für die drei übrigen Angeklagten. Doch Popiełuszkos Eltern intervenieren während der Verhandlung und beantragen, dass die Strafe zwar gerecht sein, dass aber niemand zum Tode verurteilt werden solle, weil ihr Sohn ein entschiedener Gegner der Todesstrafe gewesen sei. Also werden die Angeklagten zu langen Freiheitsstrafen verurteilt, die das Berufungsgericht rasch bestätigt. Im April 1989 wird das Strafmaß der vier „politischen Häftlinge" (so die Definition von Jerzy Urban, der nach wie vor als Sprecher des

Regimes fungiert) so drastisch herabgesetzt, dass Chmielewski aus „humanitären Gründen" sogar schon aus der Haft entlassen werden kann. Ist das der Lohn der Justiz dafür, dass die Mörder über mögliche hochrangige Auftraggeber geschwiegen haben?

Der Prozess hinterlässt bei allen und insbesondere bei der polnischen Kirchenleitung einen bitteren Nachgeschmack – und das nicht nur, weil die Angelegenheit nicht restlos aufgeklärt wird. In den 25 Verhandlungen entsteht der Eindruck, dass der ermordete Priester und mit ihm die Kirche selbst hauptsächlich Verdächtige sind. Popiełuszko, so der Vorwurf, habe sich seine Ermordung selbst zuzuschreiben, weil er vom Hass gegen den polnischen sozialistischen Staat getrieben gewesen sei. Der Priester wird mehrfach als „politischer Agitator und Provokateur" beschrieben, der, in der Überzeugung, dass „seine Rolle ihn schützte", genau wie seine Mörder „außerhalb des Gesetzes und seiner Verhaltensmaßregeln" agiert habe. In einem Kommuniqué vom 24. Februar 1985 zum Abschluss der 204. Vollversammlung des polnischen Episkopats schreiben die Bischöfe, nachdem sie erneut die Rolle und Funktion der Kirche in der polnischen Gesellschaft hervorgehoben haben:

> [...] Mit dem Prozess von Thorn verband sich die Hoffnung, zu einer Verbesserung des sozialen Klimas und zum Aufbau eines wechselseitigen Vertrauens beitragen zu können. Leider hat der Prozessverlauf selbst keine geringe Besorgnis hervorgerufen. Während des Verfahrens wurde versucht, die Kirche, ihre Bischöfe und ihre Priester in Verruf zu bringen. Die Angriffe kamen nicht nur von den unverantwortlichen Einlassungen der Angeklagten: Auch der Staatsanwalt wollte das Opfer des Verbrechens mit den Tätern auf eine Stufe stellen. Mit alledem ging eine tendenziöse Berichterstattung der Medien über den Prozessverlauf einher. Bedenkt man

außerdem die zahlreichen nicht eben kirchenfreundlichen Veröffentlichungen, deren Zahl sich letzthin so vervielfacht hat wie noch nie in den vergangenen Jahren, kann man sich schwerlich des Eindrucks erwehren, dass hier eine propagandistische Kampagne losgetreten worden ist, die, unter dem Vorwand, die sogenannte „außerreligiöse Aktivität des Klerus" anzuprangern, die Beziehungen zwischen der Kirche und dem Staat beeinträchtigen soll. Solche Verhaltensweisen sind sicherlich nicht dazu angetan, den von der Kirche beständig aufrechterhaltenen Prozess des Dialogs und der sozialen Versöhnung zu fördern, und sie sind auch bestimmt nicht geeignet, den sozialen Frieden in unserem Heimatland zu stärken. Im Namen des internationalen Interesses erwarten wir, dass diese Kampagne ein Ende hat […].[353]

Regierungssprecher Jerzy Urban reagiert am 25. Februar in einer Pressekonferenz auf die Vorwürfe der Bischöfe und betont, dass das Regime sich korrekt verhalte und gar nicht anders könne, als jene „Priester, die mit ihrem Verhalten den Staat und die Kirche selbst in Gefahr bringen", zu kritisieren. Urban dreht den Bischöfen das Wort im Mund um und wirft der Kirche vor, nicht kritikfähig zu sein, während das Regime dieselbe Kritik bereitwillig akzeptiere. „In Polen gibt es anders als im Westen keine Publikationen, die die Kirche attackieren", erklärt der Regierungssprecher und macht die Bischöfe kurioserweise darauf aufmerksam, dass „die Zensur […] die Kirche vor den Angriffen der Journalisten beschützt".[354] Kurzum, es sei die Kirche selbst, die den von der Regierung so sehnlichst gewünschten sozialen Frieden und die Beziehungen zum Staat untergrabe.

---

353 Vgl. den Bericht über die Situation der Opposition in Polen vom 14. Juni 1985, in: AsiLS, AGA, Fondo Europa, b.573
354 Vgl. ebd.

In einem Telegramm, das der italienische Botschafter in Warschau Guglielmo Folchi an das italienische Außenministerium schickt, heißt es:

> Es herrscht allgemein der Eindruck [...], dass das Regime unbeschadet und in gewisser Hinsicht gestärkt aus der tragischen Affäre Popiełuszko hervorgegangen ist und mit dem anschließenden Prozess eine neue und härtere Phase der sogenannten politischen Normalisierung begonnen hat. Jüngster und gewichtiger Beleg hierfür war Jaruzelskis Rede vergangenen Sonntag in Stettin. Gleichzeitig findet die These immer weniger Akzeptanz, wonach Jaruzelski unter innerem und äußerem Druck handelt. Die Mehrheit stimmt inzwischen darin überein, dass dies seine persönliche Politik sei, mit der er das Land wieder auf einen orthodoxen Kurs bringen wolle. Das schließt gewisse Zugeständnisse an die Kirche aufgrund der tausendjährigen polnischen Sonderstellung natürlich nicht aus, heißt aber nicht, dass explizite Formen der Opposition von Klerikern und Laien toleriert würden. Wir erleben also ein Zügelstraffen, dessen erste Opfer die verbliebenen – gemäßigten oder radikalen – Exponenten der politischen Ereignisse von 1980/81 sind, die nach der Amnestie und dem Popiełuszko-Verbrechen geglaubt hatten, wieder einen gewissen politischen Raum zu finden. (Man schätzt etwa 50 politische Häftlinge. Urban warnt westliche Staatsmänner während ihrer Besuche, dass die „Andreotti-Formel unwiederholbar" sei.) Hauptgrund für die derzeitige Schwäche der Opposition ist jedoch, wie schon angedeutet, nicht nur der Druck des Regimes, sondern vor allem die Unmöglichkeit, von der Kirche Hilfe und Schutz zu erhalten, die wegen ihrer Toleranz gegenüber sogenannten extremistischen Priestern, die man gerne von der Amtskirche zum Schweigen gebracht sähe, selbst heftigen Beschuldigungen ausgesetzt ist. In Wirklichkeit würde das Regime am liebsten verlangen, dass die Kirche nicht länger Speise der Hoffnung ist, wie Johannes Paul II. sich ausge-

drückt hat, natürlich der Hoffnung auf Neuerungen, wobei sie sich mit ihrer Rolle als moralische und soziale Kraft begnügt, aber bemüht ist, die offizielle Politik nicht zu durchkreuzen, sondern womöglich zu unterstützen. Es handelt sich um Äußerungen, die sicherlich nicht dazu angetan sind, den Dialog zu begünstigen, auf den die höchsten bischöflichen Instanzen im Übrigen (zu Recht) nicht verzichten können. Der Dialog mit Jaruzelski, den der Primas derart mühevoll herzustellen versucht hat, soll natürlich fortgesetzt werden, allerdings unter ganz anderen als den erhofften Bedingungen. Die nationale Versöhnung, die Glemp nach dem Popiełuszko-Verbrechen so inständig beschworen hat, hat nicht nur nicht stattgefunden, sondern scheint weiter entfernt denn je, nun, da das Klima der relativen Entspannung im Zuge des tragischen Geschehens umgeschlagen ist.[355]

Der „Normalisierung" entgegen

Als in den ersten Monaten des Jahres 1985 Angehörige der Opposition wie Adam Michnik, Frasyniuk und Lis festgenommen und zu Haftstrafen verurteilt und weitere Personen aus politischen Gründen inhaftiert werden, nimmt die internationale Isolation des polnischen Regimes weiter zu, auch wenn sie durch Gespräche mit diversen internationalen Organisationen und einigen Ländern wie Italien und den Vereinigten Staaten aufgeweicht wird. Das negative Bild, das das polnische Regime im Ausland abgibt, verschärft auch die wirtschaftli-

---

355 Telegramm des italienischen Botschafters in Warschau Guglielmo Folchi vom 13. März 1985, in: AsiLS, AGA, Fondo Europa, b.567. Die starre Haltung des Regimes wird eine weitere Isolierung des Landes zur Folge haben: Viele Vertreter westlicher Regierungen, die auf der Grundlage der „Andreotti-Formel" zu einer Polenreise bereit gewesen wären, werden sich nun weigern, dem Land einen Besuch abzustatten.

chen Probleme des slawischen Landes. Das Niveau der industriellen Produktion ist, obwohl sich die Abwärtstendenz ein Stück weit umgekehrt hat, noch immer niedriger als in den Jahren 1978/1979. Die polnischen Importe aus dem Westen sind gegenüber den späten Siebzigerjahren um 40% gesunken. Die Exporte in den Westen nehmen nicht zuletzt deshalb kontinuierlich ab, weil einige westliche Märkte im Zuge von Sanktionen für den polnischen Handel geschlossen worden sind. Die Auslandsverschuldung bei den Ländern des Westens ist 1985 auf 28 Milliarden Dollar angestiegen. Kurz, die Wirtschaftslage mit ihren negativen Auswirkungen auf die Lebensqualität der polnischen Bürger ist äußerst angespannt und Anlass zu ständiger Besorgnis für die Regierung in Warschau, die sich gezwungen sieht, ihre Innenpolitik zu überdenken und ihr internationales Image zu verbessern, um die Isolation zu durchbrechen.

Das Verhältnis zwischen Regime und Kirche ist in den Monaten nach dem Popiełuszko-Verbrechen von Argwohn und Misstrauen geprägt. Die Verurteilung zweier Priester, die am sogenannten „Kruzifix-Krieg" an den Schulen beteiligt gewesen waren, ruft allgemeine Empörung hervor. In denselben Monaten greift die Regimepresse wie schon in den Tagen von Popiełuszkos Entführung Johannes Paul II. offen wegen seiner „befreiungstheologischen" Standpunkte an. Der Papst wird der „ideologischen Voreingenommenheit" beschuldigt.

Die offenen Streitfragen sind zahlreich. Da ist zum einen das Problem der rechtlichen Reglementierung der Kirche im sozialistischen Polen. Von Bedeutung ist ferner die von der polnischen Kirche initiierte Stiftung zur Unterstützung der privaten Landwirte, die dank der Hilfe westlicher Episkopate, einiger Privatleute (unter ihnen Rockefeller) und einiger Regierungen, insbesondere der in Washington, bis September 1985 fast 30 Millionen Dollar eingesammelt hat. Andreotti setzt sich tatkräftig dafür ein, dass auch die Europäische Gemeinschaft Hilfsgelder zur Verfügung stellt.[356] Doch das polnische Regime zögert die Genehmigung der Satzung hinaus: Sie will an den Entscheidungen der Stiftung beteiligt werden und ist nicht bereit, deren Aktivitäten steuerlich zu begünstigen. Außerdem will sie Spenden von in Polen wohnhaften polnischen Bürgern verbieten. Mit dieser Einschränkung soll verhindert werden, dass Lech Wałęsa das Preisgeld, das er 1983 mit dem Nobelpreis erhalten hat, in den Fonds für die Landwirte einzahlt und sich so auch die Sympathien der Bauern sichert. Hinzu kommen Restriktionen bei der Papierzuteilung, die auf eine Einschränkung der katholischen Publikationen abzielen, und weitere Streitpunkte. Der Primas, der im Juni mit Jaruzelski zusammentrifft, ohne nennenswerte Ergebnisse zu erzielen, findet im August in Tschenstochau ungewohnt harsche Worte: „Der unausgesetzte Konflikt", so Glemp, „den der herrschende Marxismus der Kirche aufzwingt, ist die Strategie der Atheisierung, die die Machthaber" heute wie gestern „verfolgen, auch wenn sich ihre Taktik verändert hat und langfristiger geworden ist".

In einem 1985 von der italienischen Botschaft in Warschau verfassten Bericht ist ausführlich von den Beziehungen zwischen Staat und Kirche in Polen die Rede:[357]

[...] Während des nach dem 13. Dezember 1981 in Polen verhängten Ausnahmezustands hat die Kirche eine Haltung eingenommen, die – ohne dass man je so weit gegangen wäre, das Vorgehen der staatlichen Behörden anzuerkennen – doch die Möglichkeit eines Dialogs mit dem Regime aufrechterhielt und es der Kirche selbst in Verbindung mit dem Verschwinden von Solidarność als

356 AsiLS, AGA, Fondo Europa, b.567.
357 Ebd., b.573.

einer offen organisierten Bewegung implizit ermöglichte, gegenüber der Regierung als maßgeblicher Gesprächspartner und Repräsentant der „Zivilgesellschaft" aufzutreten. Vor diesem Hintergrund hatte man eine Praxis wöchentlicher Treffen zwischen dem Premierminister und dem Primas Kardinal Glemp beibehalten, über die Modalitäten der Einrichtung eines Vereins zur Unterstützung der polnischen Landwirtschaft diskutiert, der mit teilweise von der Kirche zu beschaffenden Geldern finanziert werden sollte, und die Möglichkeiten eines besonderen Rechtsstatus für die Kirche selbst erörtert. Der Papstbesuch in Polen im Juni 1983 hatte im Übrigen die Grundlagen für ein für alle Seiten vorteilhaftes Miteinander der beiden Gesprächspartner geschaffen.

Mit dem Mord an „Padre Popiełuszko" (Oktober 1984) und dem nachfolgenden Prozess gegen die Mörder aus den Reihen der Polizei, der im Februar 1985 in Thorn zu Ende ging, scheint jedoch für das dialektische Verhältnis zwischen Staat und Kirche die „Stunde der Wahrheit" geschlagen zu haben. Dass die Mitglieder des Klerus, die eher dazu neigen, sich offen zu Solidarność zu bekennen, bei Kardinal Glemp kein Wohlwollen finden, ändert nichts an der objektiven Tendenz einer Kirche, die sich als Hüterin der nationalen Traditionen und der authentischen Bestrebungen der Bevölkerung versteht, welche de facto vor allem auf lokaler Ebene und in den alltäglichen Situationen der Regimepraxis und der mehr oder weniger unausgesetzten polizeilichen Übergriffe selbigem Regime entgegentritt. Dass das Regime offenbar aufgrund einer Kosten-Nutzen-Abwägung davon absieht, eine Einrichtung zum Schweigen zu bringen, die im Land nach wie vor eine potentielle Stimme des organisierten Dissenses darstellt, genügt andererseits nicht, um isolierte Initiativen zu verhindern, die mehr oder weniger von Zustimmung auf hoher Ebene getragen oder sogar Ausdruck dezentraler Tendenzen innerhalb des Apparates und darauf ausgerichtet sind, nötigenfalls auch brutal wie im Fall Popiełuszko Formen der Kritik an der Macht zu eliminieren. Aus Sicht der marxistischen Orthodoxie ist die Koexistenz eines Staates, der versucht, seine vollständige Suprematie über die Gesellschaft wiederherzustellen, und einer Kirche, die spirituelle Autonomie für sich beansprucht, eine Anomalie.

Nach dem Prozess von Thorn haben sich die Beziehungen zwischen Staat und Kirche spürbar verschlechtert, als wollte das Regime, nachdem es gezwungen war, einige seiner Funktionäre zu bestrafen, dieses Vorgehen durch eine Politik der größeren Härte kompensieren, indem es die Aktivität der Kirche auf einen ausschließlich und denkbar eng definierten pastoralen Bereich beschränkt […].

Dem Bericht der Botschaft zufolge ist das Popiełuszko-Verbrechen insofern eine „Stunde der Wahrheit", als das Regime, auch wenn es zunächst wie schon in den Jahren des Stalinismus die Bewegungsfreiheit der Kirche einzuschränken versucht, nun – nicht zuletzt aufgrund der internen und internationalen Reaktionen auf den brutalen Mord – endgültig einsehen muss, dass der nationale Dialog den einzig gangbaren Weg darstellt. Die Kirche kann nicht zum Schweigen gebracht werden, wie man es mit Solidarność getan hat. Und auch die unabhängige Gewerkschaft selbst, deren Feuer unter der Asche weiterglimmt, wird sich auf längere Sicht nicht von einem Prozess der nationalen Versöhnung ausschließen lassen.

Eine erste Entspannung der Beziehungen zwischen Staat und Kirche erfolgt bereits im Vorfeld der Parlamentswahlen im Oktober 1985. Es sind die ersten Wahlen seit 1980. Die Amtsperiode des Sejm, der in den Jahren des Ausnahmezustands der politische Hauptakteur gewesen war, war um ein Jahr verlängert worden. Jaruzelski versucht auch die Katholiken in die Wahlen einzubeziehen. Die Regierung erklärt sich bereit, den Katholiken eine gewisse Anzahl an Sitzen zuzugestehen (etwa 40 bis 50 von insgesamt 460 Sitzen), doch die meisten Katholiken und insbesondere die dem Primas nahestehenden Intellektuellen lehnen das Angebot ab. Glemp selbst erklärt, dass „die Bedingungen für eine Beteiligung der Katholiken am öffentlichen Leben des Landes noch nicht gegeben" seien.[358] Also gibt es nur 18 Sitze für die promarxistischen Katholiken von der PAX-Vereinigung und andere katholische Minderheitsgruppen. Bei den Wahlen am 13. Oktober 1985 sind die meisten polnischen Bischöfe zudem gar nicht im Land, weil sie an einem Symposion der europäischen Bischöfe in Rom teilnehmen. Ob die Gläubigen an den Wahlen teilnehmen oder nicht, überlässt die polnische Kirche dem Gewissen jedes Einzelnen. Da das Ergebnis der Stimmabgabe ohnehin feststeht, strebt Jaruzelski eine möglichst hohe Wahlbeteiligung der Bürger an, um den internationalen Beobachtern zu demonstrieren, dass seine Regierung von einem breiten Konsens innerhalb der Bevölkerung getragen wird. Ziel des Regimes (das auch erreicht wird) ist eine höhere Wahlbeteiligung als bei den Kommunalwahlen von 1984. Mit aufwändigen Kampagnen bemüht sich Warschau darum, größere Zustimmung zu finden und die „Transparenz" seines Vorgehens zu demonstrieren. Im Vorfeld einer USA-Reise Jaruzelskis, in deren Verlauf der General auch eine Rede bei den Vereinten Nationen halten soll, ruft die Regierung die Bürger dazu auf, nützliche Vorschläge für die vorzubereitende Ansprache zu formulieren. Auch einige kritische Vorschläge werden veröffentlicht; einer davon lautet: „Schurke, sprich über deine Verbrechen an Polen, wenn du bei der UNO bist."[359]

---

358 Vgl. AsiLS, AGA, Fondo Europa, b.569.
359 Vgl. ebd.

Kurswechsel in Moskau

Der neue Kurs, den Gorbatschow in Moskau einschlägt und der sich im Lauf der Jahre immer deutlicher abzeichnet, schwächt die eher dogmatischen und moskaunahen Gruppierungen innerhalb des polnischen Regimes. Im April 1985 treffen der neue Parteivorsitzende der KPdSU und alle Staatschefs der sozialistischen Länder in Warschau zusammen, um die Verlängerung des Warschauer Pakts zu ratifizieren. Der sowjetische Leader ruft die sozialistischen Länder nicht nur dazu auf, ihre internationale Politik besser zu koordinieren, damit der Imperialismus keine „selektive Politik gegenüber den sozialistischen Ländern" betreiben kann, sondern erklärt außerdem etwas Ungeheuerliches: „Jede Bruderpartei legt ihre eigene Politik unabhängig fest und ist ihrer Nation gegenüber verantwortlich."[360] Wenngleich durch die nachfolgende Erwägung abgemildert, wonach „die Grundlagen und die Ziele der gesamten [sozialistischen] Gemeinschaft" Vorrang haben müssten, ist eine solche Aussage in der Ansprache eines sowjetischen Parteivorsitzenden doch ein absolutes Novum. Jaruzelski, der im Rahmen der ersten internationalen Mission des neuen Generalsekretärs der KPdSU die Gelegenheit erhält, sich lange mit Gorbatschow zu unterhalten, ist begeistert. Seinen Kollegen vom Politbüro berichtet der General, dass der neue sowjetische Leader „Hoffnung macht". Gorbatschow, so erzählt Jaruzelski seinen Kollegen von der PVAP, „teilt meine Ansichten über die Rolle der Kirche in der Geschichte Polens" und habe das Verhalten der Warschauer Behörden nach dem Mord an Popiełuszko positiv bewertet.

---

360 Mitteilung über die Begegnung zwischen den Parteivorsitzenden und Staatsoberhäuptern der Länder des Warschauer Pakts am 26. April 1985 in Warschau. Vgl. M. Signifredi, *Giovanni Paolo II e la fine del comunismo*, op. cit., S. 383.

Die verbleibenden Jahre bis zur Wende von 1989, die jedenfalls eine fortschreitende und entschlossene Wiederaufnahme des Dialogs zwischen Regime, Kirche und Sozialpartnern mit sich bringen, können in vorliegendem Buch nicht analysiert werden. In Warschau fällt die Mauer einige Monate früher als in Berlin, nämlich genau am 5. April 1989, als die Teilnehmer des – nicht zuletzt dank der polnischen Kirche zustande gekommenen – Runden Tischs einen gemeinsamen Vertrag unterzeichnen, der durch die Legalisierung von Solidarność und die Zulassung der Opposition zu den Parlamentswahlen auf die nationale Versöhnung zwischen Regierung und Solidarność abzielt: eine entscheidende Etappe auf dem Weg zu jener „unblutigen Revolution", die den (von einigen wenigen Ausnahmen wie etwa Rumänien abgesehen) gewaltlosen Zusammenbruch des sowjetischen Systems herbeiführen und den Mythos von der „gewaltsamen Revolution", der 200 Jahre zuvor in Frankreich entstanden war, entzaubern wird.

Der Mord an Popiełuszko ist zweifellos insofern ein Wendepunkt in der polnischen Geschichte, als er für jene Dogmatiker innerhalb der PVAP, die ihn mutmaßlich befohlen haben, letztlich das politische Aus bedeutet. Die Reaktionen in Polen, die Haltung der von Glemp geführten Kirche, die geduldige und ausdauernde Arbeit Johannes Pauls II., die Strategien Reagans und seiner westlichen Verbündeten und der neue Kurs, den Gorbatschow in Moskau einschlägt, haben wesentlich dazu beigetragen, das Ende einer Ära einzuläuten. Dem neuen sowjetischen Leader, der gewiss nicht die Absicht hatte, das System zu stürzen, wird sein Versuch, einen „Kommunismus mit menschlichem Antlitz" zu etablieren, letztendlich aus den Händen gleiten. Jaruzelski kommt bei aller Ambivalenz das Verdienst zu, sein Möglichstes getan zu haben, um nach der brutalen Ermordung des populären Priesters eine gewaltsame Eskalation der Spannungen zu verhindern (natürlich weiß der polnische Staatschef auch, dass eine breite Protestbewegung vonseiten der Bevölkerung ihn sein Amt kosten würde).

In gewisser Weise lässt sich gerade an dieser Mordtat beispielhaft veranschaulichen, dass Polen in eine Sackgasse geraten war, aus der es ohne jenen nationalen Dialog aller Gesellschaftsteile – angefangen bei der Kirche und bei Solidarność –, der im Dezember 1981 unterbrochen worden war, nicht wieder herausfinden würde.

Popiełuszko selbst zeigt in seiner letzten Predigt für die Heimat am 26. August 1984 einen möglichen Ausweg auf. Wenige Jahre später sind seine Worte Wirklichkeit geworden:

> Wir haben die Pflicht, die Verwirklichung der Hoffnungen des Volkes zu fordern. Wir müssen das mit Mut und Besonnenheit tun. Wir müssen uns der geographisch-politischen Lage, in der wir uns befinden, bewusst werden, und zugleich darf diese Lage kein bequemer Vorwand für den Verzicht auf die dem Volk zustehenden Rechte sein.
>
> Man soll sich an einen Tisch setzen und in einem ehrlichen Gespräch mit Rücksicht auf das Volk des Vaterlandes eine richtige Lösung der Probleme suchen. Man soll sich an diesen Tisch setzen mit den wirklichen Vertretern des Volkes, denen das Volk vertraut, und nicht fingierte Gespräche mit den künstlich ins Leben gerufenen Organisationen führen. Seinerzeit schrieben die Bischöfe, dass zur gesellschaftlichen Verständigung einerseits die Regierung und andererseits die Vertreter der gesellschaftlichen Gruppen, in diesem Fall die durch die Gesellschaft anerkannte Solidarność, gehören. Man soll die Schranken, die den Dialog zwischen dem Volk und der Regierung verhindern, entfernen. Dazu gehört die ehrlich durchgeführte totale Amnestie für alle Gefangenen und der auf Grund der politischen Ansichten Festgehaltenen. Man soll das Unrecht, besonders das moralische, an denen, die ihre Heimat selbstlos auf eine eigene Art und Weise geliebt haben, wiedergut-

machen. Man soll eine bedingungslose Rückkehr zum normalen Leben denen ermöglichen, die sich verstecken müssen, weil sie schon einen hohen Preis der Misshandlung bezahlt haben.

Das polnische Volk hegt keinen Hass, und deswegen ist es imstande, vieles zu verzeihen, aber nur um den Preis einer Rückkehr zur Wahrheit. Weil die Wahrheit und ausschließlich nur die Wahrheit die erste Voraussetzung für das Vertrauen ist. Dieses auf so eine schmerzliche Art und Weise verletzte Volk wird keine unbewiesenen Deklarationen hinnehmen.[361]

---

361 *Predigt für die Heimat* vom 26. August 1984, in: J. Popiełuszko, *An das Volk*, op. cit., S. 86f.

VIII. Kapitel:
Die Heiligkeit
des Jerzy Popiełuszko

Die Seligsprechung des Märtyrerpriesters

Am 6. Juni 2010, unter Benedikt XVI. (der sein Grab 2002 als Kardinal besucht hatte), wird Kaplan Jerzy Popiełuszko seliggesprochen. Wenige Tage später endet bezeichnenderweise das von Papst Ratzinger ausgerufene Priesterjahr. 150.000 Menschen haben sich auf dem großen Piłsudski-Platz in Warschau versammelt, als das Anerkennungsdekret verlesen wird, wonach Kaplan Jerzy *in odium fidei* getötet worden und mithin ein Märtyrer ist. Verschiedene hochrangige Politiker sind anwesend, unter ihnen der polnische Premierminister Donald Tusk und der Präsident des europäischen Parlaments Jerzy Buzek. 31 Jahre sind seit dem Priestermord vergangen. Hauptzelebrant ist Angelo Kardinal Amato, der Präfekt der Kongregation für die Selig- und Heiligsprechungsprozesse; ihm zur Seite stehen der Präfekt der Kongregation für die Glaubenslehre, der amerikanische Kardinal William Joseph Levada, und der Erzbischof von Warschau Kazimierz Nycz. Rund 100 Bischöfe und 2000 Priester konzelebrieren. Auf dem Altar prangen in roten Lettern die Worte des heiligen Paulus, die den Kampf des polnischen Seligen zusammenfassen: „Besiege das Böse durch das Gute!" (Röm 12,21b).

In seiner Predigt erinnert Kardinal Amato daran, wie Kaplan Jerzy „allein mit den geistlichen Waffen der Wahrheit, der Gerechtigkeit und der Liebe versuchte, als Bürger und Priester seine Gewissensfreiheit in Anspruch zu nehmen". „Doch", so der Präfekt weiter, „der wehrlose Priester wurde bespitzelt, verfolgt, gefangengenommen und gefoltert. Als letzte Tortur werden ihm Hals und Füße zusammengebunden, ehe man den Sterbenden ins Wasser wirft […]. Das Opfer des jungen Priesters war keine Niederlage: Es ist seinen Henkern nicht gelungen, die Wahrheit zu töten. Denn der tragische Tod unseres Märtyrers war der Anfang einer allgemeinen Umkehr der Herzen zum Evangelium. Wahrhaftig: Der Tod der Märtyrer ist der Same des Christentums."

Auch Kaplan Jerzys neunzigjährige Mutter ist gemeinsam mit ihrer Tochter Teresa und den Söhnen Józef und Stanisław bei der Seligsprechung dabei. Einige Jahre zuvor hatte Marianna Popiełuszko[362] gesagt:

> Ich habe den Eindruck, dass der Ruhm von Jerzys Martyrium mit den Jahren nicht etwa nachlässt, sondern sich entwickelt und tiefer wird. Ich beobachte, dass immer mehr Jugendliche zum Grab kommen. Es kommen Menschen aus verschiedenen Altersgruppen und Gesellschaftsschichten: Bauern, Bergarbeiter, Lehrer, Erzieher, Professoren usw.[363]

Und wirklich setzt sich die Wallfahrt zum Grab des Priesters, die noch am Tag seiner Beisetzung beginnt, über Jahre hinweg ununterbrochen und millionenfach fort. 1985 zählt die Pfarrei St. Stanisław Kostka über zwei Millionen Besucher (2.165.000), davon 13.418 aus dem Ausland. 1987 sind es etwas mehr als 1,5 Millionen, während die Zahl der ausländischen Besucher bis 1990 auf 30.113 Personen ansteigt. Man geht davon aus, dass bis heute 20 Millionen Menschen

---

[362] Marianna Popiełuszko stirbt drei Jahre später am 19. November 2013. Der Vater des Priesters war bereits 2002 verstorben.
[363] Vgl. *Summarium*, S. 77.

(etwa die Hälfte der polnischen Bevölkerung), darunter 400.000 Ausländer aus 140 Nationen, das Grab besucht haben. Die Atmosphäre an dieser volkstümlichen Pilgerstätte beschreibt Todorov im Prolog seines Buchs *Angesichts des Äußersten*:

> Es begann zufällig im November 1987: Ein Freund hatte angeboten, uns einige inoffizielle Warschauer Sehenswürdigkeiten zu zeigen. Wir gingen begeistert darauf ein und waren froh, auf diese Weise dem Programm der offiziellen Tagung entkommen zu können, das halb Ursache und halb Vorwand für unseren Aufenthalt in dieser Stadt war. Diese Umstände führten uns eines Sonntags um die Mittagszeit in jene Kirche, in der Pater Popiełuszko gepredigt hatte. Er hatte der „Solidarność" nahegestanden und war vom Geheimdienst ermordet worden. Hier befand sich auch sein Grab. Es hatte in der Tat etwas Beeindruckendes. Schon der Kirchenvorplatz wirkte wie die Enklave eines Landes in einem anderen. Er war voller Spruchbänder und Plakate, die man nirgendwo anders sah. Drinnen im Halbrund des Chores zeigte eine Ausstellung das Leben des Märtyrers. Jeder Schaukasten, jeder Abschnitt seines Lebens war wie eine Station seines Leidenswegs. Man sah ihn auf Fotos in der Menge oder in persönlichen Gesprächen, eine Generalstabskarte, auf der seine letzte Fahrt eingezeichnet war, und schließlich ein Foto der Brücke, von der man ihn in den Fluss gestürzt hatte. Etwas weiter stand ein Kruzifix mit Popiełuszko an Stelle von Jesus Christus. Draußen der Grabstein und um ihn herum der Umriss Groß-Polens, das Litauen und die Ukraine umfasste und durch schwere, an Steine geschmiedete Ketten dargestellt war. Alles in allem eine Intensität der Gefühle, die einem die Kehle zuschnürte. Und ringsum eine endlose Menge: Der Gottesdienst war zu Ende, und wir warteten lange darauf, dass der Strom der Menschen die Kirche verließ und wir eintreten konnten. Doch als wir schließlich hinein-

gingen, stellten wir voller Verwunderung fest, dass die Kirche noch immer voll war.[364]

Die Männer von der Stasi beschreiben das Ganze aus einem anderen Blickwinkel: Um gegenüber ihren Vorgesetzten ihr Staunen angesichts des nicht enden wollenden Pilgerstroms auszudrücken, merken sie an, dass dies alles „nur mit der Menschenmenge am Lenin-Mausoleum [auf dem Roten Platz] vergleichbar" sei.[365]

Zum Abschluss seiner dritten Polenreise im Juni 1987 besucht Johannes Paul II. das Grab des Priesters. Schweigend steht er davor. Im offiziellen Programm ist sein Besuch nicht vorgesehen. Nur einige wenige ausgewählte Personen sind dabei. Der Papst hält keine Rede, spricht aber mit Kaplan Jerzys Mutter und seinen Angehörigen. Auch der alte Pfarrer ist anwesend. Er wird wenige Monate später sterben.

Schon in den ersten Jahren statten zahlreiche internationale Persönlichkeiten und Amtsträger wie George Bush, Vaclav Havel, Mutter Teresa von Kalkutta, Margaret Thatcher und viele andere der Grabstätte ihren Besuch ab. Giovanni Spadolini, der den Ort im November 1987 besucht, meint den Stolz der alten polnischen Kavallerie wahrzunehmen und notiert: „Dort flattern die Fahnen von Solidarność, die draußen verboten sind […]. Im Garten hallen in den unterschiedlichsten Symbolen sämtliche Ereignisse der polnischen Tragödie nach, auch Katyn. Es ist ein besonders erstaunlicher Fall von Extraterritorialität. Das Regime sieht weg oder toleriert es oder lenkt sich ab."[366]

---

364 T. Todorov, *Angesichts des Äußersten*, op. cit., S. 9f.
365 Vgl. MfS – HAXX 14 1928.
366 G. Spadolini, *A tu per tu. Incontri con personaggi del nostro tempo*, Mailand 1991, S. 156f. Spadolini war 1987 Senatspräsident.

Die Anerkennung des Martyriums

Schon in den Tagen gleich nach der Beerdigung treffen in der erzbischöflichen Kurie in Warschau und im Vatikan die ersten Briefe von Priestergruppen, von Zbigniew Kraszewski, dem Weihbischof von Warschau und langjährigen Freund des Priesters, von Studenten, Arbeitern und anderen Gläubigen ein. Man fordert, dass der Priester für sein unermüdliches, großzügiges und letztlich mit seinem Blut besiegeltes Zeugnis seliggesprochen wird. Der Diözesanprozess beginnt 1997 und endet 2010 mit der Seligsprechung des Priesters.

In einigen Geheimberichten des polnischen Innenministeriums, die in den beiden Jahren nach Popiełuszkos Tod entstanden sind, ist nicht ohne eine gewisse Besorgnis von der innerkirchlichen Debatte um die mögliche Seligsprechung des Märtyrerpriesters die Rede. Nach Geheimdienstinformationen soll Erzbischof Dąbrowski in Rom mit dem damaligen Präfekt der Kongregation für die Selig- und Heiligsprechungen Kardinal Palazzini über die eventuelle Seligsprechung von Bischof Romero und von Kaplan Popiełuszko gesprochen haben. Bei dieser Gelegenheit habe der Sekretär der polnischen Bischofskonferenz gesagt: „Es ist für die nächste Zukunft nicht ratsam, einen Heiligsprechungsprozess zu eröffnen. Dies könnte die Beziehungen zwischen Staat und Kirche weiter verkomplizieren und sogar negative Reaktionen vonseiten der Sowjetunion hervorrufen."[367] In einem anderen Bericht ist von der „polnischen Vatikanlobby" die Rede, die auf eine rasche Seligsprechung des Priesters dränge und darin von den Deutschen unterstützt werde, die hofften, dass ein seliger Popiełuszko das Andenken Maximilian Kolbes überstrahlen und damit auch ihre moralische Verantwortung im Zweiten Weltkrieg in den

---

367 Vgl. *Positio*, S. 430f.

Hintergrund rücken werde. Der Bericht schließt mit den Worten: „Die pragmatischen Kreise der römischen Kurie sind der Ansicht, dass eine eventuelle Seligsprechungscausa aufgeschoben werden sollte. In der gegenwärtigen Situation wäre dies nämlich eine Initiative von politischer Tragweite, die die Beziehungen zwischen den Behörden der VRP und dem Vatikan verkomplizieren würde. Diesen Standpunkt teilt offenbar auch Kardinal Glemp."[368]

Die Analysen der polnischen Geheimdienste scheinen in diesem Fall zumindest teilweise glaubwürdig. Eine Seligsprechung des Priesters unter Verkürzung der im Vorfeld eines solchen Prozesses üblichen Fristen hätte das Verhältnis zwischen der Kirche und der polnischen Regierung in jenen Jahren zweifellos schwer belastet. Wahrscheinlich teilt auch Johannes Paul II. diese Einschätzung, der die Spannungen mit dem Regime in dieser Phase ganz sicher nicht noch schüren will. Nichtsdestoweniger zeigt die Langsamkeit des Verfahrens, das erst deutlich nach dem Mauerfall eingeleitet und erst 2010, fünf Jahre nach Wojtyłas Tod, zu einem Abschluss gebracht wird, dass die Anerkennung von Kaplan Jerzys Tod als Martyrium *in odium fidei* auf nicht geringe Schwierigkeiten gestoßen sein muss. Selbst Wojtyła scheint seine Seligsprechung nach dem Zusammenbruch des Kommunismus nicht vorangetrieben haben. Und auch innerhalb der polnischen Kirche halten viele das Verhalten des jungen Warschauer Priesters für allzu politisch und tollkühn. Manche werfen ihm vor, nur Politik getrieben, andere, in einer dramatischen Zeit die Einheit der polnischen Kirche aufs Spiel gesetzt zu haben, und wieder andere unterstellen ihm Geltungsdrang, Ruhmsucht und Ungehorsam gegenüber den Kirchenoberen.

368 Ebd.

Der polnische Papst, der sich bei verschiedenen Gelegenheiten über das Martyrium des Priesters von St. Stanisław Kostka äußert, ist offenbar nicht dieser Ansicht. 1991, auf seiner vierten Polenreise, reagiert Wojtyła in gewisser Hinsicht auf den Vorwurf, der Märtyrerpriester habe nur Politik getrieben, und erklärt:

> Man darf ihn nicht nur insoweit sehen, als er einer gewissen Sache in der politischen Ordnung diente, wenngleich dies etwas zutiefst Ethisches war. Man muss ihn in der ganzen Wahrheit seines Lebens sehen und lesen. Man muss ihn so von der Seite des inneren Menschen her lesen, wie es der Apostel im Epheserbrief [Eph 3,14–16] verlangt.[369]

Bei seinen späteren Polenreisen greift Wojtyła, der Kaplan Jerzy als „Patron Europas" bezeichnet, mehrmals Stellen aus den Predigten für die Heimat auf. Das Opfer des jungen Priesters, so sieht es der polnische Papst, hat dazu beigetragen, Polen wieder an den Platz zu stellen, an den es gehört: nach Europa. Im Apostolischen Schreiben *Ecclesia in Europa*[370] schreibt er (Nr. 13):

> Zeugen des christlichen Glaubens im letzten Jahrhundert in Ost und West […] haben es in Situationen der Feindseligkeit und Verfolgung vermocht, sich das Evangelium zu eigen zu machen, oft bis zum Blutvergießen als äußerster Bewährung. Diese Zeugen, be-

---

[369] Johannes Paul II., *Predigt in der Eucharistiefeier für die Gläubigen der Diözese Włocławk* (7. Juni 1991), zitiert nach: Der Apostolische Stuhl. Ansprachen, Predigten und Botschaften des Papstes. Erklärungen der Kongregationen. Vollständige Dokumentation, Rom (Libreria Editrice Vaticana) / Köln (Bachem) 1991, S. 475.

[370] Ders., Nachsynodales apostolisches Schreiben *Ecclesia in Europa* (28. Juni 2003).

sonders jene unter ihnen, die das Martyrium auf sich genommen haben, sind ein beredtes, großartiges Zeugnis, das verlangt, von uns betrachtet und nachgeahmt zu werden. Sie beweisen uns die Lebenskraft der Kirche; sie erscheinen wie ein Licht für die Kirche und für die Menschheit, weil sie in der Finsternis das Licht Christi zum Leuchten gebracht haben [...].[371]

An Popiełuszkos zehntem Todestag erklärt Johannes Paul II. in der Generalaudienz am Mittwoch: „Seine Gestalt soll uns auf immer im Bewusstsein bleiben, weil er ein beredtes Symbol gewesen ist: Symbol für das, was ein katholischer Priester zum Besten seiner Brüder zu tun gewillt und für den Preis, den er zu zahlen bereit ist."[372]

Auf dem Weg zur Heiligsprechung

Am 14. September 2012 kommt es im französischen Albert-Chenevier-Krankenhaus in Créteil zu einer für die Ärzte unerklärlichen Heilung. Der 56-jährige François, der unheilbar an Leukämie erkrankt ist, gesundet spontan, nachdem er zum seligen Jerzy Popiełuszko gebetet hat. So erzählt es Bernard Brien.[373] Der französische Geistliche wird an das Sterbebett des Kranken gerufen. Es ist Kaplan Jerzys Geburtstag, und so beschließt der Seelsorger gemeinsam mit den Angehörigen des Patienten, ein Gebet zu dem polnischen Märtyrer zu sprechen, dessen Geschichte er einige Zeit zuvor auf einer Polenreise

---

371 Eph 3,14–16: „Daher beuge ich meine Knie vor dem Vater, von dem jedes Geschlecht im Himmel und auf der Erde seinen Namen hat. Er gebe euch aufgrund des Reichtums seiner Herrlichkeit, dass ihr in Bezug auf den inneren Menschen durch seinen Geist an Kraft und Stärke zunehmt."
372 Johannes Paul II., *Generalaudienz* (19. Oktober 1994).
373 Vgl. B. Brien, *Jerzy Popieluszko, La vérité contre le totalitarisme*, Paris 2016.

kennengelernt hatte. Am Tag danach kann François, der bereits das Bewusstsein verloren hatte und dessen Ende nahe schien, bereits wieder aufstehen. Die Untersuchungen, die mehrmals durchgeführt werden, ergeben, dass die Krankheit vollständig zurückgegangen und verschwunden ist. Der Bischof von Créteil, Michel Santier, bestellt eine diözesane Untersuchungskommission über das im September 2014 Vorgefallene, die ein Jahr später die Echtheit des Wunders anerkennt. Der Diözesanprozess endet im September 2015 mit einem positiven Ergebnis und wird an die Kongregation für die Selig- und Heiligsprechungen übergeben.

Schlussbemerkung

Jerzy Popiełuszkos Geschichte ist nicht sehr bekannt. Die Menschen meiner Generation erinnern sich vielleicht noch an die eine oder andere Schlagzeile aus den Tagen seiner Ermordung. Die Bezeichnung „Solidarność-Kaplan" ist eine mediale Vereinfachung und bewertet das Wirken des jungen Priesters aus einer ausschließlich politischen Sicht. Darin, dass er die unabhängige Gewerkschaft unterstützte, unterschied er sich nicht von Johannes Paul II. und Teilen der polnischen Kirche. Seine Gestalt als Priester und als Gläubiger, die sich in diesem Buch und vor allem in seinen Schriften und Predigten mit aller Deutlichkeit abzeichnet, muss im historischen, kulturellen und geopolitischen Kontext des kommunistischen Polen verortet werden. Man kann Popiełuszkos Geschichte nicht verstehen, ohne Polens Sonderstellung unter den Ostblockstaaten zu kennen: jene starke Verbindung zwischen Heimat und Kirche, die die Kultur und den Widerstand dieses slawischen, aber römisch-katholischen Landes gegen die Aggressionen seiner Nachbarn über die Jahrhunderte hinweg gespeist hat. Jaruzelski spricht von Johannes Paul II. als einem Mann, in dem die beiden polnischen Seelen, die pragmatische und die romantische, in Weisheit Seite an Seite lebten.[374] Von Popiełuszko kann man vielleicht sagen, dass er vor allem ein Romantiker gewesen ist. Doch seine Geschichte ist definitiv die eines Seelsorgers, der seine unermüdliche und mutige Kritik an den Übergriffen des Warschauer Regimes und sein solidarisches Engagement

---

374 Vgl. A. Riccardi, *Johannes Paul II.*, op. cit., S. 474.

für ungezählte Opfer der damaligen Unterdrückung mit dem Leben bezahlt hat. Sein Kampf war gewaltlos: mit leeren Händen und in der Überzeugung geführt, dass das Böse eines totalitären Regimes, das die Freiheiten seiner eigenen Bürger missbraucht, nur durch das Gute besiegt werden kann.

In einem schon einmal zitierten Abschnitt macht der junge Priester deutlich, was aus seiner Sicht sein Wirken ausmacht, dessen Kern in der Feier der Messe besteht:

> Das eigentliche Ziel ist, dass das, was die Menschen Tag für Tag bei der Arbeit, in den Gefängnissen und auf der Straße erleiden, nicht verlorengeht. Das ist die Rolle des Priesters: durch das Opfer der heiligen Messe die Leiden des Volkes Gott so darzubringen, dass Er sie in Gnade verwandeln kann, die notwendig ist, um die Hoffnung der Menschen und ihre Beharrlichkeit in den guten Werken zu stärken und die Brüderlichkeit und Solidarität unter ihnen zu fördern.[375]

Seine Ermordung, die bis heute nicht gänzlich aufgeklärt ist, und das einzige öffentliche Verfahren gegen Geheimdienstfunktionäre in einem Land des kommunistischen Ostens haben nicht unmaßgeblich zum letztendlichen Zusammenbruch des Warschauer Regimes beigetragen. Der Priestermord hat den Befürwortern des Dialogs genutzt und den Dogmatikern geschadet. Die Wiederaufnahme des Dialogs zwischen dem Regime und den Sozialpartnern (der mit der Verhängung des Kriegsrechts 1981 unterbrochen worden war) hat gemeinsam mit anderen Faktoren jene Veränderungen in Gang gesetzt, die letztlich zum Fall des Eisernen Vorhangs geführt haben.

---

[375] J. Popiełuszko, *„Jestem gotowy na wszystko"*, in: G. Bartoszewski, *Zapiski*, op. cit., S. 117.

Danksagungen

Die Idee zu diesem Buch entstand nach meinem einige Jahre zurückliegenden Besuch in der Pfarrkirche St. Stanisław Kostka in Warschau. Die Bilder, die in dem kleinen Museum unter der Kirche aufbewahrt werden – insbesondere die Aufnahme von Kaplan Jerzys entsetzlich entstelltem Leichnam – haben mich tief beeindruckt. Deshalb wollte ich Popiełuszkos Geschichte rekonstruieren, um sie in Italien bekannter zu machen und insbesondere – nicht zuletzt mithilfe einiger unveröffentlichter Quellen aus dem Stasi-Unterlagen-Archiv, dem Giulio-Andreotti-Archiv, der *Positio* für den Seligsprechungsprozess (in der viele Zeugenaussagen von Protagonisten der damaligen Ereignisse zusammengetragen worden sind), dem Vatikanischen Geheimarchiv, dem Archiv von Franz Kardinal König, Erzbischof von Wien und aufmerksamem Beobachter der Geschehnisse jenseits des Eisernen Vorhangs, dem Gramsci-Institut und anderen Dokumentationen – in den historischen Kontext jener Jahre einzuordnen.

Mein Dank gilt Andrea Riccardi, der mich dazu ermutigt hat, Popiełuszkos Geschichte zu erzählen. Roberto Morozzo della Rocca und Massimiliano Signifredi danke ich für ihre wertvollen Ratschläge. Ich danke an dieser Stelle auch Reinhard Kardinal Marx, dem Erzbischof von München-Freising, und der deutschen Bischofskonferenz für die Zusammenarbeit. Ein besonderer Dank geht auch an Gabriele Stein und Susanne Bühl.

Das Buch ist meiner Mutter gewidmet, soll aber auch an meinen kürzlich verstorbenen Vater, den Botschafter Gaetano Zucconi, erinnern. Er hat der italienischen Diplomatie 40 Jahre lang gedient und einen Teil der Ereignisse der Jahre, von denen dieses Buch erzählt, aus nächster Nähe und mit Leidenschaft, Pflichtbewusstsein und kritischer Intelligenz verfolgt.

Personenregister

Adenauer, K. *71*
Adornato, G. *75*
Ağca, A. *138*
Alexander, M. *32, 106*
Amato, A. *291*
Andreotti, G. *30, 264 ff., 272, 280 ff., 303*
Andrew, C. *142, 180*
Andropow, J. V. *179, 197*
Anusz, A. *143*

Bafoil, F. *33 f., 42*
Barberini, G. *33, 46, 51 ff., 60 ff., 75*
Bartoszewski, G. *110 f., 135, 164, 302*
Bartoszewski, W. *70, 96*
Baziak, E. *55 f.*
Benedikt XV, Papst *82*
Benedikt XVI, Papst *15, 29, 244, 291*
Berlinguer, E. *145*
Berman, J. *51, 54*
Bernstein, C. *119, 122*
Bertone, F. *51, 96 f.*
Bertorello, M. *93, 125, 133*
Bierut, B. *36, 39, 56, 200*
Bogomolov, O. T. *116*
Bogucki, T. *131, 149, 231*
Boleslaw, König *120*

Boniecki, A. *58, 72, 170 f., 211 f.*
Bottai, B. *265, 270 ff.*
Bożyk, P. *50*
Brandt, W. *73, 95*
Brandys, K. *123*
Breschnew, L. I. *119, 179 f., 197*
Brien, B. *298*
Bush, G. *294*
Bużek, J. *291*

Casaroli, A. *33, 60, 62, 70, 74 f., 80, 82, 96, 192 f., 255*
Casula, C. F. *62*
Cavalleri, O. *48*
Chitarin, A. *32*
Chmielewski, W. *164, 230, 238, 241 f., 277 f.*
Chromy-Gąsiorowska, T. T. *164*
Chrostowski, W. *211, 230 f., 238 f., 242 f.*
Chruschtschow, N. *57 f.*
Ciastón, W. *273, 275*
Costa, F. *60 f., 75*
Craxi, B. *259, 264, 272 f.*
Czaczkowska, E. K. *43, 79, 88, 94, 100, 102, 108, 110, 213*
Czyrek, J. *115*

305

Dąbrowski, B. 144, 155 f., 158, 166, 191, 206, 210, 215, 295
de Certeau, M. 18
De Gasperi, A. 269
de Liguori, Alfonso M., Heiliger 41 f.
de Lubac, H. 24
Diskin, H. 39, 78
Döpfner, J. 72
Dubček, A. 93
Duroselle, J. B. 32
Dziwisz, S. 128, 136, 171, 191, 193

Elisabeth von Ungarn, Heilige 118
Enderl, K. 60

Faulhaber, M. von 71
Fleming, M. 35
Folchi, G. 244, 280 f.
Folejewski, F. 250, 268
Franziskus, Papst 25 f.
Frasyniuk, W. 281
Frings, J. 71
Friszke, A. 51

Galen, C. A. von 71
Gandhi, I. 250
Gandhi, M. K. 179
Garton Ash, T. 140
Gault, F. 130
Gdula, A. 274
Genscher, H. D. 139, 266, 268
Geremek, B. 162, 269
Gierek, E. 97 f., 106, 115, 119 f., 126, 130
Gieysztor, A. 31

Giovagnoli, A. 60, 62
Glemp, J. 26 f., 140 ff., 157, 159, 164, 166, 199, 210 f., 212 f., 215 ff., 220, 243, 247, 251, 255 f., 259, 264, 269, 272, 281, 283 f., 286, 288, 296
Gomułka, W. 38 f., 56, 58, 61, 74, 78, 89, 93, 95 ff., 106, 120
Grabiński, A. M. 274
Gromyko, A. 120
Grunwald, T. 217
Guida, F. 32
Gulbinowicz, H. 214
Gwiazda, A. 200

Halecki, O. 31
Hammarskjöld, D. 104
Havel, V. 294
Hillel 222
Hitler, A. 38, 47
Hlond, A. 38, 46, 52, 213
Hoffman, E. 33, 90
Homeyer, J. 71
Honecker, E. 198 f.

Impagliazzo, M. 115 ff.

Jabłoński, H. 258, 272
Jackowska, A. 169
Jägerstätter, Franz, Seliger 174
Jagielski, M. 129
Jałbrzykowski, R. 44
Jancarz, K. 160
Jaroszewicz, P. 98
Jaruzelski, W. 30, 78, 97, 114, 119, 141, 144, 156, 159, 179, 183, 191 f., 198, 211, 214,

259 ff., 264 f., 268 ff., 272 f.,
274, 276, 280 f., 283, 285 ff.,
301
Jerkov, A. 51
Johannes Paul I, Papst 113
Johannes Paul II, Papst,
  Heiliger 30, 40, 59, 72, 76,
  80, 101, 104 f., 113 ff., 123 ff.,
  128, 130, 133, 135 f., 138 f.,
  140, 143 ff., 148, 152 f.,
  156 f., 161 ff., 169 ff., 175,
  180 ff., 183, 188 ff., 192 ff.,
  197 f., 204, 212, 215, 218,
  221, 232, 235, 247, 250 f.,
  257, 260, 264, 267 f., 280,
  282, 288, 294, 296 ff., 301
Johannes XXIII, Papst,
  Heiliger 61, 117, 218

Kaczmarek, C. 55
Kąkol, K. 115, 244
Kalisiak, W. 107
Kamińska, D. 95
Kamiński, A. 43
Kania, S. 115, 130, 141
Karol, K. S. 38
Karolak, T. 101
Kemp-Welch, A. 38
Kerski, B. 71
Kindziuk, M. 136, 258
Kiszczak, C. 161, 274 ff.
Klepacz, M. 61
Kliszko, Z. 61
Kłoczowski, J. 33, 51
Kohl, H. 244
Kolbe, Maksymilian,
  Heiliger 98, 157 f., 172, 295
Kominek, B. 70 ff., 90

König, F. 61, 74 f., 114, 303
Kowalczyk, J. 115
Kramer, M. 130, 142
Kraszewski, Z. 169 ff., 221,
  226, 231. 295
Król, J. J. 211 f.
Kujawa, A. 273
Kulczyński 60
Kulerski, W. 162
Kuroń, J. 200
Kycia, T. 71

Lammich, S. 273
Lauri, A. 75
Leisner, K.
Levada, W. J. 291
Lewkowicz, M. 43
Lichtenberg, B. 71
Linek, D. 43
Liś, B. 281
Łochowski, L. J. 216
Lomellini, V. 145
Łopatka, A. 155
Luciani, A. 113
Łukaszewicz, J. 115
Lustiger, J. M. 191

Macharski, F. 148, 193, 272
Maddaloni, V. 137
Malinowski, R. 260
Mandela, N. 28
Marchlewski, J. 46
Marcos, F. 28
Marczak, J. E. 138
Marinelli, L. 31
Markiewicz, S. 51
Marx, R. 15, 303
Matteotti, G. 259

Mazowiecki, G. *208*
Mazowiecki, T. *130, 161 f., 269*
Mazzolari, P. *5*
Meisner, J. *243*
Melloni, A. *62*
Metzger, M. J. *71*
Micewski, A. *78*
Michnik, A. *37, 71, 73, 78, 90 ff., 200, 281*
Mickiewicz, A. *31, 90*
Mielke, E. *275*
Mieszko I, Herzog von Polen *75*
Miętek, C. *84*
Mikrut, J. *38*
Milewski, M. *142, 261, 274*
Miłosz, C. *142*
Minczeles, H. *33*
Mitrokhin, V. *142, 180*
Mitterrand, F. *267*
Miziołek, W. *167, 211 f., 215*
Modzelewski, K. *200*
Molotov (Pseudonym von Skrjabin, V. M.) *45, 47*
Montini, G. B. *s. Paul VI, Papst*
Morawski, D. *154, 173*
Morawski, P. *42*
Morozzo della Rocca, R. *32, 48, 62, 75, 80, 82, 119, 148, 187, 192 f., 303*
Müllerowa, L. *33, 51*

Norwid, C. *172*
Nowakowski, J. *242*
Nowina Konopka, P. *178, 256 f.*
Nycz, K. *291*

Olszowski, S. *115, 261, 269*
Onyszkiewicz, J. *162*
Orszulik, A. *214*
Osiński, J. *231*
Ouimet, M. J. *38*
Ozdowski, J. *157*

Paczkowski, A. *38*
Palazzini, P. *295*
Papandreou, A. *264*
Pastorelli, P. *32, 62*
Paul VI, Papst, Heiliger *68, 73 ff., 80, 113, 116 f., 120*
Pękala, L. *207, 223, 277*
Pellegrinetti, E. *48*
Pertini, S. *258*
Pesenti, S. *104*
Piasecki, B. *51, 54*
Pietruszka, A. *277*
Piłsudski, J. *141, 291*
Pinochet, A. *28*
Pius IX., Papst *112*
Pius XI., Papst *48, 80, 82, 113, 136*
Pius XII., Papst *41, 52, 54, 60, 80*
Piotrowski, G. *178, 222, 228, 230 f., 238, 240 f., 249, 275, 277*
Płatek, Z. *224, 230, 273, 275*
Platon *196*
Poggi, L. *74, 82, 144, 255*
Politi, M. *119, 122*
Pomian, K. *125*
Popielska, H. *108 f.*
Popiełuszko, A. *41 f.*
Popiełuszko, Jadwiga *43*
Popiełuszko, Józef *43*

Popiełuszko, M. *41 f., 46 ff., 62 f., 89, 292*
Popiełuszko, S. *43*
Popiełuszko, T. *43*
Popiełuszko, W. *43*
Potel, J. Y. *125*
Poulat, E. *26*
Poupard, P. *114 f.*
Preysing, K. von *71*
Pruszyński, K. *36*
Przemyk, G. *180 f., 205*
Puglisi, Pino, Seliger *17*

Radkiewicz, S. *39*
Raina, P. *133, 168*
Ratti, A., *s. Pius XI, Papst*
Ratzinger, J., *s. Benedikt XVI, Papst*
Reagan, R. *144 f., 197, 244, 258, 267, 288*
Rem, J. *210*
Riccardi, A. *30, 38, 40, 49, 53, 56, 59, 61 f., 72, 80, 117, 119, 174, 301, 303*
Ribbentrop, J. von *45, 47*
Roccucci, A. *117*
Rockefeller, D. *282*
Rokossovskij, K.
Rolicki, J. *120*
Romaniuk, K. *203, 214, 243*
Romano, S. *262*
Romero, Oscar A., Heiliger *143, 148, 295*
Roncalli A. G. *s. Johannes XXIII, Papst*
Ruane, K. *238*
Rulewski, J. *237*
Ryłko, S. *201*

Sadowska, B. *180*
Sagladin, W. *262*
Santier, M. *299*
Sapieha, A. S. *38, 52, 54 ff., 148*
Sawicki, A. *45*
Schweitzer, A. *235 f.*
Ševcova, L. F. *117*
Shultz, G. *264*
Signifredi, M. *115, 140 f., 157, 159, 171, 188, 191, 198, 214, 216, 260, 267, 276, 287, 303*
Sikorska, G. *147*
Silvestrini, A. *60, 70, 96*
Siwak, A. *274*
Śliwiński, K. *166, 269*
Smotkine, H. *33, 93, 106*
Smuniewski, C. *110*
Sonik, B. *51*
Spadolini, G. *294*
Stalin (Pseudonym von Džugašvili, I. V.) *47 f., 56 ff.*
Stanislaus von Szczepanów, Heiliger *55, 77, 118, 120, 148, 173, 235*
Stehle, H. J. *68*
Stomma, S. *91*
Suszyński, W. *50*
Svidercoschi, G. F. *128*
Święcicki, A. *269*
Szulc, T. *118*

Tamborra, A. *31 f.*
Teresa von Kalkutta, Mutter, Heilige *294*
Thatcher, M. *294*
Tito, J. B. *74*
Todorov, T. *236, 293 f.*
Togliatti, P. *74*

309

Tolomeo, R. *32*
Toporkow, L. *210*
Torańska, T. *51, 54*
Traugutt, R. *111 f.*
Tusk, D. *291*

Urban, J. *209 f., 243, 277, 279 f.*

Vaccaro, L. *31, 33, 51*
Valentini, C. *145*
Velocci, G. *42*
Vian, G. M. *62*
Villot, J. M. *80*

Walentynowicz, A. *128, 161*
Wałęsa, L. *128 ff., 141, 155, 162, 178 ff., 193, 207, 248, 256 f., 263, 266, 283*
Wasiński, W. L. *84 f., 107*
Weigel, G. *72, 191 f.*
Werblan, A. *115*
Wiaderny, B. *38*

Willmann, A. *75*
Wiścicki, T. *43, 79, 88, 94, 100, 102, 108, 110, 213*
Wittstadt, K. *72*
Wojcik, P. *55*
Wojtyła, K., s. *Johannes Paul II, Papst*
Wyszyński, S. *18, 20 f., 26 f., 52 ff., 58 ff., 65, 67 ff., 72 f., 75 f., 78, 80 ff., 86, 90 f., 99, 105, 133, 138 ff., 143, 148 f., 153, 163, 166, 173, 176 f., 189, 233*
Zakowski, J. *163*
Zarzecki, N. *65*
Zawieyski, J. *61*
Zimjanin, M. V.
Zmijewski, E. *251*
Zucconi, C. *15, 17, 21 f., 25, 28 f.*
Zucconi G. *262, 304*
Zurek, R. *71*